变革与传承:近代山东乡村教育研究

◎许庆如 著

南京大学出版社

图书在版编目(CIP)数据

变革与传承：近代山东乡村教育研究/许庆如著.
—南京：南京大学出版社，2020.12
　　ISBN 978-7-305-24006-5

　　Ⅰ.①变… Ⅱ.①许… Ⅲ.①乡村教育－研究－山东－近代 Ⅳ.①G725

中国版本图书馆 CIP 数据核字(2020)第 250157 号

出版发行	南京大学出版社
社　　址	南京市汉口路 22 号　　邮　编　210093
出 版 人	金鑫荣
书　　名	变革与传承：近代山东乡村教育研究
作　　者	许庆如
责任编辑	陆思洋　　　　编辑热线　025-83597482
照　　排	南京开卷文化传媒有限公司
印　　刷	广东虎彩云印刷有限公司
开　　本	787×960　1/16　印张 12.75　字数 240 千
版　　次	2020 年 12 月第 1 版　2020 年 12 月第 1 次印刷
ISBN	978-7-305-24006-5
定　　价	48.00 元

网　　址：http://www.njupco.com
官方微博：http://weibo.com/njupco
官方微信：njupress
销售咨询热线：025-83594756

＊版权所有，侵权必究
＊凡购买南大版图书，如有印装质量问题，请与所购
　图书销售部门联系调换

目 录

绪 论 ··· 1

　一、选题缘由 ·· 1
　二、研究综述 ·· 2
　三、研究思路与方法 ··· 15

第一章　近代教育改革前的山东乡村教育与社会 ··················· 18

　第一节　山东乡村的自然环境 ·· 18
　第二节　较为发达的商品经济 ·· 20
　第三节　源远流长的传统文化 ·· 22
　　一、齐、鲁文化起源及其特点 ··· 23
　　二、齐鲁文化的合流与发展 ·· 26
　第四节　丰厚的传统教育资源 ·· 26
　　一、遍及县乡的官学与书院 ·· 26
　　二、种类多样的塾学 ·· 29
　第五节　新式教育的最初呈现——教会学校 ························ 33
　　一、近代山东教会学校的设立与发展 ······························· 33
　　二、教会学校与山东乡村教育变革 ··································· 37

第二章　艰难的转型：近代山东乡村教育的变革历程 ············ 40

　第一节　新制的起步：山东乡村教育的兴起(1901—1911) ····· 40
　　一、清末国家层面的教育变革 ··· 41
　　二、清末山东基层教育管理机构的初设 ··························· 42

三、新式乡村学堂的设立与新学师资培养 ………………………… 46
　　四、课堂教学内容及教学方法的趋新 …………………………… 49
第二节　动荡中的发展：乡村教育的曲折前进(1912—1929)………… 53
　　一、县级教育行政机构与监督机构的建立 ……………………… 54
　　二、乡村学校的发展与师资培养水平的提升 …………………… 55
　　三、民初课程、教材及教法的变革 ……………………………… 59
第三节　短暂的辉煌：乡村教育的稳定有序发展(1930—1937)……… 64
　　一、山东省政府教育厅对地方教育行政的整理 ………………… 64
　　二、义务教育的推广与乡村短期小学的设立 …………………… 66
　　三、逐渐完善的乡村师资培养与检定 …………………………… 70

第三章　学校何以嵌入乡村：不同办学主体对近代乡村新学的推动 …… 77
　第一节　基层官员的力量：地方官对新学的策划与督促 …………… 77
　　一、一位清末地方官员眼中的教育变革——以柳堂为例 ……… 78
　　二、民国时期地方官对新式学校的推动 ………………………… 85
　第二节　士绅与民众：民间多元传统兴学力量的延续与合作 ……… 87
　　一、士绅办学兴教传统的延续 …………………………………… 87
　　二、家族的兴学力量 ……………………………………………… 93
　　三、民众热心助力新学 …………………………………………… 96
　第三节　学校毕业生：现代教育接受者对新学的反哺与经营 ……… 99
　　一、办学与教学：新生代办学者的多重任务 …………………… 99
　　二、张芹香办学：师范毕业生办教育的典型案例 …………… 102
　　三、在传统与现代之间：作为教学者的学校毕业生 ………… 104

第四章　乡村教育变革与乡村社会 ………………………………………… 109
　第一节　传统与现代的博弈：私塾与学堂之争 …………………… 109
　　一、遭遇挑战：乡村私塾与学堂的文化冲突 ………………… 109
　　二、反复进行的私塾取缔与根深蒂固的乡村私塾 …………… 113
　　三、乡村新式学堂势弱的原因分析——乡村民众的视角 …… 116
　第二节　教育变革与近代乡村学务权力的重新分配 ……………… 121

一、中央与地方：地方学务权逐渐收归中央……………………121
　　二、乡村学务地位的提升与不同利益群体对办学权的争夺………123
　第三节　乡村与城市的距离：城乡教育差距的文化审视……………128
　　一、中国古代教育的城乡一体特征……………………………128
　　二、近代教育变革与城乡教育差距的出现……………………130
　第四节　以国民之母的名义：乡村女子教育与新女性培养…………135
　　一、走出家门，入学读书：近代以来的女子教育变革…………135
　　二、起步较早，步履维艰：山东乡村女子教育的发展与挑战……137
　　三、自由、独立与平等：女子教育与乡村社会文明程度的提升…141

第五章　以学校为乡村改造之中心：乡村建设运动中的山东乡村教育……144
　第一节　山东乡村建设研究院的理论与实践——以邹平为中心……144
　　一、梁漱溟的乡村建设理论……………………………………144
　　二、乡学村学的设置与运行……………………………………146
　　三、致力于普及贫苦儿童教育的共学处………………………149
　　四、旨在培养乡村建设人才的乡村建设师范学校……………151
　第二节　民众教育实验区及乡村教育实验区…………………………154
　　一、山东省立民众教育实验区——以祝甸乡为中心……………154
　　二、乡村教育辅导委员会之乡村教育实验区…………………159
　第三节　乡村师范学校的乡村建设实验………………………………162
　　一、乡村师范学校义务教育实验区的设立……………………162
　　二、一个乡师的义务教育实验——以滋阳乡师为例……………163
　　三、学与做：乡村师范与教育推广……………………………167

结　语…………………………………………………………………169

主要参考文献…………………………………………………………178

后　记…………………………………………………………………196

绪　论

一、选题缘由

在近代救亡图存的历史背景下,整个中国社会进入了剧烈动荡的转型期。教育作为整个社会转型的一个重要方面,也在以自身的规律进行着艰难的变革。尽管可以把1862年京师同文馆的设立视作近代教育转型的起点,但新式教育在中国的大规模推展是始于清末新政时的教育改革。这场以西方教育制度为蓝本的教育改革在中国这样一个农村人口占绝大多数的古老大国的推进是否会一帆风顺呢?正如燕京大学社会学系的廖泰初对汶上县私塾调查后所指出的那样:"事实的发现使我们十分惊异,在渐趋'西化'近代化的城市见不到的问题、不显著的问题,在农村社会里还是光彩夺目的。"[①]学者们逐渐意识到,新式教育推行以后,城市与乡村走上了不同的教育发展之路,新学教育在推广于乡村的过程中呈现出比城市更加复杂的特征。随着乡村中各种教育问题的日益凸显,"乡村教育"逐渐开始作为一个独立的概念进入研究者的视野。

为解决乡村教育发展中出现的各种问题,无数知识分子深入乡村进行了大量具体的研究工作与实践探索,且于20世纪二三十年代开展了一场轰轰烈烈的乡村教育运动。种种努力确实在一定程度上促进了乡村教育水平的提升,但并没能从根本上解决诸如乡村知识分子不断离乡,城乡教育差距日渐增大的问题。而且,类似问题在一百多年后的今天依然存在,并成为当今乡村教育发展过程中难以突破的困境。跨越了一个多世纪的问题为何会如此相似,这些问题又是如何产生的?这一系列问题值得人们深入思考。无论是对当下乡村教育问题的分析,还是对近代乡村教育问题的追索都需要回到近代乡村教育的起源与早期发展阶段。出于对当下农村教育问题的关注,亦源于对中国基层教育的浓厚研究兴趣,本书选择了近代乡村教育作为研究主题。

[①] 廖泰初:《动变中的中国农村教育——山东省汶上县教育研究》序,北京:燕京大学社会学系,1936年铅印本,第2页。

中国是一个幅员辽阔的古老大国,在长期的历史发展中,由于各地社会、经济、文化等方面的不同,形成了具有各自特点的若干地域,各地域内部亦存在着多元性特征。就近代教育的转型而言,尽管中央屡屡颁布各项诏令,各级政府不断下发各种文件以推动新式学堂的开办,但全国各地的推展进度差异很大,发展极不平衡。因此,为了深入研究乡村教育的具体转型过程,须选择一地域进行实证性剖析。

山东是中国传统儒家思想的发源地,美国学者司美次认为:"中国所有诸行省中其最大可研究之价值者,厥为山东。现时山东之一部即古代著名之鲁国,古代著名之鲁国,至圣孔子即降生其地。因山东与孔圣之关系无法分离,故山东可称为中国之圣省。"[1]"圣省"之称反映出山东作为孔子故里在中国文化史上的独特地位。长期以来,这一地区以其深厚的文化积淀形成了特色鲜明的地域文化。教育发展方面,该地区是中国传统教育制度历史最长,保存最久,通行最广的区域。[2] 近代以降,山东是华北地区开埠较早的省份,现代西方文化教育较早从东部沿海进入。这样一个传统儒家文化发源之区的乡村教育在遭遇现代化时将会走向一条什么样的转型之路?有哪些动力推动了这一转型的完成?作为一种新的教育形式,乡村中的新式学堂与乡村社会的互动关系如何?出于对以上问题的极大兴趣,本书试图通过对社会基层史料的发掘、整理与分析,以求真的态度研究近代山东乡村教育逐步推进的实然状态,窥探乡村教育现代化兴起的地方性过程与特点,并进而揭示近代乡村教育变革的复杂性。

乡村教育包括在乡村中开办的各种形式的教育,不仅包括学校教育,还包括社会教育、民众教育。本书的研究对象以近代乡村小学教育为主体,同时兼及其他各类教育形式。本研究选择将清末新政改革的开始之年1901年作为时间上限,因为这一年山东教育领域内已经十分敏锐地对变革做出反应,在乡村地区开始了兴设学堂的历程。将下限选在1937年,是由于随着抗战的爆发,山东大部分地区现代乡村教育发展之路发生中断或出现了重大变化,呈现出非正常的乡村教育发展状况。相对而言,1901至1937这三十多年间是山东乡村教育发展的一个相对完整的时段,所以本书的研究集中于这一时期。

二、研究综述

"辨章学术,考镜源流",对已有学术史的梳理是本研究展开的基础。20世

---

[1] 张立志:《山东文化史研究》甲编,济南:齐鲁大学国学研究所,1940年,第1—2页。
[2] 廖泰初:《动变中的中国农村教育——山东省汶上县教育研究》,北京:燕京大学社会学系,1936年铅印本,第10页。

纪上半叶以来,学术界已从多个视角对近代乡村教育进行了研究。为了能更好地把握已有成果的研究脉络,本部分拟首先对近代乡村教育的研究成果进行整体综述,然后回顾有关山东乡村教育的研究状况。

从时间上看,对中国近代乡村教育的关注始于20世纪初。当时的一些外国传教士、探险家留下了关于中国社会的较早记录,其中涉及当时乡村教育的状况。① 这些记录为后来学者提供了研究近代乡村教育的珍贵史料。真正意义上的乡村教育研究开始于20世纪二三十年代,并形成了一个研究高潮。近年来随着"三农"问题的凸显与学术界研究视角的下移,乡村教育再次成为教育学、历史学、社会学、人类学等各界关注的热点问题。整体而言,学界对近代乡村教育的研究呈现出20世纪二三十年代和21世纪初两个高潮。

(一) 关于近代乡村教育的研究

1. 20世纪二三十年代的乡村教育研究

学术界一般认为1920年余家菊在《中华教育界》上发表的《乡村教育的危机》一文首倡"乡村教育"一语。② 此文根据事实,指陈乡村教育危机之所在,可谓是"国中言乡村教育第一文"。③ 此后,一批从事乡村教育的工作者,也开始撰文言说乡村教育的危机,乡村教育话语由此广泛兴起。乡村教育研究热潮的出现一方面源于当时社会各界对乡村及乡村教育问题的关注,另一方面也受到了一批教育期刊的直接推动。除《中华教育界》《教育杂志》《基础教育》《小学教育月刊》以及各省区教育官报等教育期刊外,还出现了一批专门研讨交流乡村教育的刊物,如《乡村教育丛刊》《乡村教育》《乡村教育半月刊》等。另外,《东方杂志》《申报》《大公报》等期刊报纸上也发表了不少有关乡村教育的文章。

20世纪二三十年代,随着乡村建设运动的展开,乡村教育成为学术界的研究热点。学者们一方面积极引入西方乡村教育理论,翻译国外乡村教育著作;另一方面,立足中国本土进行理论与实践研究,著述颇丰。当时论著中所涉及的问题大致可分为以下几类:

一是关于乡村教育原理及方法论的理论性著作。较早的乡村教育原理类著作是1923年出版的顾复著《农村教育》④一书。另外,比较有代表性的还有余家

---

① 如黄兴涛、杨念群主编的"西方视野里的中国形象"丛书(共4册),《中国人生活的明与暗》《穿蓝色长袍的国度》《变化中的中国人》和《中国乡村生活》由时事出版社出版,中华书局再版。
② 顾明远:《中国教育大系》(历代教育名人志),武汉:湖北教育出版社,1994年,第585页。
③ 余家菊:《疑是录》,载《余家菊景陶先生回忆录》,台北:慧炬出版社,1994年,第211页。
④ 顾复:《农村教育》,上海:商务印书馆,1923年。

菊著《乡村教育通论》,古楳编著《乡村教育》,龙发甲著《乡村教育概论》[①]等。这些著作对乡村教育的社会背景、实施目的、实施方法、乡村教师、学生、课程等方面从理论上做了整体研究。还有乡村教育研究方法论方面著作如潘公展、祝其乐合著的《乡村教育研究及研究法》[②],探讨了乡村教育研究的基本方法。

二是对当时乡村教育发展中各方面具体问题的分析。专著方面,如金鼎一编《乡村小学实际问题》[③],分十一章研究了教育行政、课程编制、经济分配、农忙问题等乡村小学的各个方面。郭人全编《乡村小学行政》、盛振声编《乡村小学视导法》、陆静山编《乡村小学开办法》、张宗麟编《乡村小学教材研究》、李晓农与辛曾辉编《乡村小学教学法》[④]等著则是聚焦于乡村教育的不同侧面。此外还有不少论文分析了当时乡村教育发展过程中出现的乡村私塾大量存在、新式教育推进困难、经费困窘、教师缺乏、师生散漫、教学内容不合农村实际、教学安排与农忙冲突、监督不力等诸多问题并努力探求解决之道。[⑤]

三是对乡村建设理论的探究及对各乡村教育实验区的介绍与研究。乡村建设运动是中国乡村教育发展的一段特殊历史时期,这一时期,涌现出了一大批乡村教育家,他们在实践的基础上提出了各具特色的乡村教育理论。如梁漱溟著《乡村建设理论》[⑥],庄泽宣编《乡村建设与乡村教育》[⑦]等著从整体上对中国乡村建设与乡村教育理论进行了研究。另外还有对河北定县、山东邹平、南京晓庄、江苏徐公桥、江苏无锡等具体乡村教育实验区的研究,如杨效春编《晓庄学校与中国乡村教育》[⑧]、吴雨农著《定县牛村的平民教育》[⑨]等著即属此类。除著作外,还有不少论文对乡村建设实验区的理论及实践进行研究,此处不一一列举。

除教育学者积极研究乡村教育外,社会学者也对这一时期的乡村教育有所

---

① 余家菊编:《乡村教育通论》,上海:中华书局,1934年;古楳:《乡村教育》,上海:商务印书馆,1935年;龙发甲:《乡村教育概论》,上海:商务印书馆,1937年。
② 潘公展,祝其乐:《乡村教育研究及研究法》,上海:商务印书馆,1925年。
③ 金鼎一编:《乡村小学实际问题》,上海:黎明书局,1933年。
④ 郭人全编:《乡村小学行政》,上海:黎明书局,1934年;盛振声编:《乡村小学视导法》,上海:商务印书馆,1934年;陆静山编:《乡村小学开办法》,上海:儿童书局,1934年;张宗麟编:《乡村小学教材研究》,上海:黎明书局,1933年;李晓农,辛曾辉编:《乡村小学教学法》,上海:黎明书局,1934年。
⑤ 缪序宾:《乡村小学之缺点及其病原之补救法》,《中华教育界》,1924年4期;傅葆琛:《我国乡村小学课程的几个缺点》,《教育杂志》,1931年2期;杨效春:《普及农村教育的困难和我们的作法》,《教育杂志》,1937年1期。
⑥ 梁漱溟:《乡村建设理论》,邹平:邹平乡村书店,1937年。
⑦ 庄泽宣编:《乡村建设与乡村教育》,昆明:中华书局,1939年。
⑧ 杨效春编:《晓庄学校与中国乡村教育》,上海:爱文书局,1928年。
⑨ 吴雨农:《定县牛村的平民教育》,中华平民教育促进会,1929年。

关注,其中以廖泰初的研究最为典型。1936年燕京大学社会学系的廖泰初在深入调查基础上,写出了《动变中的中国农村教育——山东省汶上县教育研究》[①]一书。该著以丰富的田野调查材料对私塾与新式学堂在乡间的共存形态进行描述,并从中西文化冲突角度对二者的竞争状况进行分析。

20世纪二三十年代的乡村教育研究大都是基于乡村教育不同于城市教育的基本前提假设,立意于探究乡村教育发展的基本理论,分析当时乡村教育发展中所遇到的各方面问题并寻求具体的解决路径。这些研究是对乡村教育转型过程中存在问题的记录和反思,为以后的研究提供了重要的资料和分析基础。

2. 20世纪80年代以来的重要研究成果

由于多种原因,1949年后的一段时间,有关近代乡村教育的研究成果很少。20世纪80年代以来,随着中国社会史研究的兴起,基层社会成为众多学者关注的对象,近代乡村教育再次进入众多学者的研究视野。1997年以后,随着"三农"问题的日益凸显,"三农"研究逐渐成为显学[②],这同时也助推了学术界对近代乡村教育的研究。20世纪80年代至21世纪初叶,学术界对近代乡村教育转型的研究主要集中于以下问题:

(1) 传统与现代并存:近代乡间私塾与新式学堂的关系

在新式教育推行过程中,新式学堂并没能轻而易举地取代传统私塾,而是在乡村中长期存在着私塾、学堂二元并立的格局。左松涛的《近代中国的私塾与学堂之争》一著,以时序为坐标,考察了清末民国时期不同时空中私塾与学堂、学校对立的实况及其产生的连锁反应。[③] 不少学者也在论文中关注并分析了中国近代教育体制转型过程中存在的新旧并存的二元结构,且在乡村私塾与学堂的博弈中,私塾往往占据优势地位的问题。[④] 对于私塾在乡间长期存在的原因,学者们大都认为,私塾因其灵活的乡土适应性及塾师在乡村人脉网络中的重要作用

[①] 廖泰初:《动变中的中国农村教育——山东省汶上县教育研究》,北京:燕京大学社会学系,1936年铅印本。

[②] 曹锦清:《"三农"研究的基本框架》,《如何研究中国》,上海:上海人民出版社,2010年,第36页。

[③] 左松涛:《近代中国的私塾与学堂之争》,北京:三联书店,2017年。

[④] 贾国静:《私塾与学堂:清末民初教育的二元结构》,《四川师范大学学报》(社会科学版),2002年第1期;郝锦花、王先明:《论20世纪初叶中国乡间私塾的文化地位》,《浙江大学学报》(人文社会科学版),2005年第1期;左松涛:《晚清民国私塾与塾师的"权势"问题研究》,《中山大学学报》(社会科学版),2006年第2期;杨齐福:《科举制度废除后私塾与塾师命运散论》,《徐州师范大学学报》(哲学社会科学版),2008年第4期。

而长期存在①。

为了取得更好的发展,私塾与学堂都在进行着自身的调适。郝锦花、李伟中都认为尽管乡间新学始终没能战胜强大的私塾组织,但是传统私塾在新学教育制度的冲击和熏陶下渐渐流露出趋新气象②。田正平等学者认为20世纪初,中国乡村教育陷入了危机之中,为化解危机,新旧教育同时进行了调适,它使新式教育成为有"中国乡土特色"的新教育,而旧式私塾成为含有种种"新"因子的"学校化私塾"③。

在关注乡村私塾的同时,还有不少学者关注到乡村塾师。蒋纯焦的《一个阶层的消失——晚清以降塾师研究》一书中指出,塾师阶层消失对城镇地区教育并不会造成影响,但在乡村地区却导致了一系列乡村教育与乡村社会的问题。塾师消失在乡村社会留下的角色空位,得不到乡村教师的补位,容易导致乡村生活整合力的下降。④ 关于塾师收入,郝锦花研究发现20世纪二三十年代乡村塾师的收入大约每年有150元左右,相当于高等学校教员收入的1/10,比19世纪后期的塾师经济地位有所下降,这与废科举以来新学教育的冲击有关⑤。

(2)新学在乡村之推进:对近代乡村新式教育推进历程及具体问题的研究

近代乡村教育转型是一个曲折复杂的历史过程,不少学者对这一历史变迁过程进行了整体研究。田正平、肖朗主编的《世纪之理想——中国近代义务教育研究》一书,分理论篇、实践篇与比较篇对近代义务教育进行了整体研究,对于近代乡村义务教育的状况有所涉及。⑥ 朱玉湘著《中国近代农民问题与农村社会》第十四章研究了近代中国农村教育问题;认为近代中国农村教育具有落后性、新旧驳杂的过渡性和严重脱离实际的特点。⑦ 一些论文也对近代乡村教育的变

---

① 陈阳凤:《论"废科兴学"以后私塾存在的原因》,《湖北大学学报》(哲学社会科学版),1986年第6期;殷文:《三十年代苏南农村私塾教育盛行之动因》,《盐城师范学院学报》(人文社会科学版),2002年第4期;贾学政:《近代私塾教育与宗族社会》,《理论与实践》,2005年第3期;渠桂萍、王先明:《乡村民众视野中的私塾与学堂——20世纪前期乡村教育现代化的历史阙失》,《华中师范大学学报》(人文社会科学版),2008年第3期。

② 郝锦花、李伟中:《清末民初地方社会控制中的权力较量——以对乡村教育阵地的争夺为中心的探讨》,《山西大学学报》(哲学社会科学版),2007年第2期。

③ 田正平、陈胜:《清末及民国时期乡村教育的困境及其调适》,《华中师范大学学报》(人文社会科学版),2008年第5期。

④ 蒋纯焦:《一个阶层的消失——晚清以降塾师研究》,上海:上海世纪出版集团,2007年,第295-297页。

⑤ 郝锦花:《20世纪二三十年代乡村塾师的收入》,《福建论坛》(人文社会科学版),2005年第8期。

⑥ 田正平、肖朗主编:《世纪之理想——中国近代义务教育研究》,杭州:浙江教育出版社,2000年。

⑦ 朱玉湘:《中国近代农民问题与农村社会》,济南:山东大学出版社,1997年,第520—556页。

迁、发展、历史使命、特点及启示等方面展开研究。① 近年来,不少学者专注于研究民国时期的乡村教育,曲铁华对民国时期乡村教育的整体特征进行概括,认为这一时期的教育具有空间特征——乡村场域,主题特征——知识精英以及目的特征——着眼社会②。还有一些学者关注了民国时期某个时段的乡村教育发展状况,或乡村教育制度、政策等方面的问题。③

乡村教育的近代转型在不同地区表现出不同特点,区域研究成为该领域的重要路向。专著方面,李涛的《浙江近代乡村教育史》④研究了1912至1949年间浙江乡村教育的转型历程。全书以不同时期浙江乡村教育的变迁为明线,以早期士绅、五四知识分子及乡村教育派教育家等民间力量对浙江乡村教育的推动为暗线,对浙江乡村教育的近代转型道路进行研究。杨晓军的《区域视野中的乡村、学校与社会——清末民初东北乡村教育研究(1905—1931)》探讨了1905至1931年间东北地区乡村教育的现代化进程。该著认为,清末兴学以来,原有乡村教育格局发生了明显改变,乡村教育逐步被纳入国家统一管理和掌控之中。新式学校教育培养了大批新式知识分子,他们推动了近代东北乡村社会政治、经济、文化教育和社会风俗的变迁,同时也带来了人才外流与乡村社会危机。⑤ 同时,还有不少近代不同区域乡村教育研究的论文。⑥ 宗族是中国社会的基本单位,一些学者研究了传统族学的现代转型。林济、张小坡等学者分别研究了民国两湖地区和清末徽州地区的族学转型状况,皆关注到民国以后,新式族学依然担

---

① 周志毅:《传统、理想与现实的变奏——20世纪20、30年代中国农村教育的变迁》,《杭州师范学院学报》,1999年第2期;明庆华:《近代中国乡村教育的发展与启示》,《湖北大学学报》(哲学社会科学版),2006年第4期;郝锦花:《抗战前乡村教育的若干特点》,《教育评论》,2008年第5期;张波:《近代乡村教育的历史使命探析》,《现代教育论丛》,2011年第10期。

② 曲铁华:《民国时期乡村教育的基本特征论析》,《四川师范大学学报》(社会科学版),2019年第3期。

③ 刘克辉:《南京国民政府时期乡村教育问题研究(1927—1937)》,合肥:安徽人民出版社,2013年;樊涛:《民国时期农村学校教育制度变迁研究》,东北师范大学博士学位论文,2014年;慈玲玲:《民国时期乡村基础教育政策研究》,东北师范大学博士学位论文,2016年。

④ 李涛:《浙江近代乡村教育史》,杭州:杭州出版社,2009年。

⑤ 杨晓军:《区域视野中的乡村、学校与社会——清末民初东北乡村教育研究(1905—1931)》,北京:光明日报出版社,2011年。

⑥ 郑起东:《近代华北乡村教育的变迁》,《中国农史》,2003年第1期;郎友兴:《从南浔的变化看近代教育在江南市镇的发展》,《史学月刊》,2003年第6期;刘正伟:《近代山西村政建设和义务教育的崛起》,《教育理论与实践》,2003年第3期;牛文琴:《乡村新学教育的兴起与发展——以清末民初的山西乡村社会为范围》,《晋阳学刊》,2004年第1期;常钊:《20世纪二三十年代山西乡村教育的发展研究》,福建师范大学硕士论文,2005年;赵新平:《民初崞县的乡村教育》,《社会科学战线》,2006年第5期;杨娟:《苏南乡村教育研究(1905—1937)》,华东师范大学教育学系博士论文,2009年;慎月梅:《近代变革中的乡村学校与教师:以嘉兴地区为例》,华东师范大学硕士学位论文,2012年。

纲乡村社会初等教育重任的事实。① 华侨为中国现代教育的发展做出了重要贡献,他们中亦有不少人十分支持侨乡乡村教育的发展。②

随着多学科交叉研究的兴起,不少学者采用社会学、人类学的田野调查方法并结合历史文献对村落或县域中的乡村教育变迁进行微观研究。较早进行这种研究的为社会学者王铭铭,他在《教育空间的现代化与民间观念——闽台三村初等教育的历史轨迹》③一文考察了台湾、福建三个村落中现代教育空间确立的历史,并从社会学视角论证了现代性构建过程中民间社会力量及文化与超地方政权构成的互动关系。此文视角独特,给后来学者以很大启发。司洪昌的《嵌入村庄的学校——仁村教育的历史人类学探究》④采用历史人类学的田野调查方法,以村落教育转型为明线,以众多个人生活史为隐线研究了华北一个村庄的教育变迁历程,是村落教育变迁研究的一部成功之作。县域视野中的乡村教育研究以丹麦社会学家曹诗弟著的《文化县——从山东邹平的乡村学校看二十世纪的中国》⑤为典型,该著通过对山东邹平乡村学校的研究透视了中国教育体制改革是如何被乡村社会所认识的。作者认为,在20世纪的农村社会变迁中,现代学校体制的建立起了关键作用。张济洲的《文化视野下的村落、学校与国家——一个地方社区基础教育变迁的历史人类学考察》⑥一著,运用人类学田野调查与历史文献分析相结合的方法深度描述了山东汶上县20世纪以来伴随着国家权力逐步渗入乡村社会的历程以及现代学校与乡土文化冲突的生动场面,并从社会学视角分析了当地教育中存在的城乡差异问题。该著可谓将田野调查与历史文献相结合进行研究的又一力作。程美宝的《由爱乡而爱国:清末广东乡土教材的国家话语》⑦一文虽以广东乡土教材为研究对象,却透视了近代教育改革后由政府和思想先锋倡导的政治语言是如何被基层领袖加以诠释运用并推向民间的问题,研究视角颇为独特。微观研究成果的不断涌现也引起了学者对近代乡村教育研究方法论的反思,田正平、叶哲铭在分析了近百年来人类学社区研究的相关

---

① 林济:《国民政府时期的两湖新族学与乡村宗族》,《近代史研究》,2004年第2期;张小坡、张爱萍:《承继与过渡:清末徽州族学转型探析》,《合肥学院学报》(社会科学版),2010年第1期。
② 刘慧宇:《民国时期福建乡村的华侨中小学校》,《华侨华人历史研究》,2006年第4期。
③ 王铭铭:《教育空间的现代化与民间观念——闽台三村初等教育的历史轨迹》,《社会学研究》,1999年第6期。
④ 司洪昌:《嵌入村庄的学校——仁村教育的历史人类学探究》,北京:教育科学出版社,2009年。
⑤ [丹麦]曹诗弟著,倪安儒译:《文化县——从山东邹平的乡村学校看二十世纪的中国》,济南:山东大学出版社,2005年。
⑥ 张济洲:《文化视野下的村落、学校与国家——一个地方社区基础教育变迁的历史人类学考察》,北京:教育科学出版社,2011年。
⑦ 程美宝:《由爱乡而爱国:清末广东乡土教材的国家话语》,《历史研究》,2003年第4期。

成果之后,认为近代乡村教育的实况可以借鉴人类学"他者的眼光"来理解,并采用社区研究法来揭示乡村教育与乡村民众生活之间的关系。① 袁滢滢认为,近年来近代乡村教育研究的新动向之一是更为关注教育与社会的关联,并试图达到"通过教育看社会"的研究目的。②

乡村教师是近代乡村教育转型的关键要素。关于近代乡村教师的研究成果较多,研究者从收入、生活地位、公共责任、生活状况、社会角色、文化身份等多个不同角度关注了民国时期的乡村教师。③ 乡村教师承担着多重身份,有学者通过研究发现中国早期从城市向农村的转变中,乡村教师起了至为关键的作用,事实上是中国乡村革命的播火者④。

随着近代乡村教育改革的进行,出现了专门视导乡村教育的行政部门,一些学者对乡村教育督导工作进行了研究,研究结果表明督导工作存在诸多现实困难及实际督导效果有限⑤。经费是推动教育变革的重要保障,赵全军认为清末民国时期中国农村义务教育的供给呈现出责任主体基层化、组织体系科层化、资源流动等级化的特点,不能有效解决义务教育的推行成本问题,以致农村的学龄儿童家庭必须分担过高的义务教育成本。⑥ 吴彦芳等认为,近代政府对农村教育的漠视,是农村教育落后的重要原因。⑦

乡村教育运动是近代乡村教育发展的一个特殊时期,大量文章对这一时期

---

① 田正平,叶哲铭:《微观视野下的中国近代乡村教育——相关人类学著作的若干启发》,《湖南师范大学教育科学学报》,2008年第6期。

② 袁滢滢:《从"历史中的教育"到"教育中的历史"——近代乡村教育史研究的新动向》,《聊城大学学报》,2019年第2期。

③ 郝锦花,田正平:《民国时期乡村小学教员收入状况考察——中国教育早期现代化问题研究之一》,《教育与经济》,2007年第2期;侯明喜,曾崇碧:《试论民初乡村小学教师的社会地位——以20世纪30年代四川为例》,《四川师范大学学报》(社会科学版),2007年第4期;张济洲:《乡村教师的文化冲突与乡村教育改革》,《河北师范大学学报》(教育科学版),2008年第9期;娄立志,张济洲:《乡村教师疏远乡村的历史社会学解释》,《当代教育科学》,2009年第21期;高盼望:《民国时期乡村教师的生活研究》,山东师范大学博士学位论文,2015年;张霞英,车丽娜:《民国时期乡村教师的社会角色研究》,《当代教育科学》,2016年第11期;徐彬:《民国时期乡村教师角色研究——文化身份的考量》,西南大学硕士学位论文,2017年。

④ 丁留宝:《乡村教师:乡村革命的播火者——以安徽农村党组织建设为例(1923—1931)》,上海师范大学硕士学位论文,2007年。

⑤ 刘崇民:《民国时期乡村基层教育督导实际困难考察》,《江南大学学报》(人文社会科学版),2007年第6期;郝锦花:《教育督导与近代乡村教育——以山西为例》,《教育评论》,2009年第4期;刘军:《论近代以来的县级教育行政——以湖北为例》,《理论月刊》,2009年第10期。

⑥ 赵全军:《清末民国时期中国农村义务教育供给责任机制研究》,《云南社会科学》,2007年第3期。

⑦ 吴彦芳,徐静:《近代乡村新学教育发展缓慢的政府原因》,《宁夏大学学报》(人文社科版),2013年第2期。

的乡村教育理论与实践进行研究。由于很难精确统计已有研究成果的数量,下面将力求呈现出已有研究的基本问题。其一,对乡村教育思想与实验的研究。苗春德主编的《中国近代乡村教育史》①一著,系统研究了20世纪20年代后中国近代乡村教育思潮发展演变的历程与特点,并对典型教育家的乡村教育思想与实践进行了详细分析。同时不少学者撰文研究了近代乡村教育思想、实验特点、参与团体等多个方面。② 具体到乡村教育家教育思想与实践的研究,就已有成果看,主要包括对梁漱溟、晏阳初、陶行知、黄炎培、余家菊、卢作孚、王拱璧、黄质夫、张骞、容闳、罗辀重、刘寿祺、陈礼江、金海观等教育家教育思想及实践的分析与研究。其二,对乡村教育实验模式的比较研究。随着研究的深入,不少学者开始对"邹平模式""定县模式""青岛模式""延安模式"等不同的乡村教育模式进行比较。③ 其三,对近代乡村教育运动现代价值的重审。不少学者认为轰轰烈烈的乡村教育运动尽管以失败告终,但却具有深远的社会意义和现代价值。④

(3) 新学与乡村社会:乡村新学推行后的社会回应及影响

新学制的实施标志着新式教育以法令形式得以确立,这项源于西方的新式教育制度在推行于中国乡村社会时会得到什么样的回应呢? 此问题引起了不少学者的关注。桑兵较早从文化的角度关注了处于不同阶层的人接受新学的态度差异,认为中国社会内部存在着功能规范各不相同的士绅、市民和乡村三个文化层,与官绅士人的曲折情感转变相比,乡土民众面对西学的心理负荷要轻很多。⑤ 美国学者樊德雯的博士学位论文研究了1905—1931年间奉天省海城县教育变革与社会的互动过程,认为政府和乡村之间除了对抗关系外,还有一种合

---

① 苗春德:《中国近代乡村教育史》,北京:人民教育出版社,2004年。
② 周谷平,陶炳增:《20世纪初乡村教育思想形成的历史回顾与思考》,《河北师范大学学报》(教育科学版),2004年第5期;曲铁华,袁媛:《近代中国乡村教育实验特点探析》,《教育科学》,2007年第6期;李自典:《20世纪30年代的乡村教育运动:国家、社会团体与民众的互动研究》,《社会科学辑刊》,2007年第2期。
③ 2001年北京师范大学博士学位论文,周逸先的《定县模式与邹平模式——晏阳初与梁漱溟乡村建设理论的比较》;崔玉婷:《近代中国乡村教育的不同路向:邹平教育模式与延安教育模式比较研究》,北京:教育科学出版社,2011年;魏本权:《青岛模式与邹平模式:民国山东乡村建设模式的比较研究》,济南:山东人民出版社,2013年;张建军:《寻路乡土:梁漱溟、晏阳初乡村建设理论与实践比较研究》,浙江大学博士学位论文,2019年。
④ 刘尧:《近代中国的四大教育实验对我们的启示》,《上海教育科研》,1992年第3期;曲铁华,袁媛:《论近代中国乡村教育实验的现代价值》,《教育理论与实践》,2008年第5期;曲铁华,袁媛:《近代中国乡村教育实验理论标本价值探析》,《教育科学》,2010年第6期。
⑤ 桑兵:《文化分层与西学东渐的开端进程——以新式教育为中心》,《中山大学学报》,1991年1期。

作的关系。① 该作者的另一篇文章,通过对海城县乡村公立学堂经费来源的研究,认为在中国广大农村地区,很多村庄都曾经热情参与了政府推行的教育改革活动,地方乡村在中国现代化过程中扮演着重要角色。②

与以上观点相反,近年来,更多学者则较为关注乡村民众对新学的漠视与抵制,其中以田正平、陈胜对此问题的研究最为系统。两位作者在《中国教育早期现代化问题研究——以清末民初乡村教育冲突为中心的考察》一著中提出乡村教育冲突的概念,研究了清末民初乡村教育的冲突及表征、引发冲突的原因、冲突的影响及解决途径,认为中国近代乡村教育冲突的特殊性在于教育冲突和矛盾的时间之久、规模之大、发生之频繁、影响之广泛是中外教育史上绝无仅有的。③ 同时,近代乡民漠视、抵制新学现象也受到了较多学者的关注④。清末乡村教育冲突是由多种原因引起的,不少学者从庙产兴学、教育经费增加、文化竞争等角度分析了教育冲突产生的原因⑤。其中,田正平的《清末毁学风潮与乡村教育早期现代化的受挫》⑥一文,从乡村教育现代化的角度审视清末十年间乡村毁学现象的影响,认为新旧教育的冲突一直困扰着中国的乡村教育,是导致乡村教育早期现代化步履蹒跚的重要原因之一。该文把学界对乡村教育冲突的研究推进到一个新的高度。

在关注近代乡村教育冲突的同时,一些学者尝试通过日记等资料透视新旧教育转型中乡村士子及乡民的心态变化。关晓红以近代刘大鹏、朱峙三两位乡村士子的日记为基础透析了科举制废除后乡村士子的不同心理调适及此后乡村

---

① Vander Ven Elizabeth Ruth:《Educational Reform and Village Society in Early Twentieth-Century Northeast China, Haicheng County, 1905—1931》, Berkeley:University of California,2003。

② [美]樊德雯著,熊春文译《乡村—政府之间的合作——现代公立学堂及其经费来源(奉天省海城县:1905～1931)》,载自[美]黄宗智:《中国乡村研究(第四辑)》,北京:社会科学文献出版社,2004年,第79-124页。

③ 田正平、陈胜:《中国教育早期现代化问题研究——以清末民初乡村教育冲突为中心的考察》,杭州:浙江教育出版社,2009年。

④ 杨齐福:《晚清新政时期乡民毁学述论》,《福建论坛》(人文社会科学版),2002年5期;王海燕:《清末江浙地区乡民毁学现象研究》,华东师范大学历史系硕士论文,2004年;晏婷婷《清末新政期间毁学风潮探析》,《求索》,2006年第7期;陈胜:《清末新政时期的乡村教育诉讼》,《江南大学学报》(人文社会科学版),2007年第3期;袁轶峰:《清末新政背景下的毁学事件与乡村社会——以宣统元年宜春县为例》,《江西师范大学学报》(哲学社会科学版),2009年第3期;郝锦花:《清末民初乡村民众视野中的新式学校》,《福建论坛》(人文社会科学版),2010年第3期;郝锦花:《20世纪前期基层新学教育面临的一个困境——以山西省为中心的探讨》,《社会科学战线》,2010年第4期。

⑤ 邵勇:《清末庙产兴学运动与毁学民变》,《青海社会科学》,2006年第3期;田正平、陈胜:《教育负担与清末乡村教育冲突》,《浙江大学学报》(人文社会科学版),2008年第3期;吴彦芳:《清末民初乡民抵制新学原因初探》,《西北民族大学学报》(哲学社会科学版),2008年第1期。

⑥ 田正平:《清末毁学风潮与乡村教育早期现代化的受挫》,《教育研究》,2007年第5期。

士子命运的整体变化。① 陈胜、田正平则通过同样的两部日记透视了科举制废除在两位士子心目中产生的不同反应,并运用心理学的相关理论分析其原因。② 田正平还通过对朱峙三日记的解读,认为近代教育变革牵动着读书人的切身利益,而对待这场变革的态度归根到底是由个人的利害得失所制约的。③ 以上文章所采用的心态史学研究路向拓宽了近代乡村教育研究视角。

新式教育的推行对乡村社会产生了深远影响。郝锦花的《新旧学制更易与乡村社会变迁》一著从近代乡村新学教育的萌发切入,考察了乡村新旧教育转轨与乡村社会间的内在联系。作者认为清末民初乡村教育具有新旧驳杂的过渡性、相对于城市的滞后性、地域上的不平衡性、教育层次上的初级性等特点。④ 乡村教育的变革带来了乡村政治和乡村生活多方面的变迁。⑤ 不可否认,乡村新学在推动农村社会变迁和乡村社会现代化方面起到了一定的积极作用⑥。但学者们关注更多的还是科举废除,新学推广带来的精英离乡与城乡教育差距的问题,诸多文章从办学主体、学堂地域分布、各专业学堂比例、新学收费、教学内容变化等方面分析了导致乡居精英离乡和城乡教育扩大的因素。⑦ 随着乡村精英脱离乡村而集中于城市,进一步带来了乡村文化危机及传统文化生态环境的失衡⑧。新式教育的推行也引起了乡村学务权力的重新分配。沈洁认为,科举

---

① 关晓红:《科举停废与近代乡村士子——以刘大鹏、朱峙三日记为视角的比较考察》,《历史研究》,2005年第5期。

② 陈胜,田正平:《横看成岭侧成峰:乡村士人心中的清末教育变革图景——以〈退想斋日记〉和〈朱峙三日记〉为中心的考察》,《教育学报》,2011年第2期。

③ 田正平:《清末废科举、兴学堂的另一类解读——〈朱峙三日记(1893—1919)〉》,《教育研究》,2012年第11期。

④ 郝锦花:《新旧学制更易与乡村社会变迁》,北京:人民出版社,2009年。

⑤ 涂三:《民国时期乡村学校与乡土社会变迁》,湖北师范大学硕士学位论文,2016年。

⑥ 乔志强:《近代华北农村社会变迁》,北京:人民出版社,1998年,第733-768页;郝锦花:《近代"新学"教育与乡村社会现代化的启动》,《天津社会科学》,2002年第3期。

⑦ 郝锦花,王先明:《清末民初乡村精英离乡的"新学"教育原因》,《文史哲》,2002年第5期;郝锦花:《近代"新学"教育与乡村现代化的顿挫》,《河北学刊》,2003年第2期;张鸣:《教育改革视野下的乡村世界——由"新政"谈起》,《浙江社会科学》,2003年第2期;陈庆璠:《近代新学制与城乡分离的加剧——20世纪前期教育现代化进程中的乡村问题》,《福建论坛》(人文社会科学版),2005年第8期;王先明、李丽峰:《近代新学教育与乡村社会流动》,《福建论坛》(人文社会科学版),2005年第8期;罗志田:《科举制废除在乡村中的社会后果》,《中国社会科学》,2006年第1期;李世愉:《废科举对乡村教育落后的影响》,《探索与争鸣》,2008年第3期;吴彦芳:《近代新式学堂教育与农村问题》,《西北民族大学学报》(哲学社会科学版),2010年第3期;戴鞍钢:《近代中国乡村教育的困境》,《绍兴文理学院学报》,2013年第3期。

⑧ 郝锦花,王先明:《从新学教育看近代乡村文化的衰落》,《社会科学战线》,2006年第2期;吴彦芳:《近代学制转变与传统文化生态环境的失衡》,《西北民族大学学报》(哲学社会科学版),2007年第4期。

制废除后随着学务权在乡村地方行政系统中重要性的日益凸显,造成了新的权力资源在国家与社会之间以及乡村精英内部各派势力之间的重新分配。不同群体以兴办学务为契机置身其中,分享权力又相互争夺对权力的主导权。① 任吉东研究认为学堂制度扩充了乡村管理的传统内容和社会职能,同时也造成了新的权力资源在乡村各派势力之间的重新分配。②

(二)有关山东乡村教育的研究

山东是地处华北地区的古老农业区,该地近代乡村教育的状况较早得到了学者们的关注。如王尽美1920年在《泺源新刊》第7号上发表了《乡村教育大半如此》,1921年又在《励新》第1卷第2期上发表了《山东的师范教育与乡村教育》,文章从"办学者""教师""设备"等角度论述了当时山东乡村教育存在的种种问题。20世纪30年代出版的廖泰初的《动变中的中国农村教育:山东省汶上县教育研究》一著学术价值颇高,为本书的研究提供了鲁西南地区乡村教育转型的重要资料。1945年,杨懋春先生写出了《一个中国村庄:山东台头》③,书中涉及了20世纪上半叶山东沿海地区乡村的传统教育、新式教育、教师状况等问题,为本书的研究提供了分析个案。

20世纪80年代以来,山东乡村教育的研究成果不断涌现。专著方面,2001年出版了《山东教育通史》④一著,该著分古代和近现代两卷,是一部全面、系统研究山东教育历史的著作。其中,近现代卷中有相当篇幅论及近代山东的乡村教育状况。另外,还有上文中提及曹诗弟的《文化县——从山东邹平的乡村学校看二十世纪的中国》和张济洲的《文化视野下的村落、学校与国家——一个地方社区基础教育变迁的历史人类学考察》。以上专著从不同视角研究了近代山东部分县域内乡村教育的发展状况,对后人的研究颇有启发。此外,张玉法著《中国现代化的区域研究:山东省》⑤、孙祚民主编《山东通史》(两卷本)⑥、吕伟俊主编《民国山东史》⑦、安作璋总主编《山东通史》⑧(七卷本)等通史性著作中也都对

---

① 沈洁:《废科举后清末乡村学务中的权势转移》,《史学月刊》,2004年第9期。
② 任吉东:《嵌入与磨合:新式学堂与乡村治理——以近代直隶省获鹿县为例》,《中国农史》,2008年第1期。
③ 杨懋春著,张雄、沈炜、秦美珠译:《一个中国村庄:山东台头》,南京:江苏人民出版社,2001年。
④ 赵承福:《山东教育通史》,济南:山东人民出版社,2001年。
⑤ 张玉法:《中国现代化的区域研究:山东省》,台北:中研院近代史研究所,1982年。
⑥ 孙祚民主编:《山东通史》,济南:山东人民出版社,1992年。
⑦ 吕伟俊主编:《民国山东史》,济南:山东人民出版社,1995年。
⑧ 安作璋总主编:《山东通史》(近代卷),北京:人民出版社,2009年。

近代山东的乡村教育状况有所涉及,有助于加深学界对近代山东乡村教育的了解。

论文方面,关于山东地区的私塾改良,王翠红研究了1905—1949年间山东省私塾改良的历程,其中涉及大量乡村私塾改良的状况。程利、徐晓霞认为清末山东部分私塾经过改良,在形式上向新式小学堂靠拢,而绝大多数私塾,仍以原有的姿态广布乡野。李庆华研究了济南市郊祝甸乡的私塾改良状况,认为私塾改良既取得一定成效,又有许多缺憾。[1] 在教育政策与行政方面,张晓芳探讨了民国时期山东的文化政策,其中涉及民国时期山东的乡村教育行政、教育经费、私塾取缔、乡村师范学校的设立等相关政策。[2] 孙运梅分析了20世纪30年代山东督学在推动山东近代基层教育发展过程中的作用,认为其作用主要体现在视察、评估和指导三个方面。[3] 袁滢滢研究了山东乡村小学的创办者群体,她指出乡村小学的创办者由传统士绅转变成乡村中的富商、军人、议员等新阶层,这背后反映出创办人对学校带来的地位的渴望、不同群体间的权利斗争和利益纠葛。[4] 乡村师范是民国年间专注于培养乡村教师的师范学校,一些学者对山东乡村师范学校进行了研究。袁滢滢通过考察20世纪二三十年代山东乡村师范学校的创建、教师选聘及学生招考情况,认为此举是执行南京国民政府教育政策和法令的结果,乡村师范学校是国治通往乡治的桥梁。[5] 程功群等对民国时期山东的乡村师范教育办学实践进行研究,认为山东省政府完善了乡村师范教育的制度保障,并对教学内容、课外活动以及乡村师范生实习活动等进行了改革,逐步建立了符合山东省情的乡村教师培养模式。[6]

在教育人物方面,已有研究关注较多的教育家为梁漱溟。其中,马勇的《梁漱溟教育思想研究》[7]系统研究了梁漱溟先生一生的教育思想与实践。近年来,随着对优秀传统文化的重视,不少学者重新关注梁漱溟先生乡村建设理论中关

---

[1] 王翠红:《近代山东私塾改良研究》,山东师范大学硕士论文,2007年;程利、徐晓霞:《清末山东私塾述论》,《商丘师范学院学报》,2008年第11期;李庆华:《济南市祝甸乡民国时期私塾改良刍议》,《济南大学学报》(社会科学版),2008年第4期。
[2] 张晓芳:《山东国民政府文化政策研究(1928—1937)》,山东师范大学硕士论文,2007年。
[3] 孙运梅:《从抗战前山东的"视察报告"看督学的作用》,《当代教育科学》,2009年23期。
[4] 袁滢滢:《教育视野下的乡村社会:以山东乡村小学的创办为中心(1928—1937)》,《聊城大学学报》(社会科学版),2014年第2期。
[5] 袁滢滢:《由"国治"到"乡治"的桥梁——20世纪二三十年代山东的乡村师范学校》,《史学月刊》,2015年第10期。
[6] 程功群,王倩:《民国时期山东的乡村师范教育活动研究(1930—1937)》,《聊城大学学报》(社会科学版),2019年第3期。
[7] 马勇:《梁漱溟教育思想研究》,沈阳:辽宁教育出版社,1994年。

于传统文化的论述。① 另外,曹金祥研究了民国时期山东教育厅厅长何思源的农村教育思想与实践,认为其教育思想具有教育宗旨的时代性、教育管理的规范性和教育内容的实用性特征。②

乡村教育运动中,除梁漱溟在邹平建立的实验区外,山东还建立了多个乡村教育实验区,大量文章对乡村教育运动中的乡村教育有所涉及。除诸多对梁漱溟的乡村教育思想与实践进行研究的文章外,还有牛和清的《民国时期山东乡村建设研究(1931—1937)》③,分别研究了山东乡村建设研究院、青岛李村乡村建设、省教育厅、齐鲁大学等不同类型的乡村建设体系,对各实验区的乡村教育状况有所涉及。张鹏在《山东省立民众教育馆研究(1929—1937)》④一文中对山东民众教育馆所进行的乡村社会教育活动有所涉及。

总体而言,20世纪上半叶至今,学术界已经对近代乡村教育的发展历程、推进过程中出现的各种问题以及新式教育与乡村社会的关系等问题进行了研究,并取得了丰硕的研究成果。从选题的空间范围看,近代乡村教育研究呈现出全国性鸟瞰与区域性解剖并行的路向。近年来,区域研究受到了越来越多学者们的青睐,这体现出学者们对近代乡村教育实然状况的关注以及乡村教育的研究不断走向深入。在理论分析上,学者们不断尝试运用多学科理论来分析近代乡村教育,不仅有现代化理论,还有国家与社会、心态史学、人类学与民族学等多种理论视角。

三、研究思路与方法

近代乡村教育的发展过程与国家权力不断渗入乡村的过程同步完成,现代教育制度在乡村的建立过程反映出基层教育的国家化历程。从区域的视角看,乡村教育的国家化是在国家权力与地方社会的长期互动中实现的,所以,近代乡村教育的转型过程又是国家权力地方化的过程。本书将采用国家与地方社会的分析视角,在关注国家层面教育变革地方化过程的同时,还将分析在变革过程中国家意志与地方社会实际需要的诸种冲突与相互妥协。

本书在已有研究成果的基础上选取20世纪初叶至抗战爆发前的山东乡村教育为研究对象,考察近代山东乡村教育变革的推动力量以及教育转型与乡村

---

① 程良宏等:《以中华文化认同教育推进乡村建设》,《湖南师范大学教育科学学报》,2020年第2期;王雪:《袭古与创新:梁漱溟基于传统的乡村建设实践评析》,《天津大学学报》(社会科学版),2020年第4期。
② 曹金祥:《何思源的农村教育思想与实践》,《华中农业大学学报》(社会科学版),2008年第5期。
③ 牛和清:《民国时期山东乡村建设研究(1931—1937)》,济南:山东师范大学硕士论文,2011年。
④ 张鹏:《山东省立民众教育馆研究(1929—1937)》,济南:山东师范大学硕士论文,2008年。

社会的互动关系，希望能够从地方层面探讨近代乡村教育革新的实然状况，并为当今乡村教育的发展以及乡村振兴提供历史借鉴。本书以近代山东乡村教育变革的历程为经线，以乡村教育与乡村社会的互动为纬线，力图呈现出一幅立体的区域乡村教育转型图景。具体通过以下几部分内容展开：

第一部分首先探讨近代教育改革前山东乡村教育的基本状况。独特的地理位置、气候、经济发展状况以及源远流长的传统文化造就了山东乡村的特殊生境。教育方面，山东的传统教育颇为发达，为近代乡村教育转型打下了良好基础。近代以来，带有新式教育特点的教会学校自19世纪60年代即在山东沿海地区出现，从而较早开启了山东教育的近代化之路。以上因素的描写是为拉开本书主体内容的历史序幕。

第二部分主要考察近代山东乡村教育转型的演进历程。一方面，以时间为序从总体上关注自1901年至1937年间山东乡村教育的历时性变迁；另一方面，透过对近代乡村学校中教师、学生、课程、教材等要素的变化反思乡村教育的共时性发展。本部分试图从纵、横两个维度，宏观与微观两个层面来总体考察近代以来国家层面乡村教育改革逐渐地方化的历程，并探求这一过程中山东乡村教育发展的地域特色。

第三部分重在从办学主体的角度分析近代山东乡村教育转型的多元动力。这场自上而下的乡村教育改革可谓一项宏伟的系统工程，在推行于基层时，不仅有官方的代言人——地方官主导了这场改革，还有无数士绅与民众参与其中，更有师范毕业生直接以所学之现代知识反哺于乡村。他们所具备的知识背景不同，在兴办乡村新学过程中所发挥的作用也有所差异。本部分在总体分析的同时，还选取了不同人群中的典型个案，试图透析当事者推动新学过程中所表露出的复杂心态。

第四部分探求新式学校步入乡村后所遭遇的种种挑战，以及教育变革带给乡村社会的影响。新式学校首先遭到了来自传统学校的极大挑战，在很长一段时间无法取代私塾的文化中心地位，这一现象的出现是由多方面原因造成的，其中民众难以认同新教育是私塾长期存在的重要原因之一。新式教育在乡村的出现不仅是教育内部的变革，同时还因学务权力的提升而引发了乡村社会内部对学务权的争夺。随着新式教育制度的引入，城乡之间教育资源的对比发生变化，城乡教育差距进一步拉大，教育虽培养出一批乡村知识分子，然而乡村精英们却未能很好地回报乡村社会。从性别的视角看，乡村女子教育的出现与发展，一方面打破传统藩篱，为乡村女子开辟了入学读书的途径；另一方面，乡村女学的发展也促进了乡村社会文明程度的提升。本部分将通过对整体趋势变化的宏观考察与不同个案的细微剖析，解读乡村教育变革带给乡村学校及乡村社会的复杂影响。

  第五部分主要聚焦于乡村建设运动这一特殊时段的乡村教育。这一时期的乡村学校成为乡村改造的中心,被赋予了教学以外的多项职责。就山东而言,20世纪30年代除梁漱溟等人在邹平进行的乡村建设实验外,还出现了多个乡村教育实验区,各区皆以各不相同的理论来进行乡村建设探索。本部分选取了邹平乡村建设实验区、祝甸乡民众教育实验区,乡村教育辅导委员会所组织的乡村教育实验区、乡村师范学校义务教育实验区作为典型进行剖析。虽然各实验区最终都没能完成借教育之力以改造社会的目标,但在此过程中乡村学校自身得到了一次难得的发展机遇。

  本书主要采用历史文献法。近代乡村教育的史料非常丰富,本研究将力图扩大资料的收集范围,除政府报告、法令汇编、地方志书、文集、档案等史料外,还将注意搜集清末民国时期的报纸、期刊、调查报告、日记、书信等多种形式的资料,力求在阅读各种史料的基础上,对研究对象进行深入细致的把握。同时,本书在研究中用到了不少文史资料。文史资料是由各级政协部门组织编写的纪实性文章,记录了当地各个历史时期的政治、经济、军事、文化、教育、自然景观、民风民俗等内容。其中,有不少涉及近代乡村办学的文章。从资料来源看,这些文章多是源自当事人对自己办学经历的回忆,从某种意义上说,这些资料可作为较为可信的史料。不可否认,由于年代久远,当事人的回忆可能会与事实有所出入,所以在运用这部分史料时,笔者会仔细斟酌,辨明真伪,同时还尽量与同一历史时期的其他史料相互对照,以求真实反映出近代乡村教育变革的图景。

  本研究中还运用到了个案研究法和比较法。近代乡村教育的转型过程是由一个个具体的历史细节组成的,所以,本研究在行文过程中选取了不同阶段具有代表性意义的人物、教育团体和事件,试图通过对具有典型特征的历史人物和事件的梳理与分析勾勒出精彩的近代乡村教育现场。在研究过程中还用到了比较法,一方面着眼于山东乡村教育本身的变革历程,从历时性角度分析不同历史时期复杂的社会背景之下教育政策的变化以及由此带来的山东乡村教育转型进程的差异。另一方面对乡村建设运动时期不同机构开展的乡村教育实验进行比较,从共时性角度对比不同主体在变革理念、举措及效果方面的异同,尝试为乡村振兴及乡村定向师范生服务乡村社会提供一定的历史启示。

第一章

近代教育改革前的山东乡村教育与社会

第一节 山东乡村的自然环境

山东省位于中国东部沿海,地处北纬34°23′~38°24′,东经114°47′~122°42′,属黄河下游地区。省境南北短、东西长,形如航船。"从省区的平面形态和海陆分布状况看,全省可以小清河口至苏、鲁交界的绣针河口一线为界,分为东、西两部分。"[①]东为山东半岛,西为山东内陆。半岛伸入黄海与渤海之中,同海峡对岸的辽东半岛遥相对峙。内陆部分的北、西、南三面分别与河北、河南、安徽、江苏四省接邻。

就"山东"一词而言,古代的山东是一地理概念,泛指太行山、崤山或函谷关以东地区。专以周朝的齐鲁旧城为山东,始于唐末五代,而以"山东"之名代指今地始于金代。金代大定八年(1168)置山东东、西路统军司,从此,山东正式成为行政区划名称。明洪武九年(1376)置山东承宣布政使司,山东成为全国十三个布政使司之一,治济南府。清代沿袭明代山东版图与旧制,设置山东省。清末,山东省置济南、兖州、东昌、泰安、青州、莱州、登州、沂州、曹州、武定10府,济宁、临清、胶州3直隶州,共辖8个散州及96个县。民国初期,废除此前的府、州、厅制,改为省、道、县三级。山东全省划分为济南、济宁、胶东、东临四道,共有107个属县。1928年,各省废道,县直接隶属于省。

从地形上看,山东处于中国地势的第三阶梯,以平原为主,总体上呈现出中间高、四周低的特征。全省的地貌类型较为多样,其中平原占55%,丘陵占19.4%,山地占15.5%,湖泊占0.8%,其余为9.3%。[②]鲁东半岛海岸线曲折,多

[①] 郭永盛主编:《山东省志·自然地理志》,济南:山东人民出版社,1996年,第3页。
[②] 山东省地方史志编纂委员会编:《山东省志·农业志》(上),济南:山东人民出版社,2000年,第3页。

优良港湾,半岛内部大多是起伏低缓的丘陵;鲁中南以海拔不太高的中山和低山为主;鲁西南和鲁北是黄河贯穿之地,形成了大面积泛滥冲积平原;黄河入海口经常年不断的淤积延伸,构成了黄河三角洲。鲁东和鲁中南的山地丘陵受地质构造和流水冲击的影响,具有切割强烈、地形破碎的特点。

在气候上,山东属于暖温带季风气候区,光热充足、气候温和、四季分明。冬季寒冷干燥,春季多风少雨,夏季高温多雨,秋季天高气爽。各地气候因地理位置的不同而有所差异,以潍县为界,东部受海洋性季风影响较大,西部则大陆性特征鲜明。"东部沿海,得海风之调剂,故气候较北方各省为温和。渐西,寒暑亦渐烈;至临清,定陶一带,气候寒暑之度俱烈,与河北、河南无异。"[1]

由于每年夏季风强弱不同,山东降水量的年际变化较大。就降水量的地域分布看,山东多年平均降水量的分布呈现出自东南向西北递减的趋势。一年之内降水的时间分配也不均匀,其中有70%左右集中于夏季。在气温分布上,省内各地平均温度自西南向东北递减。一月受蒙古高压影响,出现全年平均气温的最低值,大约在-4.0℃~1.0℃,七月是内陆地区全年平均气温最高的月份,在24.0℃~27.0℃,各地年平均气温处于11.0℃~14.2℃。[2]

总体而言,山东各地的光照和热量都较为充足,降水量适中。适宜的自然环境为各种温带作物的种植和畜禽的饲养提供了良好的条件,十分有利于当地农业的发展。但不容忽视的是,与风调雨顺相伴随的还有各种自然灾害的不期而至。

近代以来,整个中国都在经受着灾荒不断的命运。"可怖的灾荒是那样普遍而深刻地继续不断的发生。灾荒往往是全国性的,每次的灾荒的发生,往往有数十万人乃至数百万人立刻死亡,数千万人沉沦在饥饿线之下。"[3]山东同样没能逃脱天灾不断的噩运,这里自古以来自然灾害就较为频繁,民众生活受灾荒的影响甚大。据《申报》载,光绪二年(1876),"曾有一外国教师到一山东民家,见夫妇二人,面目黧黑,以为再无所食,定即服毒自尽。尤惨者,已将二子活埋,盖免见其饿死耳。草根树皮,人得之皆视为珍惜。"[4]历史上,山东的自然灾害以水旱灾害最为常见,这两种灾害同时也是影响农业生产的最主要因素。由于黄河改道、运河淤积、堤坝年久失修,近代山东各地旱、涝灾害的发生频率比此前更高。另

---

[1] 黄泽苍:《山东》,上海:中华书局,1935年,第30页。
[2] 郭永盛主编:《山东省志·自然地理志》,济南:山东人民出版社,1996年,第133页。
[3] 朱其华:《中国农村经济的透视》,上海:中国研究书店,1936年,第5页。
[4] 《申报》,光绪二年九月三十日,转引自李文治编:《中国近代农业史资料》(第一辑),北京:三联书店,1957年,第739页。

外,还有冰雹、风暴、重雾、霜冻、海潮、冰雪、蝗虫、瘟疫、地震等灾害。

从灾害的区域分布看,省内各地区间出现灾害的概率有着明显差异。据统计,从1470年至1969年的500年间,"鲁北、鲁中偏旱年、偏涝年均多,分别占500年的50%和46%;鲁西南偏旱、偏涝年合计占43.6%;半岛偏涝年与偏旱年均少于其他地区。"①不仅水旱灾害如此,风、雹灾害亦因地而异。总体而言,"鲁北、鲁西以干热风为重,鲁东沿海间或受台风影响;冰雹灾害以山区及西北内陆多,东南沿海少。此外,鲁北沿海尚有风暴潮为害。"②从历史的横截面看,一年之中,省内各地即会同时遭遇多种灾害的破坏。以1932年为例,这年,山东的灾害状况即包括水、旱、蝗、雹四种,"被水灾者有九县:泰安、高唐、博山、禹城、武城、平泉、济源、平阴、鱼台;被旱灾者一县:莒县;被蝗灾者六县:费县、峄县、郯城、广饶、利津、莒县;被雹灾者六县:莱阳、郓县、茌平、即墨、福山、济宁。"③山东是一个以旱作农业为主的省份,对大多数靠天吃饭的乡民而言,如此大面积自然灾害的频发直接给他们的日常生产与生活带来非常不利的影响。对地方社会来说,灾荒的出现不仅使粮食减产,严重影响经济的发展,还常会由此引发社会动乱,使社会的各项事业难以正常推展,而从某种程度上说,教育也正是容易遭受其影响的领域之一。

第二节 较为发达的商品经济

山东是中国开发较早的农业省区,自春秋战国至中唐以前,经过自身的长期积累与不断发展,山东的经济发展水平位居全国前列。然而,安史之乱以后,随着北方战乱的不断发生,山东经济的整体发展受到很大影响。宋元年间,随着金朝、蒙元势力不断入主中原,整个华北平原陷于战乱之中,原有的经济重心地位被远离战场、自然条件优越且经济持续发展的江南地区取代。正如施坚雅所指出的那样,华北经济区的兴衰与王朝的兴衰是相吻合的。这不仅是因为王朝政府对畿辅地区影响重大,而且因为"华北和西北两区更易受异族的入侵,……争取皇位的战争对此地区造成的破坏比其他地区更为严重"④。在这一过程中,山

---

① 赵传集主编:《山东自然灾害防御》,青岛:青岛出版社,1992年,第2页。
② 郭永盛主编:《山东省志·自然地理志》,济南:山东人民出版社,1996年,第5页。
③ 朱其华:《中国农村经济的透视》,上海:中国研究书店,1936年,第25页。
④ 施坚雅:《晚清之城市》,第283—284页。转引自杜赞奇著,王福明译:《文化、权力与国家——1900—1942年的华北农村》,南京:江苏人民出版社,2008年,第8页。

东的经济同样受到严重的破坏。至明清时期,山东经济的增长状况比此前有所恢复,大致属于全国范围内经济较为发达的省份。

作为中国古代社会经济发展到一定阶段的产物,市镇被不少学者作为考察社区组织的重要单位,其发展状况也是考量乡村经济发展的一项重要指标。沈放先生对市镇做过如下定义:"市镇是县级以下的商业聚落。从市场体系的角度看,农村市镇包括市和镇两大类,前者包括农村定期市和常设市,后者包括镇一级的各类专业市场。其中,农村定期市和常设市是农村初级市场(或曰农村基层市场),镇级专业市场属于农村高级市场(或曰农村经济中心地)。"[1]宋元时期,山东即已兴起了一批商业型市镇。由于发达的交通是商业发展的重要外部条件,因此,这一时期的新兴市镇多分布在诸水路、水运和东西陆路交通干道区域。如处于广济河流域的郓城、淄博等地的市镇这一时期已出现颇为发达的迹象[2]。明清时期,正值京杭大运河畅通之时,运河流经的鲁西平原获得了发展的历史机遇。随漕粮运输而来的各类商品流通极大地活跃了运河沿岸经济,带动了济宁、聊城、临清、德州等一批运河沿岸城市市场及周边市镇的迅速兴起。如"济宁是鲁西南兖州、曹州二府的流通枢纽,与江苏、安徽联系最为密切;聊城是鲁西北东昌府的流通中心,与山陕、辽东联系较密"[3]。位于会通河与卫河交汇之处的临清则是明代华北地区最大的纺织品交易中心。然而,由于漕粮运道常受黄河影响,每年需花费大量人力、物力加以维护,清初尚能维持这项开支,嘉庆以后清廷势力日益衰落,难以承受此项重负。于是,在道光年间试行海运成功后,河运方式即被海运取代,运河沿岸市镇也逐渐失却了往日的繁荣。

与此同时,山东东部沿海地区却随着19世纪60年代以后,烟台、青岛、威海、龙口等通商口岸的相继开放而日益兴旺。除以上位于沿海的商埠外,1904年胶济铁路开通后,山东内陆还开放了胶济铁路沿线的济南、周村、潍县等商埠。这些商埠所在之地迅速崛起为山东的重要市镇及经济重心。这样,处于东部沿海的商埠与处于内陆交通枢纽的商埠连为一体,形成了近代以来山东全省新的经济新格局。

近代以来随着商埠的开放和进出口贸易的增强,农业的商品化倾向日益鲜明。以烟草的种植为例,据《英文中国经济周刊》记载,在外国烟种传入山东沿海地区的十年左右时间内,青岛附近的烟叶平均价值已经增加了四倍。随着价格的增加,烟草的产量也在大大增加。除了大英烟草公司以外,南洋兄弟烟草公司

---

[1] 沈放:《近代市镇研究的回顾与评估》,载《近代史研究》,2008年2期。
[2] 张熙惟:《宋元山东市镇经济初探》,载《山东大学学报》(哲社版),1998年1期。
[3] 许檀:《明清时期山东商品经济的发展》,北京:中国社会科学出版社,1998年,第224页。

于一九二三年在坊子成立了一个种烟场,还有一家日本公司现在正在那个地方收购烟草,输往日本。① 可以说,随着国外和国内其他地区农作物良种的不断引入,山东的农作物品种得到了很大改良,而出口贸易收益的增加直接影响到了农民种植农作物的种类及产量。不仅烟草如此,花生、棉花、水果等经济作物也同样表现出商品化程度日益提高的倾向。

在农业生产商品化的同时,手工业结构也发生了明显变化。随着烟台的开埠,山东沿海地区开始适应国际市场的需求引入了草帽辫、花边、发网制作等新兴手工业,并逐渐由沿海向内陆地区推广。以远销国外为目的的外向型手工业改变了山东地区传统家庭手工业的经济结构,为手工业者提供了更多的就业机会,增加了他们的收入。

随着近代进出口贸易和商品经济的不断发展,部分农产品和手工业品的产地市场开始出现集中化的倾向,形成了许多专业化的市镇。例如泰安大汶口是花生产品专业市场,牟平、益都、栖霞与昌邑柳疃是丝织专业市场,掖县沙河镇是草帽辫专业市场,笡山是蛋品专业市场,青岛仓口、烟台是果品集散中心。② 专业化市镇的形成在很大程度上促进了商品的流通与经济的发展。

20世纪初新式工业在通商口岸的兴起在很大程度上促进了口岸城市化的进程,并确立了其在山东区域经济格局中的重心地位。应该说,沿海及铁路沿线地区作为联结山东腹地与海外市场的纽带具有得天独厚的区位优势,在经济发展方面处于全省领先地位。经济上的优势也使得这些地区在近代教育转型中拥有其他地区所难以企及的有利条件,在很大程度上加速了当地乡村教育变革的进程。

第三节　源远流长的传统文化

山东省所管辖的区域曾是周代齐、鲁两个宗国的所在地,这一地区在先秦时期已经形成了独具特色的齐鲁文化。此后,这一区域文化经过不断的融合与发展,逐渐上升为整个中国文化的核心成分,在中国历史上产生了深远影响。源远流长的齐鲁文化造就了山东地区的深厚文化积淀,同时也促进了该地崇文重教传统的形成,为当地近代乡村教育发展营造了良好的氛围。

---

① 《英文中国经济周刊》,1924年8月30日,第184期,第3页。转引自章有义编:《中国近代农业史资料》(第二辑),北京:三联书店,1957年,第202页。

② 陈为忠:《近代山东经济格局变迁研究——以港口与腹地互动为视角》,载《中国历史地理论丛》,2005年3期。

一、齐、鲁文化起源及其特点

所谓"齐鲁文化",应包含两层含义。从广义上讲,应包括以先秦时期齐、鲁领地(即今山东地区)为中心形成的独立文化体系。这一文化体系在时限上贯通古今,与中原文化、秦晋文化、吴越文化、巴蜀文化、燕赵文化、荆楚文化等相并提。就狭义而言,"齐鲁文化"是指先秦时期齐、鲁两国的文化,二者既各自独立又互相渗透,并最终融汇于中华文化之中。① 本文中所谓"齐鲁文化"是从广义角度而言的。从某种意义上说,广义的齐鲁文化是在狭义基础上的延伸,这里首先从先秦时期的齐文化和鲁文化开始分析。

就起源而言,齐、鲁文化都有两个主要源头,即东夷文化和周文化。早在远古时期,生活在这一地区的东夷族就创造了灿烂的古代文明。从神话传说看,最早生活在该地区的以凤鸟为图腾的太皞氏、少皞氏和当时以天鼋(龙)为图腾的炎黄族共同创造了最早的黄河文明。此外,如"舜作陶""羿作弓""伯益作井""蚩尤作兵""皋陶作刑"等,都反映了东夷族的贡献。② 从考古发掘看,目前发现最早的"东夷人"是距今约四五十万年,大致与北京人同属旧石器时代早期的沂源人。此后又逐渐形成了从北辛文化到大汶口文化,再到山东龙山文化的前后相续的东夷族文化谱系,从而为以后齐鲁文化的形成奠定了基础。尽管齐文化和鲁文化的源头相同,但因两国的国情不同,其统治者吸取东夷文化和周文化的侧重点与程度亦有所不同,遂形成了风格各异的两种文化。

《史记》中描写道:"泰山之阳则鲁,其阴则齐。齐带山海,膏壤千里,宜桑麻,人民多文綵布帛鱼盐。临淄亦海岱之间一都会也。其俗宽缓阔达,而足智,好议论,地重,难动摇,怯于众斗,勇于持刺,故多劫人者。大国之风也。其中具五民。而邹、鲁滨洙、泗。犹有周公遗风,俗好儒,备于礼,故其民龈龈。颇有麻桑之业,无林泽之饶,地小人众,俭啬,畏罪远邪。及其衰,好贾趋利,甚于周人。"③ 司马迁用这段简短的文字清晰勾画出了齐、鲁两国各具特色的自然地理、物产及民俗状况。由此可见,齐鲁文化间所存在的差异早已被人们认识到,而这些差别是由多方面原因造成的。

周武王灭商后,在原本东夷人的聚居地上"封功臣谋士,而师尚父为首封。封尚父于营丘,曰齐。封弟周公旦于曲阜,曰鲁。"④ 鲁国国君周公旦和齐国国君

---

① 黄松:《齐鲁文化》,沈阳:辽宁教育出版社,1991年,第94页。
② 安作璋,王克奇:《黄河文化与中华文明》,载《文史哲》,1992年4期。
③ 司马迁:《史记》,卷一百二十九,货殖列传,北京:中华书局,1982年,第3265-3266页。
④ 司马迁:《史记》,卷四,周本纪,北京:中华书局,1982年,第127页。

太公望皆是周朝的开国元勋,他们所在的封国也拥有特殊的地位。其中,鲁国享有礼乐文化上的特权,正如《礼记·明堂位》所言:"成王以周公为有功劳于天下,是以封周公于曲阜,地方七百里,革车千乘,命鲁公世祀周公以天子礼乐。""凡四代之服、器、官,鲁兼用之。是故鲁,王礼也。"①在祭祀祖先时,鲁国即具有演奏天子礼乐——八佾的资格。通过这项特权,鲁国较为完整地保存了周王朝的礼仪、典章与制度。齐国则享有斧钺征伐上的军事特权。两国所拥有特权的差异在某种程度上也预示着他们将会走向不同的发展道路。

齐、鲁两国不同的国情决定了其不同的治国方略与文化路向。鲁国国君周公旦是周武王的弟弟,在十分讲究宗法血缘的周王朝,鲁国因这层血缘关系而在政治上享有特权。由于辅佐武王和成王,周公旦没能亲至鲁国,而是由其长子伯禽按其制定的"尊尊而亲亲"的方针代为治鲁。在经济上,鲁国所在之地处于黄河冲积平原,土壤肥沃,农业较为发达。文化方面,鲁国依其文化礼仪上的特殊权利而逐渐发展出较高水平的文化。这一系列的先天优势使得鲁国统治者选择了"变其俗,革其礼"及"亲亲上恩"的原则来治理国家。"变其俗,革其礼"是鲁国统治者改革境内商奄移民旧有的政治制度、道德观念、礼仪风俗,同时推广周朝文化的做法。伯禽曾花费了三年时间来完成这一重大改革。然而,周公对于这些过于刻板的改革措施并不满意,他叹惜道:"呜呼,鲁后世其北面事齐矣!夫政不简不易,民不有近;平易近民,民必归之。"②当时,周公已经无奈地预测到此种策略统治下的鲁国不得不受制于齐国的结果。但换个角度来看,经过这场改革,一种融合周文化与东夷文化的鲁文化已逐渐在鲁地形成。"亲亲上恩"是鲁国的另一治国原则。"亲亲",就字面而言是指亲近自己的亲人,推而广之,则是维护以血缘关系为纽带的宗族组织的稳固。"上恩"是指人们之间的恩爱关系,即以传统的孝悌等道德原则来调节贵族内部的关系。这一原则,排除了异性宗族参与政治决策的可能性,因此,无论是春秋时代的孔子,还是战国年间的吴起都难以在此发挥其聪明才智。鲁国正是试图通过以上策略来实现其整体稳定和自我发展。

相对而言,齐地的自然条件要逊于鲁地。《汉书·地理志》云:"齐地负海潟卤,少五谷而人民寡。"③可以说,其天然条件十分不利于发展农业生产。面对自身的地理环境,齐国统治者决定因地制宜,通过后天的努力来弥补先天之不足。并根据其国情确立了"简其礼,从其俗"和"举贤而尚功"的治国原则。在经济上,

---

① 孙希旦撰:《礼记集解》,北京:中华书局,1989年,第842、857页。
② 司马迁:《史记》,卷三十三,鲁周公世家,北京:中华书局,1982年,第1524页。
③ 班固:《汉书》,卷二十八下,地理志,北京:中华书局,1975年,第1660页。

"劝以女工之业,通鱼盐之利"①。通过开发海洋和发展手工业等措施使当地的商品经济得到迅速发展,人口总数大大增长,国力也得以快速提升。齐国处在东夷人势力较为强大的地区,临近的东夷大国莱国与齐国长期对峙。面对这一民族状况和地域局势,本为东夷人的齐统治者吕尚并没有选择彻底改革夷人礼俗的做法,而是采取了"因其俗,简其礼"的变通措施。这一措施使得齐国的民族关系较为融洽,多元文化和谐共生。为了实现齐国的强盛,吕尚在齐国建立之初即确立了"举贤而上功"的人才观,使真正有贤能的人可以各尽其长,充分发挥其聪明才智。因此,管仲、晏婴等贤者皆在齐国得到重用,他们为齐国称霸大业的完成做出了很大贡献。

齐、鲁两地自然环境的不同决定了其生计方式的差异,同时也影响了地域文化类型的形成。鲁国人居住于内陆地带,适宜农业耕作,逐渐形成了相对保守的崇尚礼义、希求稳定的内陆河谷文化。齐国人则多居住在滨海和半岛地区,以渔猎为生,商业较为发达,形成了较为开放的崇尚功利、不断开拓进取的滨海半岛文化。

在学术思想方面,鲁文化受周礼的影响较大,在很大程度上保存了先王遗风,正如《左传》中所言"周礼尽在鲁矣"②,常被认为是鲁文化不思变革的表现。随着天子失官、学在四夷局面的出现,鲁国的私家讲学之风兴起。在这一背景下,孔子创办了儒家私学,并孕育出了在中国学术史上非常有影响力的儒家学派。鲁国的学术脉络较为单一,其主流即以孔子、子思、孟子等先哲思想为代表而形成的儒家学派。不同于齐文化追逐功利和称霸天下的现实目标,鲁文化是以恢复周礼、实现王治为其理想追求。

与鲁文化相比,齐文化更具兼容并包和灵活变通的特征。齐国统治者以开放的胸怀接受各家思想,建立起包容儒家、墨家、道家、法家、纵横家、阴阳家、农家、兵家、方术等各家之学的稷下学宫。在这一学术机构中发展出了多种学术思想体系,将战国时期的百家争鸣推向高潮。在大政方针的制定上,齐国执政者并不墨守成规,而是乐于顺应形势进行各项改革。齐文化的代表作《管子》一书指出,"圣人者,明于治乱之道,习于人事之终始者也。其治人民也,期于利民而止,故其位齐也。不慕古,不留今,与时变,与俗化"③。这种与时俱进,勇于革新的精神十分有助于各家学术思想的发展与繁荣。

---

① 班固:《汉书》,卷二十八下,地理志,北京:中华书局,1975 年,第 1660 页。
② 左丘明撰,杜预集解:《左传》(《春秋经传集解》),上海:上海古籍出版社,1997 年,第 1208 页。
③ 管仲撰,黎祥凤校注:《管子校注》,北京:中华书局,2004 年,第 922 页。

二、齐鲁文化的合流与发展

齐文化和鲁文化尽管存在着多方面的区别,分属于两个不同的文化类型,但二者自产生起就通过多种方式不断进行交流与渗透。随着私学的大量开办,以儒家学说为代表的鲁文化开始跨出封闭的境域,在齐鲁大地广泛传播。至齐国开办稷下学宫,儒家学者又一次得到了传播学术的绝佳条件。他们中的不少人在此受到了特殊优待,例如先秦时期的最后一位儒学大师荀况就曾在学宫中三为祭酒,最为老师①。一方面,从荀况所处的重要地位可以看出齐统治者对儒学的极大推崇。另一方面,荀况自身并非鲁国人,却能在吸收各家学说的基础上对儒家思想做出进一步阐释,这也反映出战国时期的儒学已经是兼具齐、鲁文化特点的儒学,齐文化和鲁文化已渐趋有机融合在一起。齐、鲁文化最终融为一体是在汉代实现的。汉代儒学大师董仲舒在吸收天人感应、阴阳五行等理论的基础上对儒学进行了重新解读,并通过"罢黜百家,独尊儒术"政策的实施确立了儒家学说的正统地位。此后,齐鲁文化于后世逐渐跃升至中国传统社会学术文化的核心地位。

秦汉以后,山东名人硕学踵起辈出,"如两汉之伏胜,申培公,辕固生,叔孙通,孔安国,郑康成;三国之诸葛忠武;晋之王祥,羊祜;南朝之何承天,臧荣绪,檀道济;唐代之房玄龄,秦叔宝;五代之王彦章;宋之王禹偁,张齐贤;明之于慎行,左懋第,戚继光;清之郭华野,马宛斯,李之芳,王渔洋等其尤著者也。"②上述诸名家或博览群书、潜心著述,或善为诗词、诗文兼优,或筹谋帷幄、定社稷之功,或足智多谋、战绩卓著,在中国传统经学、天文学、政治、军事等多个领域皆颇有造诣。他们以自己独有的思想与行动推动了齐鲁文化不断向前发展。

第四节 丰厚的传统教育资源

一、遍及县乡的官学与书院

中国历代朝廷在中央举办了众多学校,建立起中央官学系统,同时还按照行政区划在地方组建起地方官学系统。地方官学的设立始于汉代,经过唐宋元明清各代的发展,各地方官学组织逐渐完善,从各府、州、县到基层乡村里社皆有

---

① 司马迁:《史记》,卷七十四,鲁周公世家,北京:中华书局,1982 年,第 2348 页。
② 张立志:《山东文化史研究》甲编,济南:齐鲁大学国学研究所,1940 年,自序第 4 页。

第一章　近代教育改革前的山东乡村教育与社会

学校机构的设立。对于基层教育而言,县儒学是县级地方的最高学府。一般童生录取为秀才后方入学学习,称儒学生员。儒学生员平时在自己家中或经馆内攻读参加科举考试所必备的儒家经典,到规定时间参加县学组织的课士活动,以待乡试。如蓬莱县学辅导学子的方式有月课、季课、常课、时课。常课乃常住蓬莱城之学子,每逢五排十听课一次;时课是指不常住城的各乡学子,初一、十五到此听讲;所谓月课、季课是每月、每季考试一次。① 县学同时还具有教育行政机关的职能,其中设有教谕署与训导署,设教谕、训导各一人,专司全县学务。作为传统官学教育体系中的基层机构,县学在培育朝廷所需人才、维持中国古代吏治、继承中国历史文化遗产等方面,发挥着重要作用。

山东的地方官学除府、州、县学之外,还有朝廷特别为孔丘、颜渊、孟轲、曾参四家后裔在曲阜设立的四氏学。四氏学源于孔氏家学,据《阙里文献考》记载,孔子死后,其子孙"即宅为庙,藏乐服礼器,世以家学相承,自为师友,而鲁之诸生,亦时习礼其家","自为师友"。② 最初,该学中的教授者皆为孔氏后裔,其在读学生亦仅限于孔氏子孙。魏文帝黄初二年,下诏兖州,"修建孔子庙",并"于庙外扩建屋宇,以居学者"。③ 皇帝亲下的这道诏令,使孔氏家学得到了一次发展的历史机遇。宋真宗大中祥符三年(1010),孔子四十四代孙孔勖上书朝廷,请求在家学旧址上,重建讲堂,延师教授。朝廷准其所奏,于是孔氏家学再次振兴,并从此由家学升级为地方官学。宋哲宗元祐年间,始增颜、孟二氏子弟,孔氏家学遂成为孔、颜、孟三氏学。明神宗万历十五年(1587)又增入嘉祥曾氏,始为四氏学,并改铸四氏学印信。④ 清代设四氏学教授一人,学录一人,专门负责教授四姓子弟。四氏学以"圣人"庙学的地位,在科举考试的考场设置、岁贡数额、乡试科举、恩赐出身等方面长期享有其他地方官学所没有的恩优特权。这所学校的设立是山东地方官学的一大特色,反映出中央王朝对圣贤后裔的特殊恩赐。尽管学校内的生源仅限于孔、颜、孟、曾四氏子弟,但该校的设立促进了当地教育的发展,同时也为近代教育的转型奠定了基础。1924 年,衍圣公府在四氏学旧址上,改建了阙里孔氏私立明德中学。

---

① 宫云超、杨一三:《清末、民国年间蓬莱城学校之变迁概况》,蓬莱县政协文史委员会编《蓬莱文史资料》第三辑,1987 年内部发行,第 165 页。
② 《阙里文献考》,转引自张富祥:《孔、曾、颜、孟四氏学》,政协曲阜县文史资料研究委员会编《曲阜文史》第二辑,1982 年内部发行,第 25 页。
③ 张富祥:《孔、曾、颜、孟四氏学》,政协曲阜县文史资料研究委员会编《曲阜文史》第二辑,1982 年内部发行,第 25 页。
④ 《文渊阁四库全书电子书:钦定续文献通考》卷五十,学校考,香港:迪志文化出版有限公司,2001 年,第 84 页。

与官学相并行的还有著名学者或者由民间私人开办的私学。私学类型多样、程度各异,按其程度可分为两级,即相当于大学的经师讲学和相当于中小学的启蒙教育,前者一般为经馆、书院等学校组织,后者则包括书馆、私塾、义学、冬学、社学等学校形式。先秦时期,齐鲁之地的私学即十分发达,孔子、墨子、孟子均设立过多处私学以推广其学说,这些私学对促进当时学术文化的发展与繁荣做出了重要贡献。此后,兴办私学的传统不断延续,山东地区的私学教育久盛不衰。就山东乡村来看,除设于县城的县儒学承担了部分学子的教育任务外,更多学子是在遍设于乡间的书院及各类塾学中接受教育的。

书院是在继承古代私学传统、吸取禅林精舍讲学制度及官学教育经验基础上出现的一种与官学平行发展且具有相对独立性的教育制度。中国的书院起源于唐代,形成并兴盛于宋代,元明清时期得以延续并有所发展。尽管中国古代的著名书院大都集中于江南地区,但自唐至清,地处华北的山东也设有很多书院。据张洪生统计,自唐代至清代,山东共设有近三百所书院[1],而且在设置数量上呈现出不断增长的趋势。

从教学目的看,山东的书院大致可分为讲会式和考课式两种类型。前者以讲求程朱理学为主,宋代成立的很多书院皆属此类,较为典型的有宋初三先生孙复、胡瑗、石介曾聚徒讲学的泰山书院以及石介创建的徂徕书院等。讲会式书院的出现源于宋初,当时佛、道思想的发展严重冲击了儒学,于是,众多儒家知识分子试图通过创建该书院来宣扬儒家思想、打击佛老异道,以恢复儒家道统。其中,三位先生在泰山书院所开展的讲学活动对后来宋明理学的形成和发展有着开启之功,泰山书院也因此在中国学术发展史上产生了深远影响。明清时期,以讲求理学为主的书院亦不在少数,如明代王门后学张后觉曾分别在愿学书院与见泰书院讲学,使得这些书院成为当时传播理学思想的基地。讲会式书院在研究及传播理学思想方面有着重要意义,但从总体上看,山东乡村中所设的大部分书院属于考课式,即书院的教学以科举考试为中心。随着元代以后官方对书院控制的加强,书院的官学化倾向日益明显,其应付科考的功能亦渐趋增强,因而出现了考课式书院不断增多的局面。此类书院不仅教学与考课完全围绕科举考试来进行,而且有些书院还承担着科考考场的重任,如沾化县本无考棚,每逢县试则临时搭建草棚以将就,至清代建成将陵书院后,即以该书院作为考场。[2]

---

[1] 张洪生:《宋元明清山东书院一览表》,载《山东教育史志资料》,1987年4期,第37-55页。
[2] 文教局教志办供稿:《清末民初时期沾化县教育概况》,载政协沾化县委员会文史资料研究委员会编《沾化文史资料》第一辑,1987年内部发行,第70-71页。

书院作为中国特有的一种教育组织形式,其存在促进了古代学术思想文化的研究与传承,弥补了封建官学教育的不足,推动了乡村基层教育的普及与发展。宋代以来,山东乡村书院的大量存在奠定了各地传统乡村教育的良好基础,十分有利于近代教育变革的完成。

二、种类多样的塾学

此处所谓塾学,包括元明清时期官方下令推广的社学、义学,以及民间自发举办的私塾等多种类型。

社学的创办开始于元代,元政府规定:"诸县所属村疃,五十家为一社,择高年晓农事者立为社长。……每社立学校一,择通晓经书者为学师,农隙使子弟入学。"[1]可以说,社学是一种设在农村地区,利用农闲空隙时间,以农家子弟为对象的启蒙教育形式。这种教育形式的出现是元朝在教育组织形式上的一种创新,自此,乡村学校的发展真正开始有了制度上的保障。[2] 社学自元代一直延续至清代,大大促进了中国古代乡村文化教育的普及。山东各地也广泛设立了社学,如临淄县康熙年间有社学十处,至乾隆年间,各里皆有设立。[3]

在官方诏令下推广的启蒙教育机构还有义学。学界一般认为,义学的广泛设立开始于宋代。宋代义学多由民间宗族设立,主要教授本族子弟。此后,义学一直在各地乡村地区设立并发展。到了清代,这种源于民间的教育组织形式得到了朝廷的正式下诏推广。如康熙四十一年下诏:"京城崇文门外设立义学,颁赐'广育群才'匾额。五城各设一小学,延塾师教育。有成材者,选入义学"[4]。之后清廷又多次下达了发展义学的相关诏令,推动了清帝国义学的整体发展。

自元代以来,社学与义学一直并存于乡间,清初官方也曾下令推广社学,然而康熙二十五年却议准:"社学近多冒滥,令提学严行查革。"[5]此后,社学的影响力渐趋减弱,翻阅清朝年间的地方志,其中鲜见有关各地社学的记载。这一方面是由于义学在官方推动下得到迅速发展,另一方面也与社学与义学的界限逐渐模糊有关,如《峄县志》中有言:"康熙五十四年,通饬各省、府、州、县,立义学,民

---

[1] 柯劭忞等撰:《新元史》,卷六十九,食货志二,北京:中国书店,1988年,第342页。

[2] 黄书光主编:《中国社会教化的传统与变迁》,济南:山东教育出版社,2005年,第81页。

[3] 于晋才:《清末至抗日战争前的临淄教育》,淄博市临淄区政协文史资料委员会编《临淄文史资料选辑》第六辑,1991年内部发行,第3页。

[4] (清)托津等奉敕纂:《钦定大清会典事例》(嘉庆朝)卷317《礼部·学校·各省义学》,《近代中国史料丛刊》三编,第67辑,台北:文海出版社,1991年,第4030页。

[5] (清)索尔纳等纂修:《钦定学政全书》卷73《义学事例》,《近代中国史料丛刊》,第30辑,台北:文海出版社,1987年,第1532页。

间亦听自建。自此无社、义之分矣。"①

清代山东的义学发展较为迅速,义学的筹办包括官办、民办、官民合办等多种形式,但总体而言,各地义学的建立与维系大都依靠地方官员的大力支持。如惠民县"统计义学三十三处,非经柳贤令躬亲并建,即经其加整理"②。可以说,义学作为地方政务和慈善事业的一种重要形式受到了地方官员的大力支持。除官办义学之外,清末时期,山东省还有堂邑县及附近的崇贤等三所民办义学影响深远。这几所义学皆由出身于贫苦农民之家的义丐武训依靠乞讨、做苦力等方式蓄积资金而捐建。武训所办义学的规模较大,为当地培养了不少人才,梁启超先生曾十分肯定地指出,义学"行之数年,学堂中受业子弟,彬彬济济,掇高第,成通儒,不可胜数"③。武训义学之所以影响深远,不仅由于其在人才培养方面的贡献,更源于其行乞兴学、造福乡民的奉献精神。武训兴学的事迹受到清末及民国时期官方的一致褒扬,并在民间广为传诵。尽管武训的事例仅仅是个案,却反映出山东民间人士对于兴办教育的大力支持,这种兴学精神同样在清末民初乡村教育近代转型中发挥着积极作用。

虽有官方倡办的大量社学与义学,但山东乡村地区最为普遍的学校形式是由民间自行开办的私塾。私塾由古代私学发展而来,其教学内容因就学者的要求不同有所差异,希望通过私塾学习入仕求官者,所学课程与书院相同;欲粗通文墨、能记流水账,以作生活及就业打算者主要学习启蒙教材。另外,私塾还专设毛笔字一项,天天练习。传统农村中的识文解字者,多由私塾而受益。④ 绝大部分乡民送子弟入读私塾并非为了求取功名,而是试图借私塾学习以获得基本的读写算能力,作为日后谋生之用。

山东乡村的私塾按其办学者和设学地点的不同可分为以下类型:

其一,家塾,是由官绅或富有之家单独延聘有名望的塾师教授子女的私塾形式。有的设塾者让塾师住在书房里,每日供给三餐,即所谓"供馔下榻",有的则仅供馔而不"下榻"。聘请塾师的主人叫"学东",塾师称学东为"东翁",学东称塾师为"西席"。比较贫寒的家庭,可以通过亲友关系把子弟送到附近家塾去伴读或附读。这类私塾在乡间为数较少,开办之家多期望子弟能够长期深造,并通过

---

① 蒋树柏等:《建国前齐村的普通教育》,中国人民政治协商会议枣庄市市中区委员会文史资料委员会编《枣庄市中区文史》第一辑,1991年内部发行,第123页。
② 阎容德撰:《续修惠民县志原稿》,山东省图书馆藏,1934年稿本,第18页。
③ 梁启超:《武训先生传》,载张明主编:《武训研究资料大全》,济南:山东大学出版社,1991年,第84页。
④ 于晋才:《清末至抗日战争前的临淄教育》,载淄博市临淄区政协文史资料委员会编《临淄文史资料选辑》第六辑,1991年内部发行,第3页。

科举走上仕途。

其二，学馆，又称馆塾、书馆、书房、团馆等，是一种由塾师个人设馆招生，学生出钱上学的塾学组织。塾师多由贡生、举人或罢仕的乡宦担任，他们大都懂经史、善属文、通训诂文字之学，堪称一地名流。所收学生多为有一定学业基础且欲求取功名者，不收童蒙。学生课业围绕科举考试内容展开，可视为科举应试的培训机构。

其三，宗塾，或称族塾，是由一地的同姓宗族出资，为本族子弟筹办的私塾形式。

其四，村塾，这是乡村中最为常见的塾学形式。一般由村中的几户小康之家出资聘请塾师，借用祠堂、寺庙或闲屋设立。入学者大都要求较低，能粗通文墨、算法即可，属启蒙教育的范畴。

上述各类私塾，无论规模大小、学生程度如何，大都只延聘一位塾师授业。一塾之中，学生年龄参差，程度亦各异，小者四五岁，大者十几岁，有刚发蒙的孩童，也有已读完"四书""五经"的青少年。塾师则根据学生的实际程度，采取单个面授、因材施教的方法进行教学。私塾并无一定的毕业年限和修业程度规定，遵循由易到难、循序渐进的原则进行课业讲授。以利津县为例，可以看出清末私塾课业内容设置的大致情况如下：

表1-1 清末利津县私塾教学内容一览表

年限	修读科目	课业练习
1—2年	《三字经》《百家姓》《弟子规》《千字文》《日用杂字》《名贤集》	1. 正字、句读、背诵 2. 习练大楷字
2—3年	《小学韵语》《幼学故事琼林》《论语》《大学》《中庸》《孟子》	1. 习练大、小楷字（仿帖） 2. 正书（开讲）、背诵
3—4年	《千家诗》（五言、七言）《古文观止》《东莱博议》《诗经》《书经》《礼记》《左传》	1. 重点习练小楷字 2. 学对字、联句、吟诗 3. 习作文章及试帖诗（五言六韵）
5年以上	《易经》	同上

资料来源：利津县教育局编：《利津县教育志》，1989年铅印本，第148页。注：除上述科目外，个别私塾的课业还包括珠算及尺牍、柬帖、契约等实用文。

私塾的具体教学方法大致可分读、写、讲、作四个方面。所谓读，主要是读"四书""五经"；所谓写，是练习写大小毛笔正楷字；所谓讲，是经过读好背熟的基础阶段，塾师会"开讲"，对儒家经典及史书等进行讲解；所谓作，指练习按照八股文程式做文章。另外，还包括作五言、七言律诗。在传统私塾教学中对学生的背诵水平要求较高，且不论学生是否理解所学内容，私塾先生一般会要求学生对学过的书籍读熟背透。如青岛地区的私塾对背诵的要求可分为直背、号背、挑背、默背、通背、逆背等多种形式。①

不可否认私塾中长期采用的死记硬背、生填硬逼的教学方法,以及教师对学生施行体罚等做法都很不合理,但私塾对于传播文化、培养人才及推动地方教育发展方面有着重要意义。而且,私塾作为乡村社会的文化中心,在乡民生活中发挥着不可或缺的作用。正如时人所评价的那样,"过去之乡村教育,也可说就是私塾教育,书本教育,他的流弊固然很多,大家也都知道,不用多说;但是一个塾师,他在一个村庄教读,既能得到一个村庄之信仰,甚至全村的人,一切解决不了的问题,都去问塾师,婚事,丧事,算命,立契等不用说,即恶棍之横行,家庭之纠葛,常取决于塾师"②。

除上述办学形式外,在临淄地区还有名为"文社"的学校组织。文社是乡间热心科举功名的儒生一同复习经书、习作诗文的组织,多为文化兴盛地区热心教育的绅士依寺庙古刹而集资倡办。文社中一般会延请学问渊博的儒生担任主讲,还常以文会的形式组织临近县份生员比赛作文,并请知名学者前来评阅。规模不等的文社组织曾在临淄的多个村镇中长期存在,其中,灵峰精舍直至1946年才停办。③ 这种民间自发举办的学校形式促进了学术交流,提升了考生的应试能力。

与文社相类似,沂源县一带还有一种为应科考而生的高级流动塾学——大林学。大林学是一种科举补习性质的学校,它的出现源于在当地难以请到资历更高的塾师来指导已读完四书五经的学生参加科举考试。面对这一难题,家长们想出了请周边有名气的秀才、贡生之辈进行专门授业指点的办法。因这类塾师对待遇要求较高,几村家长便采取联合聘请、轮流招待的办法,共同负担所需经费。每轮时间,由家长们一起商定,或一月或二十天不等。师生每至一村,便由该村家长安排食宿,期满后再转移至另一村。④ 大林学是适应科举考试需要而产生的一种流动学校组织,其出现反映出当地乡民对于优秀教育资源的灵活运用。尽管大林学的设立目的是应付科举考试,但在不断流动的过程中促进了多地学术思想的交流与乡村教育的发展。

近代以前,山东乡村中建构起了由地方官学、书院及各类塾学组成的立体式

---

① 徐荣寰:《私塾钩沉》,中国人民政治协商会议青岛市委员会文史资料研究委员会编《青岛文史资料》第九辑,1992年内部发行,第105-106页。
② 夏育轩:《对于乡村教育实验区小学之贡献》,载《乡村教育半月刊》第五期,1934年7月31日,第6页。
③ 淄博市志编纂委员会编:《淄博市志》(下册),北京:中华书局,1995年,第1942页。
④ 沂源县教育局编志领导小组编:《沂源县教育志》,1987年内部发行,第6页。

教育体系。这些学校的设立促进了乡村传统教育的发展,同时也为近代教育转型奠定了良好的基础。

第五节 新式教育的最初呈现——教会学校

随着烟台等通商口岸的开辟,西方教会势力得以较早进入山东。作为传教的一种重要形式,教会学校在山东沿海及内陆大量开办。山东的教会学校具有开设早、数量多等特点。参与开办教会学校的西方传教士大都受过良好的现代教育,由他们创办的教会学校,在课程设置、教材编写等方面已具有现代教育的特征。教会学校的大量开办为山东乡村教育的近代转型提供了不少可资参考的经验。

一、近代山东教会学校的设立与发展

第二次鸦片战争之前,已经有一些传教士在山东进行过零星的传教活动,但西方各差会势力大规模进入山东却是在《天津条约》签订,烟台开埠之后。随着传教活动的不断展开,传教士们意识到,开办学校是进行宗教传播的有效途径之一。狄考文坦言,"我办教会学校的目的就是要在精神上、道德上和宗教信仰上教育当地的孩子们,不仅要他们皈依上帝,而且要让他们能够在皈依上帝之后成为在主的名义下捍卫真理的坚强信使。"[1]当时,部分传教士在其他省份已经积累了一些开办教会学校的经验,此前曾在宁波开办过教会学校的倪维思即以其亲身经历声言:"创办男女寄宿学校可以说是在中国开展传教事业所能采取的最省钱、最有效的途径了。这是因为,办学仅需传教士投入不到四分之一的时间和精力。传教工作刚刚在宁波展开时,我相信超过一半的信徒都是通过学校这一途径被吸纳进我们的差会的。……无论是吸收新教徒还是建立教堂,宁波的传教事业都成绩斐然,这在很大程度上应归功于男女寄宿学校的创办。"[2]1862年,倪维思夫妇率先在烟台开办了一所教会女塾,此后教会学校不断在山东沿海城市中出现,并逐渐向内陆地区推展。在传教过程中,传教士们慢慢意识到,布道

---

[1] 狄考文博士于1877年在上海召开的第一次在华传教士大会(Shanghai Missionary Conference)上宣读的文章《新教传教团体和教育的关系》(The Relation Of Protestant Missions to Education)。转印自[美]丹尼尔·W.费舍著,关志远等译:《狄考文传——一位在山东生活了四十五年的传教士》,桂林:广西师范大学出版社,2009年,第79页。

[2] [美]倪维斯著,崔丽芳译:《中国和中国人》,北京:中华书局,2011年,第289页。

活动在城市中遇到了很大阻力,进展缓慢,而在山东绝大多数人口居住的乡村则相对顺利。并且,"在整个近代,乡村布道一直是山东新教教会布道工作的重点,各教会都采取各种方法来推进乡村布道活动"①。乡村布道活动的不断展开,为清末山东乡村教会学校的设立提供了更多便利和可能性。19世纪60年代以来,有多个国家的差会曾来山东传教并办学,其中,美国、英国、德国等国家的差会在山东所办的教会学校影响较大,下面将分别述之。

美国的工业化开始较早,至十九世纪已发展成为一个国力强盛的国家。在赴海外传教方面,美国亦表现得十分积极。就美国各教会而言,长老会最早在山东设立学校,且其所设学校的影响力也较大。1862年,美国长老会传教士倪维思夫妇在登州观音堂收养了两名贫困女孩,办起了全省的第一所寄宿女义塾。1868年,倪维思将其创办的女子义塾与狄考文妻妹办的女学合并到察院,成立了女子文会馆。除此之外,美国长老会系统中较有影响的教会学校还有:1866年,郭显德在烟台毓璜顶购地建立了文先和会英两所小学校,分别招收男生和女生;1896年郭显德将两所学校合并,定名为会文学校。后来,这所学校与美籍牧师韦丰年创办的实益学馆合并成立了益文学馆,专门培养工商业领域的人才;1887年,梅理士夫妇在蓬莱创办了一所聋哑学校,取名启瘖学馆,这也是中国的第一所聋哑学校。虽然学校初创时学生数量有限,但经梅耐得夫人的积极努力,启瘖学校不断扩建并得到了很好的发展。该校的毕业生,一般都能掌握较完整的语言,书写较通顺的短文和书信,并掌握了一定的谋生技能。启瘖学校对中国特殊教育事业的起步与发展有着积极意义。

在美国长老会传教士中,狄考文夫妇的办学事迹更具影响力。1864年,狄考文夫妇在登州开办了一所六年制的蒙养学堂,招收了六名家境贫寒的男童。为了克服招生困难,学堂最初不仅免收学费,而且学生的一切衣履、靴袜、饮食、笔墨、纸张、医药,甚至归家路费,都由狄考文夫妇全部包揽下来。至1873年,狄考文意识到学生的学业程度日渐提高,而"六年之期太迫,不足以竟造就,遂毅然议添高等科,于是因时制宜,分置正备两斋。正斋视高等学堂之程度,即隐括中学于内,备斋视初等小学堂之程度而隐括蒙学与内斋舍"②。于是,他在原有学堂基础上,扩大校舍,添置中学程度的课程,并于1876年,借首届学生毕业之际,将学堂正式定名为"文会馆"。该馆相当于中学程度,学制九年,前三年为备斋,后六年为正斋。1882年,文会馆内开设大学课程,并被长老会批准为大学,这也是中国第一所教会大学。美国长老会在山东办的学校数量众多,随着其教会力量不断深

---

① 陶飞亚,刘天路著:《基督教会与近代山东社会》,济南:山东大学出版社,1995年,第45页。
② 王元德,刘玉峰:《文会馆志》,潍县:广文学校印刷所,1913年,第26页。

入乡村,乡村学校的数量日渐增多,仅青岛乡间就设立了七十三处小学。①

美国公理会开始在山东办学的时间比长老会稍迟,1877年明恩溥和博恒理两对夫妇常驻山东恩县庞庄,准备筹设学校。1882年,他们在恩县的史家堂设立了公理会的第一所小学。随着恩县及周边地区接受初等教育人数的增多,1907年公理会开始在庞庄设立中学,将学校定名为"崇正学馆"。另外,公理会还十分关注女子教育的发展,1893年,博恒理的妹妹博美瑞就办有一所寄宿女塾,以不裹脚为入学的条件,该校后来定名为"培贞阁",学业程度大致相当于高小。为便于交通,公理会于1917年在德州购地新建校舍,男女学校遂搬至德州,并分别更名为"博文中学"与"卫氏女子中学"。除了以上两所学校之外,由美国公理会所办的学校覆盖了恩县及周边乡村地区,为了使更多的乡村学子能够有机会入学读书,一些学校还酌情为来自偏远地区的学生提供食宿。另外,还有一些学校专门设立了诸如摇上下课铃、教室卫生工作、体育器材保管、图书馆管理等勤工助学岗位,以帮助家庭经济困难的乡村同学顺利完成学业。② 作为一个以乡村作为传教起点的美国差会,公理会在山东所办的学校直接对当地乡村教育的发展产生了积极影响。虽然公理会所办的学校没有突破中等程度,但该教会凭借其与高等学校的密切联系,为各校毕业生提供了诸多接受高等教育的机会。

美以美会进入山东传教的时间较晚,直至1897年才在泰安设立总部开始传教,因此学校的开办也比美国其他差会稍晚。尽管如此,美以美会开办的学校依然在山东有着不小的影响力。同其他差会一样,美以美会在各传教站皆设有书房。1902年开始办高小,1907年扩建校舍办起男子中学,1910年又办起了女子初中——"德贞女子中学",批准立案之后,男女两校合并成为有名的"萃英中学"。

英国教会在山东的势力稍逊于美国,但其影响却同样很广泛。在山东进行传教活动的英国差会主要有浸礼会、圣公会和圣道堂。

英国浸礼会自19世纪60年代开始进入山东传教,后来将传教点固定于青州地区。由于英国差会的经济实力不如美国,因此英国的教会学校很难得到差会的全额支持。鉴于这种情况,英国浸礼会想出了利用中国乡村已有教育资源进行办学的方法。19世纪70年代,山东各地天灾人祸接连不断,农村经济严重

---

① 王神荫:《解放前基督教在山东所办中小学概况》,山东省民族志宗教志编纂工作办公室编《山东省宗教志资料选编》第一辑,1987年内部发行,第33页。

② 李庆华整理:《山东德州博文中学简史》,中国人民政治协商会议山东省德州市委员会文史资料委员会编《德州文史》第六辑,1988年内部发行,第61页。

破产,已有的私塾难以维系。英国浸礼会利用这个机会,以提供少量经费补助的方法接办原有私塾,使已有私塾转化为传播宗教思想的教会学校,即所谓的"学房"或"揽馆"。这种类型的学校在当时为数不少,据统计,1886年有此类学校14处,至1910年即增加至95所,学生1 039人,女校23所,女生240人。[①] 随着受教育人数的增多和学生程度的不断提高,浸礼会还在传教士较为集中的益都、北镇、周村等地开办了男女中学。

英国圣公会同样将办学作为其工作的重点。据1909年统计,圣公会在山东教区共办有10所男校,2所女校,招有近200名学生。[②] 英国的圣道公会,又称圣道堂,尽管势力不算强大,却也颇为积极地来华传教。1866年,圣道公会由天津到达山东乐陵宋家寨进行传教,并自称是进入中国农村的第一个差会。该教会在滨州一带进行传教的同时也开办了不少小学和中学。

德国作为一个后起的现代化国家,其传教活动相对晚于美国和英国,然而教会学校的发展却异常迅速。属德国国教的柏林会传教士到达青岛后,即于1899年开办了一所"中心学校",该校后来发展为相当于中学程度的"德华书院"。"德华书院培训出来了将近五百名学生。乡村教授德语的小学范围一年比一年地扩大,学生日增。"[③]可以说,这所学校在当地乡村教育发展中产生了较为深远的影响。后来,柏林会还与即墨官方合办了"柏林学堂",后改称为"信义中学"。

德国同善会,由德国和瑞士传教士组成,专门从事文化方面的工作。该会传教士到达青岛后,一方面将中国经典翻译为德语、英语,另一方面还用中文著书介绍西方思想。同善会在青岛及周边地区遍设小学、中学及夜校,其中,较有影响的有传教士卫礼贤于1901年创办的书院,1907年该书院经过增加班次、提高程度后,正式定名为礼贤书院。另外,该教会还在青岛等地办有多所女子学校。

此外,德国教会中还有专门推广女学的"东方妇女布道会"。该会原在印度活动,后来派出一名女教士来与柏林会合作,尝试把印度经验推行于青岛。这位传教士在开办女校的同时又组织德国传教士的妻子们设立了一所妇女工艺学校。工艺学校教女学生们织花边,然后由传教士将产品运到欧洲销售,学生们则可以从中得到一些经济补助。后来,此类职业技术学校又在青岛周边村镇中相继设立。

---

① 王神荫:《解放前基督教在山东所办中小学概况》,山东省民族志宗教志编纂工作办公室编《山东省宗教志资料选编》第一辑,1987年内部发行,第34页。

② 法思远:《山东》,上海:上海广学会1912年版,第220页。

③ 王神荫:《解放前基督教在山东所办中小学概况》,山东省民族志宗教志编纂工作办公室编《山东省宗教志资料选编》第一辑,1987年内部发行,第38页。

经过几十年的发展,至20世纪初,山东全省共有教会初级小学942所,学生17 083人,仅次于福建、广东二省。教会高级小学共142所,学生2 782人,逊于福建、广东、直隶、江苏四省。全省教会小学生共计两万余人,其中24%为女生。① 山东不仅是全国较早开设教会学校的省份,同时也是设置教会学校数量较多的省份。就其分布而言,山东教会学校中的很大一部分分布于乡村地区。正如时人所指出的那样:"本省各差会所办理之乡镇学校为本省基督教教育事业之基础。"②这些乡村教会学校不仅是基督教教育事业的基础,同样也为当地现代乡村教育事业的开展奠定了根基。

二、教会学校与山东乡村教育变革

尽管最初的教会学校与中国传统的义塾、书馆有诸多共同点,且为适应民众需求开设有四书五经方面的课程,但作为一种由接受过西方现代教育的传教士开办的学校,教会学校自其开办即设有现代科学技术方面的课程,并逐渐显现出其现代教育的特征。教会学校的大量设立在山东乡村教育的近代转型过程中发挥了重要作用。下面将从课程设置、教材编写、教会学制体系的建立、人才培养等方面进行分析。

山东教会学校中所开设的课程设置大致包括宗教、中国经学、常识与西洋科学三类。这种课程安排已经突破了传统私塾与书院教学囿于儒家经典的内容限制,使学生们有机会学习到西方的文化及科技知识,扩大了他们的知识面及阅读视野。除文化课程安排上的变化之外,教会学校课程的重要变革还在于体育课和课外活动的增设。例如狄考文创办的文会馆内即建有体育馆,无论晴天雨天都可以在馆内上体育课,练习运动。③ 德州的博文中学也十分重视学生的体育锻炼,自建校开始就添设了一系列体育设备,迁校后更加补充完善,增加了田径及各种球类的场地。学校还把5月12日定为校庆日,在这天举行运动会,请本校学生及附近各县学校派运动员前来参赛,并邀请附近居民来观看。④ 体育类课程的开设与各类体育活动的开展增强了学生的身体素质,在某种程度上也改

---

① 中华续行委办会调查特委会编:《中华归主》(中),北京:中国社会科学院世界宗教研究所,1985年,第423页。
② 中华续行委办会调查特委会编:《中华归主》(中),北京:中国社会科学院世界宗教研究所,1985年,第423页。
③ 于衍田:《蓬莱早期的教会学校》,蓬莱县政协文史委员会编《蓬莱文史资料》第三辑,1987年内部发行,第179页。
④ 李庆华整理:《山东德州博文中学简史》,中国人民政治协商会议山东省德州市委员会文史资料委员会编《德州文史》第六辑,1988年内部发行,第61页。

变了中国传统书生手无缚鸡之力的文弱体质。当时,一位在文会馆接受过三个月教育的学生回家后,村民发现他的"面颊比以前更红润了,身体也比以前更胖更健康了"①。

在办学的同时,传教士们还积极从事新式教材的编写工作。在山东的传教士中,以狄考文的教材编纂成果最为丰富。1868 年,狄考文为在学校内开设算学课程,即着手编写了《算术学》一书,该书一经出版,即十分畅销。此后,狄考文在办学的同时长期致力于教材编著,相继出版了《心算数学》《形学备旨》《笔算数学》《代数备旨》等教科书。其中,狄考文和他的学生邹立文合作编译的三卷本著作《笔算数学》,自 1892 年出版后,被修订重印达 30 余次②,产生了良好的社会影响。此外,一些教会学校的中国教师也加入编印教材的行列,如广文学堂教习刘光照、刘玉峰于 1907 年编译了《形学拾级》上、下卷。③ 由传教士及教会学校教师们翻译、编写的这些教材,不仅在当时的教会学校中得到广泛使用,清末推行教育改革后,不少地区的中、小学堂也纷纷选用。如 1903 年成立的安丘县官庄保粹学堂所采用的算术用书即美国狄考文编的《笔算数学》。这种教材当时由省内印刷,通行于清末山东各校。④ 教会学校编辑出版的多种教材,在一定程度上弥补了清末民初教科书编写工作的不足。

一些教会在开办学校的同时还尝试建立起了一套较为完善的学制体系,为学生的继续升学和教师的交流学习提供机会。如美国公理会就有一套自下而上的学制系统,"即由四乡的小学毕业生升入中学,中学毕业后升到北京附近北通州公理会与其他差会合办的'协和大学'"⑤。在明恩溥等人的努力下,德州博文中学还与美国的"格林尼尔学院"(Grinnell College)建立了兄弟学校关系。一方面,格林尼尔学院提供公理会在山东的部分教育经费,由格林尼尔学院派遣该院毕业生来德州担任长期或短期教员。另一方面,格林尼尔学院酌情吸收博文的毕业生或教师赴美留学。⑥ 德国的同善会也设有一整套学校制度,包括幼稚园、

---

① [美]丹尼尔·W.费舍著,关志远等译:《狄考文传——一位在山东生活了四十五年的传教士》,桂林:广西师范大学出版社,2009 年,第 83 页。
② 李迪:《中国数学书大系》(副卷第二卷),北京:北京师范大学出版社,2000 年,第 426 页。
③ 齐成志:《基督教在益都办学概况》,载青州市政协文史资料委员会编《青州文史资料》(选本),济南:山东人民出版社,1991 年,第 226 页。
④ 安丘县教育志编纂办公室编:《安丘县教育志》,1987 年内部发行,第 63—64 页。
⑤ 王神荫:《解放前基督教在山东所办中小学概况》,山东省民族志宗教志编纂工作办公室编《山东省宗教志资料选编》第一辑,1987 年内部发行,第 35 页。
⑥ 王文汇:《我所知道的德州博文中学和崇真小学》,中国人民政治协商会议山东省德州市委员会文史资料委员会编《德州文史》第六辑,1988 年内部发行,第 49 页;王神荫:《解放前基督教在山东所办中小学概况》,山东省民族志宗教志编纂工作办公室编《山东省宗教志资料选编》第一辑,1987 年内部发行,第 35 页。

小学、中学、大学或师范,以及德语夜校。[①] 教会将其所办的不同层次、不同地点的学校密切联系起来的举措,为学生开辟了升学甚至出国留学的途径,为教师提供了在职学习的机会,在很大程度上促进了教会学校教学质量的提升。这一做法同时也为清末民初的学制改革提供了可资借鉴的样本。

不少地区的教会学校是当地新式教育的起点,为了吸引民众送子弟读书,教会学校设立之初大都采取了免费入学或仅收取低廉学费的措施,这客观上为贫苦乡民子弟接受新式教育提供了可能。除初等教育外,很多教会还在乡村办起了一定数量的中等学校及师范学校,如1887年英国浸礼会鉴于青州城乡小学日增,师资缺乏,于学校内增设师范科,是为当地师范教育之始。[②] 大量在教会学校中接受过中等教育的毕业生走上教师岗位,在一定程度上缓解了教育变革初期乡村师资短缺的问题。

教会学校在山东的大量设立,以及教会学校所实施的具有现代特色的教育可谓近代山东乡村教育发展的一大助力。教会教育冲击了传统教育制度,同时也刺激了山东乡村新学的兴办。

[①] 王神荫:《解放前基督教在山东所办中小学概况》,山东省民族志宗教志编纂工作办公室编《山东省宗教志资料选编》第一辑,1987年内部发行,第39页。

[②] 山东省潍坊市教育史志编纂办公室编《潍坊市教育志》(1840—1985),1988年内部发行,第154页。

第二章

艰难的转型：近代山东乡村教育的变革历程

　　20世纪初年，随着国家层面教育改革的推展，山东乡村地区也开始了教育变革之路。自1901年，就有山东县城中改书院为学堂的记录。伴随着科举制的废除与新学制的推行，新式教育在山东基层乡村逐渐铺展开来。然而，清末十多年间，山东乡村教育的发展十分有限，仅仅处于起步阶段。民国肇始，教育的发展得到了政府的重视，但由于传统教育势力过于强大、军阀统治时期社会动荡不安等因素长期存在，山东乡村新学的发展步履维艰。尽管至1928年，山东各地军阀已基本肃清，省教育厅也得以成立，但此后又发生了蒋、冯、阎系军阀间的"中原大战"。直到1930年军阀纷争结束后，山东的乡村教育才真正步入正轨。所以，本文将山东乡村教育迅速发展时段的节点选在了1930年。随着1937年全面抗战的爆发，处于上升时期的乡村教育又顿遭重挫，可以说，山东的乡村教育仅仅经历了一段短暂的辉煌期。从1901年至1937年，山东的乡村教育走过了其早期现代化之路，经历了一个从初创到逐步完善的过程。本章根据1901至1937年间山东乡村教育发展的实然状态，将这一历程分为三个阶段进行具体分析。

第一节　新制的起步：山东乡村教育的兴起(1901—1911)

　　山东的乡村教育改革始于20世纪初年，就省级官员的态度而言，无论是改革之初的山东巡抚袁世凯，还是其继任者都十分拥护这场教育变革。在他们的积极倡导下，山东新式学堂的数量得到了较快增长。随着各地劝学所的纷纷设立，山东的基层教育行政管理制度逐渐建立起来。学堂内部的课程、教材与教学方法也开始向现代化转变。在具体分析清末山东乡村教育变革之前，首先对清末国家层面的教育改革进行简单回顾。

一、清末国家层面的教育变革

1840年,英帝国发动了鸦片战争,用坚船利炮轰开了中国紧锁的国门,同时也打破了数千年来治乱循环的超稳定结构。鸦片战争过后,经过太平天国起义的冲击和第二次鸦片战争的再次打击,清政府面临的内忧外患日益深重。为改变局势,19世纪60至90年代,清政府内部掀起了一场以"自强""求富"为目标的洋务运动。在创办大量军用及民用工业,学习国外先进技术以强国的同时,洋务派还逐渐意识到教育与救国、强国间有着密切的关系,进而试图以教育的变革来扭转整个社会的局势。1862年,在奕䜣等人的奏请下,清廷设立了以培养翻译人才为目标的京师同文馆,从而拉开了中国教育的现代化之幕。除此之外,洋务派还在京师及沿江、沿海的部分地区创办了一批培养当时急缺的翻译、军事指挥、技术实业等方面人才的专门学堂。这批洋务学堂的创设开启了中国教育现代化的最初尝试,然而其覆盖面和影响力并没有深入到广大乡村地区。

1894年,通过明治维新而崛起的日本发动了中日甲午战争,战争再次以中国的惨败而结束,晚清帝国又一次遭受签约、割地、赔款之辱。这次败于日本的惨痛经历为中华民族意识的觉醒注入了一剂强心针,越来越多的国民开始大声呼吁要对社会进行彻底的变革。其中,进行教育改革、改设学校,成为朝廷内外议论的焦点,诚如梁启超所言,"甲午受创,渐知兴学,学校之议,腾于朝虎"[①]。在时人看来:"凡泰西之所以富强,横绝地球者,不在其炮械军兵,而在其学校也。"[②]很多有识之士纷纷建言献策,希望通过教育变革来挽救民族的危亡。在各方力量的共同推动下,1901年9月14日,清廷发布上谕:"著各省所有书院,于省城均改设大学堂,各府及直隶州均改设中学堂,各州县均改设小学堂,并多设蒙养学堂。其教法当以四书五经纲常大义为主,以历代史鉴及中外政治艺学为辅。务使心术纯正,文行交修,博通时务,讲求实学。庶几植基立本,成德达材,用副朕图治作人之至意。"[③]在这条兴学诏令中,清政府表明了其改书院为学堂的计划,并试图通过这项计划在各省建立起自初等到高等的新式教育系统。尽管其办学指导思想并没有超越"中体西用"的藩篱,其兴学主旨依旧是为了维

[①] 梁启超:《倡设女学堂启》,载梁启超:《饮冰室合集》(文集之2),北京:中华书局,1989年,第20页。

[②] 徐勤:《中国除害议》,载舒新城编:《中国近代教育史资料》(下册),北京:人民教育出版社,1981年,第951-952页。

[③] 朱寿朋编:《光绪朝东华录》(四),北京:中华书局,1958年,总第4719页。

持清王朝的统治,但清政府却通过诏令表明了官方试图进行教育变革的意愿。此诏令一出,时任山东巡抚的袁世凯即着手筹备将位于省城济南的泺源书院改为山东大学堂,并组织人员拟定了一份较为详细的《山东省城试办大学堂暂行章程》。该《章程》共包括学堂办法、条规、课程、经费四部分内容,经清政府颁行后推行于全国。山东大学堂的设立,树立了各省由书院改办大学堂的范型,同时也拉开了整个山东教育现代化的序幕。

1904年1月,清政府颁行了由张百熙、张之洞、荣庆拟订的《奏定学堂章程》。这是中国教育史上第一个比较完整的,并经法令公布实施的学制系统文件。章程中对整个学制体系、课程设置、学校管理等方面都做了详尽的规定。该章程自公布起一直沿用至清末,尽管其内容中不乏模仿日本学制的痕迹,但它的颁行为中国现代学校制度的产生和发展奠定了基础,在中国教育发展史上有着标志性意义。

在教育革新之际,对传统科举制度的废除也提上了日程。1903年,张之洞、袁世凯联合上奏请求废除科举考试,指出"科举一日不废,即学校一日不能大兴;学校不能大兴,将士子永远无实在之学问,国家永远无救时之人才;中国永远不能进于富强,即永远不能争衡于各国。"[①]光绪二十一年(1905)八月,清廷发布上谕,要求"著自丙午科为始,所有乡会试一律停止,各省的岁科考试亦即停止"[②]。至此,延续了1 300多年的科举制度终于退出历史舞台,同时也为新式教育的发展提供了更为广阔的空间。

随着清末兴学热潮的出现,各类学堂数量迅速增多,对教育管理体制的改革也被提上日程。1905年12月,清政府在中央设立学部,作为统辖全国教育系统的最高行政机关,并将原来的国子监并入。1906年6月11日,清廷批准学部官制。至此,统辖全国学务的中央教育行政机构建立起来。随着中央教育改革的进行,地方的新式教育改革也逐步向基层推展。作为国家层面向地方社会推广新式教育的产物,现代基层教育管理机构开始出现。

二、清末山东基层教育管理机构的初设

清代,全国的教育行政事宜,在中央属于礼部管辖,在地方,由中央简派到各省的提督、学政管理。提督与学政,"省各一人,掌学校政令,岁、科两试。巡历所至,察师儒优劣、生员勤惰,升其贤者能者,斥其不帅教者。凡有兴革,会督、抚行

---

① 朱寿朋编:《光绪朝东华录》(五),北京:中华书局,1958年,总第4998-4999页。
② 舒新城编:《中国近代教育史资料》(上册),北京:人民教育出版社,1981年,第66页。

之"①。另外,设正副主考掌考乡试,在府州县各设教官管理府州县文武士子。康熙十七年(1678)后,各县设教谕、训导各一员,协同地方长官掌管岁科考试,管理学额生员,并负责主持春秋两季的祭孔典礼。地方教官的工作是与科举考试紧密相连的,他们虽然负有监督生员的责任,但不负责具体的教育行政事务。可以说,清代并没有在基层社会设立专职的教育行政管理机构。中国传统社会对地方的统辖仅至县一级行政机构,县以下的基层社会由地方士绅等社会力量来维护,正所谓"皇权止于县政"。教育方面也同样如此,地方教官所监督的范围仅限于官办的州县学,大量散布于乡村的私塾等民间教育机构并不在官方的管理范围之内。一直以来,民间私塾主要靠塾师和绅董来维持其生存与发展,乡村教育的官方管理工作长期处于缺位状态。

　　随着1905年12月学部在中央的设立,地方教育行政体制也随之逐步建立起来。1906年裁撤提督学政,各省设提学使司作为专管各省教育的行政机构,长官为提学使。同年,学部奏准《劝学所章程》,改各厅州县学署为劝学所,以地方官为监督,设总董一人,并根据学区设劝学员若干人。劝学所总董由县视学兼任,或遴选士绅专任。劝学员由总董选择本区土著之绅衿品行端正、凤能留心学务者,禀请地方官札派。劝学所的职权是掌管本地方教育行政,主要进行推广学务、实行宣讲、详绘图表等具体工作。② 劝学所的设立对当时新式学堂的兴起发挥了很大作用。行之数年,此前对劝学所"为全境学务之总汇"的职能规定逐渐暴露出权限不甚明晰的问题,而且此后颁行的《城镇乡地方自治章程》及《地方学务章程》中对劝学所性质方面的规定也存在歧义。为此,1911年学部奏请《改订劝学所章程》,对劝学所的设置、职权、经费、待遇、奖惩等各方面均做出了更为清楚的制度规定。其中,特别规定"劝学所为府厅州县官教育行政辅助机关","佐府厅州县长官办理学务"。③ 从《劝学所章程》到《改订劝学所章程》的变化意味着劝学所已经由此前"地方官监督之"的模糊统属渐渐转化为地方教育行政辅助机关,反映出清末中央对地方教育管理权的逐步介入与加强。

　　在《劝学所章程》颁定的当年,山东各地的劝学所或学务公所也纷纷设立。如菏泽、平度等地的劝学所即设立于1906年,潍县的劝学所于1907年设立。据统计,至宣统元年,全国各州县所设劝学所,总数达1 588处。其中,山东省设立

---

① 赵尔巽撰:《清史稿》,志九十一,北京:中华书局,1976年,总第3345页。
② 《奏定劝学所章程》,朱有瓛等编:《中国近代教育史资料汇编·教育行政机构及教育团体》,上海:上海教育出版社,1993年,第61—62页。
③ 《学部奏改定劝学所章程折》,朱有瓛等编:《中国近代教育史资料汇编·教育行政机构及教育团体》,上海:上海教育出版社,1993年,第91—92页。

劝学所的数量达 106 处,仅次于直隶和四川。① 当时山东统辖有 107 个州县,以全省总平均数来看,劝学所的覆盖率已高达 99%。《奏定劝学所章程》及一系列章程的颁布与实施为新式教育在基层乡村的推广提供了制度上的支持。各级劝学员在劝学制度的保障之下对各地新学的开展做了很多具体的工作。《乐安县志》中有按语云:"劝学所创于清末,责兼谕、训两员,职在一邑风化尔"②。或可以说劝学员所进行的各项工作在某种程度上延续了清末地方教谕、训导两员推广及监督地方教育的职责,但事实上,劝学员所肩负的推广新学之任要远比谕、训两员对旧学的维持之责更加重大,所面对的新旧观念冲突及中西文化差异等多方面的问题也更为复杂。这一点在有着深厚儒家文化传统的山东表现得尤为突出。

《劝学所章程》颁布后,山东不少地方热心办学的士绅很快做出积极响应。他们主动倡导在家乡成立劝学所或学务公所,深入乡村实地推展新式学堂。如安丘县的张星三积极发动当地成立了劝学所,并自告奋勇担任所长。劝学所的重要工作之一自然在于"劝",而这所谓"劝"的工作并没有因为劝学员的热情投入而变得顺利。首先是民众心理上一时不能接受新学,他们怕不读经书会断送前程,并且认为学其他课程是不务正业。为了扫除百姓思想上的这些疑虑,张星三进行了大力宣传。除正面开会外,遇有乡间集市、庙会、戏场等机会,要赶去演讲,要站大桌子,登戏台。他的辛苦付出并没能很快获取百姓的理解,而是常常遭到指责和争论,有时要听台下骂声,甚至有两次台下扔西瓜皮上来。除了"劝"的工作之外,还有一项艰巨的任务则是为新学筹款。乡村地区的办学经费多为地方自筹,虽有热心的进步人士自愿捐助,但捐助者毕竟是少数,安丘县的学校经费主要来源于寺庙庵堂的房舍、田地以及其他公有土地的收入。这样就很容易触怒僧道尼姑和其他既得利益者,他们有的正面投诉,有的背后挑拨,斗争十分复杂。③ 种种的困难并没有让张星三放弃兴学的决心,在他和其他劝学员的共同努力下,安丘出现了学堂林立的局面。为了使当地新学得到更好的发展,他又创立了汲新书社,解决学堂在书籍、文具、簿册、器械等方面不足的问题。另外,他还买了一架石印机和全套设备来印刷各类讲义以满足新学的印务需求。张星三只是清末山东境内众多劝学员之一,从他所做的多项工作中可以窥见劝

---

① 教育部中国教育年鉴编审委员会编:《第一次中国教育年鉴》,上海:开明书店,1934 年,甲编,第 32 页。

② 李传煦等纂修:《乐安县志》卷之六学校志,1918 年石印本,载《中国地方志集成·山东府县志辑》30 册,南京:凤凰出版社,2004 年,第 69 页。

③ 张连:《先伯父张星三事略》,中国人民政治协商会议山东省安丘县委员会编,《安丘文史资料》第八辑,1991 年内部发行,第 204 页。

学员初办新学时所遇到的重重阻力,同时也能感受到他们为克服重重困难而竭尽全力的付出。

除了亲自劝说、演讲外,还有一些学务公所编制了劝学歌。如滨州学务公所编写的劝学歌歌词如下:

当今停止科举,遍立各项学堂。初等实为基础,学科部有定章。修身读经讲经,国文算术亦详。历史地理格致,体操身躯坚强。五年照章毕业,学问书算优长。纵然不愿仕进,仅足持家营商。若是求取功名,宜入高等学房。资格不求甚高,但能作文数行。愿入即速来入,无须观望彷徨。监督教员学董,翘起学务改良。平日谆谆告诫,煞费无限周章。谕令努力为学,不必修饰服装。休染下流恶习,举动有乖义方。书物均须爱惜,切勿任意毁伤。堂长教习勤谨,常戒请假抛荒。四年学成毕业,得奖声显名扬。我今还有数语,奉告五路四乡。但愿学生父兄,临行谆嘱勿忘。务令循规蹈矩,莫教习气嚣张。学校家庭兼育,行看材储栋梁。凡我州人子弟,勿负劝勉周详。①

劝学歌通俗易懂,全面介绍了新式学堂的课程设置、学制年限、学堂规章等多项内容,有利于乡民形成对学堂的全面认识,并根据自己的需要选择入何等学堂读书。劝学歌的编写在很大程度上起到了劝导及鼓励乡民入学的作用。

在发展新式教育的过程中,清廷意识到,"教育事业至为重大,非有协助行政机关不足以资提倡而励进行"②,于是作为民间教育辅助机关的教育会应运而生。光绪三十二年(1906),学部奏拟《教育会章程》,指出"上下相维,官绅相通,借绅之力以辅官之不足,地方学务乃能发达"。并规定教育会的宗旨在于"辅助教育行政,图教育之普及,应与学务公所及劝学所联络一气"③。根据章程规定,各省和府、厅、州、县都可以设立教育会。当年三月,山东平度州曹刺史即在胶东书院设立教育研究所。1907年,潍县教育会遵章成立。另外又有成武县在师范传习所内创设了教育研究会,规定凡旧日塾师未学师范者均令到会研究科学。烟台地区的王箸夫等人则发起设立教育会联络当地学堂,并研究改良方法以辅助教育行政。④ 清末年间,山东已经有不少地区设立了教育会。这些教育会作

---

① 《直隶教育官报》,1909年,第20期,第109-110页。

② 叶钟英修,匡超纂:《民国增修胶志》,1931年铅印本,卷二十二学校,第25页。载《中国地方志集成·山东府县志辑》30册,南京:凤凰出版社,2004年,第219页。

③ 《学部奏拟教育会章程折》,舒新城编:《中国近代教育史资料》(上册),北京:人民教育出版社,1981年,第357-358页。

④ 《东方杂志》,1905年3期,第86页。

为教育行政的辅助机关通过各种方式为新学的推广贡献力量。

除上述依法组织之教育会外,山东民间还设有自由研究教育之集会组织,并通过各项活动推行新式教育,潍县的智群学社即其中的典型案例。当时,潍县的一些有志之士认为"非讲学无以明理,非合群无以图强,欲合群须先养民德,欲养民德须先开民智"[①]。于是郭恩敷、杜佐宸、于瀛、刘金第等人于光绪二十九年(1903)组成了以研究新学、开通风气为宗旨的智群学社。该学社的具体活动包括:广置书报,任人阅览,创办智群小学以兴教育,研究两汉学派以爱国保种。学社最初有社员二十七人,后来陆续增至三十余人。在智群学社成立的当年即设立了智群小学堂以推行新式教育,招有学生十三人。到了宣统三年,由于社员多外出,经费不足等原因社务停止,所有新学书籍三百余种及器具等并交县教育会收存,智群小学堂亦随之停办。智群学社存续的时间前后不过八九年,但作为一个民间团体,能够于20世纪初年组织成立,并积极推广新学,反映了山东民众对于推广新式教育的自觉意识,颇有开风气之先的积极意义。

三、新式乡村学堂的设立与新学师资培养

新式学堂的兴办并非一蹴而就即可实现,在近代教育变革之初,不少官员提出了改书院为学堂的办法。刑部左侍郎李端芬曾在1896年6月12日上呈《奏请推广学校折》,指出以前各省及府州县所办书院,"意美法良,惟奉行既久,积习日深,多课帖括,难育异才",于是建议其应与时俱进,改设学堂,"今可令每省每县各改其一院,增广功课,变通章程,以为学堂"[②]。该奏奉旨著总理衙门于同日议复在案。1898年"百日维新"期间,康有为上呈《请饬各省改书院淫祠为学堂折》,再次主张将书院改为学堂。在各方力量的促动下,1898年7月10日光绪帝发布上谕:"将各省府厅州县现有之大小书院,一律改为兼习中学西学之学校。"[③]将书院改为学堂的办法也在山东的部分县城中得到实施,如光绪二十七年(1901),利津知县方桂芬奉诏将"东津书院"改为学堂,名为利津县高等小学堂,后来被人们通称书院小学,修业期为4年。[④] 这是山东县级地方设立学堂的较早记录。此后,昌乐县于1903年在营陵书院旧址上改设小学堂,同年还有潍县利用潍阳书院基址始办高等小学堂,邹县在书院旧址上设立高等小学堂。在

[①] 常之英修,刘祖幹纂:《民国潍县志稿》,1941年铅印本,卷二十二教育,第27页,载《中国地方志集成·山东府县志辑》40册,南京:凤凰出版社,2004年,第510页。
[②] 朱寿鹏编:《光绪朝东华录》(四),北京:中华书局,1958年,总第3792页。
[③] 朱寿鹏编:《光绪朝东华录》(五),北京:中华书局,1958年,总第4126页。
[④] 胡式浚:《东津书院和书院小学》,中国人民政治协商会议利津县委员会文史资料研究委员会编《利津文史资料》(第三辑),1989年3月,第139页。

利用传统教育资源建立新式学校的过程中,县城所在地因书院较为集中,自然比乡村更具优势,从而可以较早地开办新式学堂。对乡村而言,新式学堂的开办可资利用的教育资源有限,但这并没有过于推迟清末山东乡村新学出现的时间。光绪三十年(1904),当时属安丘县梁家官庄开明绅士刘乐交捐助四十亩地,经安丘县治批准兴建了安丘县立梁家官庄两等小学堂。聘来四乡清末举人、秀才中愿办洋学者任教。当时四乡富户慕名送子弟入校学习者极多,高级学生中远者竟有安丘景芝一带、临朐冶源一带、昌乐城关一带的。① 随着1905年以后科举制度的废除以及新学推广力度的加大,山东乡村中新学的设置数量不断增多。表2-1是对清末山东初等小学的统计,其中有很大一部分设于乡村地区。

表2-1 1902—1909年山东省初等小学发展情况表

	1902年	1903年	1904年	1905年	1906年	1907年	1908年	1909年
学校数	9	115	498	920	3 238	3 201	2 644	3 536
在校学生数	109	1 870	7 076	11 715	34 289	39 872	36 269	46 174

数据来源:依据清末第一、二、三次"全国教育统计图表"绘制。转引自山东省地方史志编纂委员会编《山东省志·教育志》,济南:山东人民出版社,2003年,第73页。

为了鼓励士子入新式学堂读书,1901年12月15日,政务处、礼部奏准,将各省优秀小学堂毕业生送入中学堂肄业,中学堂毕业生送入该省大学堂,并取各省大学堂优秀毕业生,咨送京师大学堂复试,"候旨钦定作为举人、贡生"②。朝廷试图以奖励科举出身的办法为新学的发展铺平道路。1904年1月颁布的《奏定学堂章程》中,则把这种奖励出身的政策上而延伸至通儒院毕业生,下而施及高等小学毕业生,分别授以科举时代的相应官职。③ 在官方政策中,并没有针对更为基层的乡村小学堂制订何种奖励措施,而招生问题同样也是清末乡村教育推动中的一大难题。尽管在官方和热心士绅的积极推动下,新式学堂在山东乡村纷纷设立,然而,这些"洋学堂"并没有很快得到民众的认可,他们不愿意送子女入学读"洋书"。面对这一问题,各地方教育官员除了劝导之外,还根据各地情形采取了一些优惠措施吸引民众入新学读书。如光绪三十年(1904),汶上"高等小学堂"初建时周围私塾林立,为了招生入学采取了向各乡分派名额的办法,入学堂学习者四十人多属各乡分派。学生毕业时,学堂往毕业生家中送发喜报,以

---

① 昌乐县教育志编写组:《昌乐县教育志》(1840—1985),1986年内部发行,第31页。
② 朱寿朋编:《光绪朝东华录》(四),北京:中华书局,1958年,总第4788页。
③ 田正平主编:《中国教育史研究·近代分卷》,上海:华东师范大学出版社,2009年,第130页。

示学堂"洋秀才"学习期满结业。① 沾化县文峰小学成立初期,为吸引学生,提供的待遇更为优厚。当地学生不仅公费读书、月供膳食,而且还发零用钱。学生毕业后视同中了"秀才",在学生村头放炮,门前贴喜报,向学生家长报喜,以此扩大影响。② 这些鼓励入新学的政策中夹杂了不少传统元素,尽管看似有些不伦不类,却在近代乡村教育的初设时期起到了缓解招生难题的作用。

　　清末教育改革实施后,对新型师资,特别是对西学(数、理、化、博物)教师的需求急剧增多。为解决师资问题,清政府开始重视发展师范教育,并于1903年颁布了《奏定初级师范学堂章程》。《章程》规定:"各州县于初级师范尚未齐设之时,宜急设师范传习所,择省城初级师范学堂简易科毕业生之优等者,分往传习。其讲舍可借旧有书院、公所或寺院等类;其学生凡向在乡村市镇以教授蒙馆为生业、而品行端谨、文理平通、年在三十以上五十以下者,无论生童,均可招集入学传习,限定十个月为期。毕业后给以准充副教员之凭照,即令在各乡村市镇开设小学。"③在此章程基础上,山东巡抚又于光绪三十年(1904)四月对地方师资培养做了更为具体的规定:(一)各府县直隶州办简易师范兼办师范传习所,其经费学舍,皆以校士馆改充;(二)各州县专办师范讲习所,俟传习简易科毕业后,体察情形,再办初级师范。对于各地传习所师资的培养,光绪三十三年(1907),山东提学使"详"准在本署开设全省单级教员养成所,"学生定额二百四十名,一百零七州县各选送二名,并各随解膳宿费库平银四十八两,余在省城招考。……经毕业考试合格,由提学使司派充各属单级教员养成所、临时小学教员养成所,或高等小学正教员。"④这一计划在山东各地得到了较好的实施,如郯城县曾推荐当地秀才娄雪堂到济南山东全省单级养成总所学习一年。期满后,娄回到县城,在文庙开办单级养成分所一处。他自任所长,责令各乡选送具有一定文化水平、读过四书五经、文能满篇,家道殷实的学子,来校学习,修业期为一年。学生学习期满后,各自回乡教书。⑤ 除了省城统一培训传习所师资外,还有的师范传习所选聘留学生、高等学堂毕业生等充实师资。如当时设立于1904年的邹县传

---

① 汶上县教育局史志办:《书院小学史略》,中国人民政治协商会议山东省汶上县委员会文史资料研究委员会,《汶上文史资料》第二辑,1988年内部发行,第64页。
② 文教局教志办:《沾化第一所高级小学堂——文峰小学》,政协沾化县委员会文史资料研究委员会,《沾化文史资料》第一辑,1987年内部发行,第79页。
③ 《奏定初级师范学堂章程》,载舒新城编:《中国近代教育史资料》(中册),北京:人民教育出版社,1981年,第665-666页。
④ 教育部中国教育年鉴编审委员会编:《第一次中国教育年鉴》,上海:开明书店,1934年,丙编,第350页。
⑤ 娄星恒等:《解放前的郯城师范教育》,政协郯城县文史资料委员会,《郯城文史资料》第四辑,1987年内部发行,第38-39页。

习所就有"孔繁芝系四氏学附生,游学日本毕业。教师辛联敬,安丘县举人。教员乔心澄,为济宁附生,高等学堂正斋毕业"①。当时师范传习所的学员多是秀才、贡生及年轻的塾师,他们年龄悬殊,程度不一,绝大多数没有任何"西学"基础,须从头学起。

除师范传习所外,山东地方还有单级师范等新式教师培养机构的设立,如1904年菏泽曾设立单级师范一班,招生60余人。最初,学生多为在职的蒙学教师或私塾塾师,后来又有不少高等小学堂毕业生加入其间,同时还有乡间老生寒儒欲从事教育者入堂旁听。该学校学生在读期间的待遇较为优越,凡入学堂正式师范生,享受公费待遇,不交纳学杂费。为了保证师范生毕业后能够走上教学岗位,同时也明确规定了从事教员之义务年限,"由官费毕业者本科生六年,简易科生三年;由私费毕业者,本科生三年,简易科生二年,此年限内不准私自应聘他往并营谋他事"②。另外,为了培养幼儿教育师资,1909年菏泽城内还办有保姆养成所一处,共招有10余名女生,多为菏泽教育界著名人士的眷属。学习内容不以文化知识为主,而是学习如何教育孩子。③ 尽管这所学校的规模不算大,但其设立可谓是山东幼儿师范教育的先声,同时也为乡村女子提供了受教育的机会。

清末山东各地自办的师范传习所、初级师范等各种形式的师范学堂皆处于现代师范教育的起步阶段,规模比较小,而且时停时办,不太正规,正所谓"各属师范传习所,虽有各府州县各设一处之功令,事实上因种种情形,成立者甚少。截至宣统二年,可考见者,共四十四处,均系一年毕业"④。然而,师范传习所在清末的出现对推动山东现代教育的起步发挥着积极作用。据统计,"民国初年菏泽地区城乡新办的小学中,绝大多数教师是师范讲习所培训的"⑤。尽管当时单级养成所的教材、教法等方面还有诸多不甚成熟之处,但专门的师资培训制度正在逐步建立起来。

四、课堂教学内容及教学方法的趋新

中国传统私塾的一般情形是十几名年龄参差、程度不一的儿童在一所书房

---

① 王廷儒:《邹县的师范教育》,中国人民政治协商会议山东省邹县委员会编,《邹县文史资料》第八辑,1990年内部发行,第126页。
② 菏泽地区教育局教育志办公室编纂:《菏泽地区教育志》(1840—1985),1992年内部发行,第228页。
③ 菏泽地区教育局教育志办公室编纂:《菏泽地区教育志》(1840—1985),1992年内部发行,第229页。
④ 教育部中国教育年鉴编审委员会编:《第一次中国教育年鉴》,北京:开明书店,1934年,丙编,第350页。
⑤ 菏泽地区教育局教育志办公室编纂:《菏泽地区教育志》(1840—1985),1992年内部发行,第228页。

内,由塾师根据各人的程度,分别教授。私塾的教学内容集中于儒家经学的范围之内,以识字、作文为教学目标,根据学生的程度由浅入深渐次推进。《钦定学堂章程》及一系列学堂章程的颁定,打破了传统的学无定制状况,终止了以"四书""五经"为主的传统科目设置。学生根据其年龄、文化程度而入不同的学堂读书。学校的课程设置发生了很大变化,下面以光绪三十二年(1906)曲阜县城内各初级小学课程设置状况(见表2-2)为例分析近代山东乡村学校课程的设置情况。

从各学堂设置的科目上看,光绪二十九年《奏定学堂章程》中规定的各门课程在曲阜的初级小学堂中皆有所开设。近代才出现的算术、体操课在每一所学校都能得到保障,这可谓是传统课程向新学课程转变的一个重要表现,反映出当地办学者为新学科目的开设做出了一定努力。然而,就具体的开设状况看,属于传统"中学"范畴的修身、讲经、历史、习字等科的开设时数可以得到很好的保证,而对属"西学"课程之格致仅有两所学堂开设,其中还有一所学校每周仅有一课时,与当时属于随意科的图画课时量相同。这种情况的出现与新式学堂初创时期,能胜任格致等科目的教师不足有关。就各个学校而言,课程的设置也有着不小的差异,私立培基小学堂不仅开设了《奏定学堂章程》所规定的必修课,对其随意科也能保证开设,这在当时是非常难能可贵的。由日本留学生陈宪镕创设的私立幼幼小学堂开设的课程也较为全面,而且还开创性地设置了生理课,在当时可谓开风气之先。而除此之外的其他学堂课程设置则或多或少有所欠缺。不同学校间课程设置得参差不齐,新式课程的开设缺乏保障等问题反映出刚刚起步的清末山东乡村学堂在新课程设置上所面临的多种困难。

教科书是传授教学内容的重要载体,清末中央设有编译局,专司教科书的编写事宜。在教科书的出版与发行上,光绪三十四年(1908),图书局"编成简易识字学堂课本,继则从事于小学教科书及教授法之编辑。学部图书局所编之教科书,通令各省采用后,各省即设法翻印,转饬各学堂购读"[1]。在20世纪的最初几年,清末山东的大部分乡村学堂教科书还是由地方自主选用。如成立于1903年的安丘县官庄保稡学堂采用的算术用书是美国狄考文编的《笔算数学》。此教材的选用可以说是受益于近代以来山东地区较为发达的教会教育。修身科的教学则主要通过摘讲朱子的《小学》、刘忠介的《人谱》以及各种蒙养图统,读有益风化之诗歌来进行。1910年以后,安丘地区的修身、国文、历史、地理、格致等科目才开始采用商务印书馆出版的教科书,内容较前有很大改动。比如国文教材,改用《最新国文》,改变了单纯文言文的面貌。[2]

---

[1] 郭秉文:《中国教育制度沿革史》,福州:福建教育出版社,2007年,第62页。
[2] 安丘县教育志编纂办公室编:《安丘县教育志》,1987年内部发行,第63-64页。

表2-2 光绪三十二年(1906)曲阜县城内初级小学课程设置表

	修身	读经	讲经	认字	习字	历史	地理	生理	算学	体操	文法	乐歌	作文	格致	图画	英文	温班	总时数
私立幼幼小学堂(月)	14	28	28	14	14	14	14	14	14	14	14	不限						182
私立培基小学堂(周)	2	5	5	2	4	2	3		5	3		3	2		1			38
公立第一初级小学堂(周)	2	2		14	14	3	3		3	3	2							46
官立第一初级小学堂(周)	2	5	5		3	2	2		5	3					2			40
官立第二初级小学堂(周)	2	12			3	4	4		4	2			2			3	9	36
官立第三初级小学堂(周)	2	12				1	1		6	3			2					27
官立第四初级小学堂(周)	2	5			4	2	2		3	2		2	3		2		11	36

资料来源:曲阜教育志编写组编:《曲阜教育志》,1987年内部发行,第78页。备注:幼幼小学堂每月休息一天,其余各小学堂都是星期日休息。

在大量编写各科教材的同时,清末还出现了编修乡土教材的热潮。这一热潮的出现与近代民族国家建构的历史背景有关,在此背景之下,教育担当起了培养爱国公民的重任。正如《奏定小学堂章程》立学总义中所指出的,"设初等小学堂,令凡国民七岁以上者入焉,以启其人生应有之知识,立其明伦爱国家之根基"①。除进行普通教育外,清政府还希望通过培养学生爱乡土的观念而促进其爱国家的情怀,因此,乡土教育得到了充分重视,各类乡土教材纷纷出现。乡土教材一般包括以传统方式编纂的乡土志和具有现代特征的乡土教科书两种形式。1905年,清政府发布了《学务大臣奏据编书局监督编成乡土志例目通饬编辑片》,作为各地乡土志书编纂的指导性方案。清末对乡土志编写的倡导得到了地方的积极响应,据统计,清末全国共编有乡土志书486种,而山东一省乡土志的数量多达67种,遥遥领先于其他各省②。乡土志多为奉旨编修,山东各地乡土志的大量涌现反映出地方官员对中央政令的忠实执行,同时也为乡土教育的进行做好了充分准备。除乡土志外,清末山东还编有不少乡土教科书。与乡土志的编纂者多是地方官和地方士绅不同,不少乡土教材的编写者是乡村学校的教师,如安丘县庵上如心两级小学国文教师李介夫编的教材是"庵上庄,庄中有牌坊,东有平原,又东有柿子园,西有小山,山西有岐山市,南有大店,北有小河。"③乡土教材的出现虽是乡土志编写传统的延续,但进行乡土教育的出发点决定了乡土志与传统志书的不同立意。从某种意义上,可以说乡土教材是近代民族国家观念与地方性知识相结合的产物,中央试图通过这种教材形式把爱国家的观念植入爱乡土的地方性知识体系中,并借教育培养出国民的爱国主义精神。

清末学堂实行分班授课,废除了私塾逐个授课的教学方法。在具体教授法的实施上,1903年,《奏定学堂章程》规定小学堂"凡教授之法,以讲解为最重要,讲解明则领悟易",并"须尽其循循善诱之法"④。以上规定纠正了此前私塾专重死记硬背、不求甚解的教学方法,促进了课堂教学的变革。新式教学方法在清末山东的一些学堂教学中得到了运用,如安丘的汲新学堂,国文采用了范读、领读、试读、串讲、回讲几个步骤,……算学课开始注重练习、做演草,地理课注重复制

---

① 《奏定初等小学堂章程》,载舒新城编:《中国近代教育史资料》(中册),北京:人民教育出版社,1981年,第411页。
② 张素梅:《中国乡土教材的百年嬗变及其文化功能考察》,北京:民族出版社,2010年,第200页。
③ 安丘县教育志编纂办公室编:《安丘县教育志》,1987年内部发行,第64页。
④ 《奏定初等小学堂章程》,载舒新城编:《中国近代教育史资料》(中册),北京:人民教育出版社,1981年,第421页。

地图。① 然而,史料中对于此类教学法变革的记载并不多见。不容忽视的事实是,清末的小学堂教师多由原私塾教师担任,一年甚至更短时间的师范传习所培训,很难从根本上改变他们习惯已久的死记硬背以及以讲解为中心的注入式教学法。光绪三十二年的《山东学务报告书》中曾对聊城地区的高等小学堂有如此评论,"其原有之教员在讲授经史、国文亦多不如法,故学生成绩了无可观。试以中史浅近问题,俱不能对,而管理员尤昧于学务"②。不少教员对传统的经史、国文科目的教学方法尚不能掌握,其他新设之"西学"科目的教学状况更是可想而知。或可以说,清末山东的乡村小学堂已经开始有了趋新的迹象,但并没能实现教学方法上的根本性变革。

在省级官员推广下,清末山东的新式学堂急进兴起并不断发展,然而在广大乡村中依旧有大量私塾与之并存,而且新学还常常处于竞争中的弱势地位。宣统三年(1911),山东提学司派员到邹县抽查时,竟发现当地的不少初等小学堂仍"全不遵照'钦定章程',不独私塾为然,即号称官立者亦然。不惟教授、管理、学额、学龄按之定章不符,所用课本尚力守《三字经》《千字文》《千家诗》《小学韵语》之旧"③。官府可以以其强制力量设立新式学堂,然而新式学堂取代旧式私塾却是一个非常艰难的过程,尤其当周围私塾力量依旧强大的时候,新式学堂往往很难突破传统的力量而走向现代化之路,因此此时的不少学堂也只是"新瓶装旧酒",学堂其名,私塾其实。

作为清廷为挽救危机而采取的一项举措,新式学堂开始在官方的推动下在各地纷纷设立。清末山东的省级官员十分忠诚地执行了中央推行新式教育的诏令,这一时期,无论是地方劝学所的设置,还是各地学堂的建立都呈现出迅速发展之势。尽管这一时期的新式学堂在发展过程中还存在诸多问题,但在官方的积极推动和地方士绅的大力支持下,山东的乡村教育已经开始走上了现代化之路。

第二节 动荡中的发展:乡村教育的曲折前进(1912—1929)

1911年,孙中山领导的辛亥革命推翻了清王朝的君主专制统治,结束了在中国历史上延续了两千余年的封建帝制。1912年元旦,孙中山宣誓就职临时大

---

① 安丘县教育志编纂办公室编:《安丘县教育志》,1987年内部发行,第84-85页。
② 雷嘉正主编:《东阿县方志辑要》,聊城:山东省聊城地区新闻出版局,1997年,第57-58页。
③ 王廷儒,常照先:《清朝末年邹县的第一批学堂》,载中国人民政治协商会议山东省邹县委员会编《邹县文史资料》第二辑,1984年内部发行,第146页。

总统,中华民国成立。可是由于革命的胜利果实被袁世凯窃取,国内很快陷入军阀混战局面。民初的山东处于袁世凯和他的北洋军统治之下,军阀间的纷争连续不断。到了20世纪20年代,土匪的骚扰、军阀的混战以及频发的自然灾害更为严重地影响着整个山东。动荡的局面使得乡村教育的推进时断时续,但这一时期的乡村学校无论在数量上还是质量上都取得了比清末更为迅速的发展,从乡村小学到中等学校的地方教育体系雏形逐渐建立起来。

一、县级教育行政机构与监督机构的建立

民国初年,裁各县劝学所,在县公署设第三科主管全县教育。1914年,废第三科,恢复设立劝学所。1915年,教育部呈准《劝学所章程》和《学务委员会规程》。章程中规定,劝学所所长受县知事监督指挥,管理全县学务,各区设"学务委员会",具体管理各学区的教育事务。自此,县教育行政开始有了半独立的专管机关。

1922年9月,教育部曾于济南召开学制会议,就各地提出的地方教育行政改革提案进行讨论,地方教育行政改革成为大势所趋。1923年,教育部公布《县教育局规程》,将各县劝学所改为教育局,由局长一人,视学员及事务员若干人组成。"县教育局局长商承县知事主持全县教育行政事宜,并督促指导属于该县之市乡教育事宜"[①]。至此,独立的县级教育行政机关建立起来。

此外,县教育局还设有董事会,旨在与地方教育官员共谋当地教育之推展。董事定额5人,由县知事选派县视学1人充任,其余由局长推荐办理教育著有成绩的4人和从事实业或办理地方公益实业著有声誉的2人,呈报知事选任,任期3年。董事会的职责在于审议县教育的方针和计划,筹划县教育经费及保管县教育财产,审核县教育之预算、决算,议决县教育局交议事项,提议关于县教育事项。由此看来,董事会可以视为全县教育的审议与咨询机关。对于董事会与教育机构的关系,时人这样评价:"以教育局局长代表国家,以董事会代表地方,而求能共谋地方改进教育事宜。"[②]董事会的设立对于促进地方教育的发展起了一定推动作用。

地方教育视察工作,最初由劝学员负责,后改由县视学事务员及县督学教育委员等承担。1918年4月,教育部公布的《省视学规程》中规定"各省设视学四人至六人,承省教育行政长官之命,视察全省教育事宜"[③]。从其具体工作看,省视学不仅担当定期视察和指导地方学务之任务,还负有将视察情形详细报告省

[①] 薛人仰编著:《中国教育行政制度史略》,台北:中华书局,1983年,第141页。
[②] 卢永祥等修,王嗣鋆纂:《民国济阳县志》,1918年石印本,卷八教育志,第4页,载《中国地方志集成·山东府县志辑》14册,南京:凤凰出版社,2004年,第177页。
[③] 《教育部订定县视学规程》,载《教育杂志》,1918年7期,第5—6页。

第二章　艰难的转型：近代山东乡村教育的变革历程

教育行政长官之责任。同月，教育部还公布了《县视学规程》，规程指出："各省设县视学，每县一人至三人，秉承县知事，视察全县教育事宜。"①与省视学的职责有所不同，县视学的工作主要在于视察和监督一地学务状况，他们一方面要随时将执行职务情形详细报告县知事，另一方面还要接受省教育行政长官的考核。省、县视学规程的公布使地方教育视察制度逐渐建立起来。就山东各县而言，县视学的视察工作"由主管教育者临时支配，每人视察一区，每季视察一次，每次出发之前开视学会议一次，讨论应行注意之点，视察完毕后复开一次报告视导之情形"②。从目前保留下来的省视学报告来看，山东省的视学员大都较为负责，不仅按时考察学务，更为可贵的是忠实记录了各地的学务状况与存在的问题，并提出了切实可行的改进方法。各级视学员通过其认真、细致的督察与记录工作，不仅向教育主管部门报告了各地乡村教育的真实情形，有利于各项政策的制定与实施，同时也对各乡村学校的发展起到了鞭策与鼓励作用。

民初承袭清制，继续在各地设立教育会。如邹县于1912年成立县教育会呈请省提学司立案，并于次年向省提学司补呈县教育会章程。胶县自宣统三年（1911）成立至民国六年（1917）共选举过四次。其具体工作"除研究教育进行事宜，辅助教育行政外，每年春秋两季召集全县学生，开观摩会，考试国文算术，评订甲乙，分别结奖以资鼓励"③。作为地方教育行政的辅助机关，教育会对于在县级教育机构中推行新式教学方法，提升教学质量发挥了重要作用。然而，教育会作为一个民间自发组织成立的机构，在人员、经费、制度等方面常常不能得到良好的保证，使得一些教育会"进行上颇有困难之感"④。因此，不少地区的教育会在发展过程中常会陷入兴废无常的困境。

二、乡村学校的发展与师资培养水平的提升

民国初年，山东新式学校的数量呈现出几何数级增长的趋势。黄炎培曾对山东学校增长状况描述道："山东学校数、学生数、岁出数，亦无一年无一项不增进者，而要以二年之进步为最大。学校由五千一百而进为一万，其位置由第七骤升为第三。学生由一十一万而进为二十四万，其位置由第十二骤升为第五。而

---

① 《教育部订定县视学规程》，载《教育杂志》，1918年7期，第5-6页。
② 梁钟亭等修，张树梅等纂：《民国清平县志》，1936年铅印本，教育，第5页，载《中国地方志集成·山东府县志辑》89册，南京：凤凰出版社，2004年，第252页。
③ 叶钟英修，匡超纂：《民国增修胶志》，1931年铅印本，卷二十二学校，第25页，载《中国地方志集成·山东府县志辑》42册，南京：凤凰出版社，2004年，第219页。
④ 孙永汉修，李经野等纂：《民国续修曲阜县志》，1934年铅印本，卷四政教志，第52页，载《中国地方志集成·山东府县志辑》74册，南京：凤凰出版社，2004年，第115页。

岁出数亦由一百一十六万而进为一百九十一万,几无一不增加倍数。"①至 1923 年,山东的小学教育一直保持着较为平稳的发展态势,相对而言,初等小学的增长速度优于高等小学(见表 2-3)。设于乡村的初等小学也在这一时期获得了很大发展。

表 2-3　1912—1929 年山东省部分年度小学情况统计表

	1912 年	1913 年	1914 年	1915 年	1916 年	1918 年	1919 年	1923 年	1929 年
初小数量	4 766	9 500	12 481	14 375	16 539	18 167	18 535	22 492	26 265
高小数量	286	460	824	381	456	524	565	675	1 015
学校总数	5 052	9 960	13 305	14 756	16 995	18 691	19 100	23 167	27 280

资料来源:山东省地方史志编纂委员会编《山东省志·教育志》,济南:山东人民出版社,2003 年,第 77 页。

　　从癸卯学制到壬子癸丑学制,再到 1922 年新学制,小学教育的学制年限发生了很大变化,从九年缩短至六年。学制年限的缩短意味着学校教育在经费水平和闲暇时间方面要求的降低,这无疑增加了民众子弟入学的机会。即使是这样,招生问题依然是民国初期山东乡村学校所面临的主要难题之一。为解决招生困难的问题,安丘县的部分学校采用了发给学生糖果或铜钱的办法吸引儿童入学。胶县也曾对报名入学的学生发给奖励金,男生可以领到制钱二吊,女生加倍为四吊。② 1923 年后,安丘县教育局每年视教育经费之余缺,对于有实力升学之贫苦学生给予适当补助,以帮助他们顺利升学。③ 这些措施的实行大大增加了乡村学校的生源数量,同时也为贫苦儿童提供了更多进一步深造的机会。在努力推进学校数量增长的同时,一些地区开始关注到城乡教育合理布局的问题,如 1928 年,"诸城县教育局进行了改组,对全县学校布局做了调整,并增加了县立学校,新增加的学校多设于乡村"④。这一举措的实施反映出当地教育部门对乡村教育发展滞后问题的关注,从某种意义上可以说是对城乡教育均衡发展的一种有效尝试。在军阀混战尚未完全平复的时代,县级教育部门尚能统筹规划一地乡村教育的发展,这无疑是十分难能可贵的。诸城县教育局的做法不仅在当时有着积极意义,同时也对当今的城乡教育均衡发展有所启发。

---

① 黄炎培:《读中华民国最近教育统计》,载舒新城编《中国近代教育史资料》上册,北京:人民教育出版社,1981 年,第 370 页。
② 李正衡:《清末民初胶州地方教育点滴》,中国人民政治协商会议山东省胶州市委员会教科文卫体育文史工作办公室编《胶州文史资料》第 20 辑,2006 年内部发行,第 165 页。
③ 安丘县教育志编纂办公室编:《安丘县教育志》,1987 年内部发行,第 95 页。
④ 诸城县教育志编纂办公室编:《诸城县教育志》(1840—1985),1985 年内部发行,第 95-96 页。

第二章 艰难的转型：近代山东乡村教育的变革历程

为了提升乡村学校的教学质量，不少地区还在当地的国民学校中评出教员资格、各项设备均达标准者称为模范国民学校。杨懋春先生曾回忆起民国初年其家乡设立模范学校的情形，"当时县政府在其辖境内每一较重要或中级以上的集镇上设立公立模范小学"①。模范学校的设立是通过发挥部分学校的模范作用以带动整个地区教育发展的尝试。这类学校的设置数量虽然不多，但在一定程度上带动了区域教育质量的整体提升。杨懋春先生所就读的那所模范小学即常组织学生下乡与村立小学学生交流，帮他们解决算术及有关国事的问题。这一做法不仅促进了村落学校的发展，而且增进了新思想的传播速度，引发了农村社会风气的改变。②

尽管民初的十几年间山东乡村小学校的设置数量有了显著增加，但在数量快速增长的背后隐藏着严重的生存危机。1917年，省视学员孙房视察滕县时发现当地"国民学校办理切实者，殊多不觏。学校其名，私塾其实者比比皆是。且自春徂秋，陆续停办之校犹未可一二数，如姜碾屯、冯庄、后皇甫、后沙胡同等校，均自由解散"，"义烈祠高等小学已于暑假后取消，学生率多转入私塾"③。此外，还有一些村立小学名义上是新式学校，实际上还在读"四书五经"。可以说，这一时期的乡村学校依然难以应对来自私塾的巨大挑战。除与私塾的激烈竞争外，乡村学校发展的阻力还来自动荡不安的社会环境。中华民国成立后直到20世纪20年代末，山东地区的匪患和纷争一直没有间断。张宗昌自1925年接任山东省主席后，不仅经常挪用教育经费，拖欠教职员薪金，而且常把成千上万的军队驻扎于城乡，占据校舍，毁坏校具，导致学校不能照常开课。兵匪交加的动荡局面加剧了山东各地教育环境的恶化。为防止土匪绑票，有些地方甚至专门由县政府派驻一个警卫班来守卫学校。④ 然而，在混乱的局势下，这些努力无疑是杯水车薪，无法从根本上改变多地学校被迫关停的命运。"章丘县于民国十七十八两年，土匪张鸣九盘踞县城，全县小学几至停顿；新泰县于民国十四年至十六年，兵匪相仍，饥馑荐臻，校务进行大受影响；无棣县于民国九、十两年，岁比不登，十四年土匪肆扰，小学皆形停顿；宁阳、邹县、菏泽、定陶、临朐、安丘等县于民国十五十六两年，迭遭匪患，校数顿减；蒙阴县于民国十四年至十八年，土匪披猖，学校停闭，禹城县于民国八年至十八年，境内伏莽潜滋，抢架频闻，全

---

① 杨懋春：《近代中国农村社会之演变》，台北：巨流图书公司，1984年，第89页。
② 杨懋春：《近代中国农村社会之演变》，台北：巨流图书公司，1984年，第90—91页。
③ 滕州市教育志编辑委员会编：《滕州市教育志》(1840—1999)，2000年内部发行，第77页。
④ 吴庆华：《峄县教育概况》(下)，载中国人民政治协商会议枣庄市峄城区文史资料委员会《峄城文史资料》第三辑，1991年内部发行，第156页。

县小学多数停办。"①这一时期兵灾、匪患与自然灾害的不期而至,使得民国初年刚刚起步的乡村教育惨遭重创。直到1930年,山东国民学校的元气才逐渐得以恢复。

随着民国初年山东乡村学校数量的激增,各地对新式教师的需求也日益加增。为培养师资,1912年,在济南设立全省单级教员养成所。该所第一班学生毕业后,返回家乡陆续开办起单级教员养成分所。单级教员养成分所主要招收一些年轻的塾师进行培训,时限三个月,核心课程包括算术、国文、修身、音乐、图画、体操等科。学员结业后,由各村自行聘请或分派到乡村初级小学任教。另外,还有一些热心教育的开明之士积极捐资开办单级教员养成所,与官方开办的养成所共同担当起乡村师资培养的重任。

除单级教员养成所外,乡村师资培养机构还包括大量的师范讲习所。同单级教员养成所类似,师范讲习所多招收中青年塾师及部分贡生、秀才进行培训。根据民国前十年益都县师范讲习所的统计,当时有9个毕业班,306名学员,其中年龄在二十五岁以上者占45%,二十岁以下者占9%。② 可以推测,学员的年龄多集中于二十至二十五岁之间。入学前,学员们虽已有一定的知识基础,但他们之间的程度差异很大,可谓"高初殊名,深浅异程"。师范讲习所通过补习"西学"文化知识,培训各科教材、教法以及小学管理法等内容,使学员们能够初步胜任新式学校的教学工作。为便于各学员毕业后快速适应乡村社会,一些传习所还设计了世事应酬方面的教学内容。根据当时规定,未经讲习所培训的塾师,不准在学校任教。因此,很多塾师为了取得担任学校教师的资格,十分自觉地报名到讲习所接受培训。杨懋春笔下那位曾在山东台头村做过塾师的潘先生正是自愿接受新式师范培训的典型:"当政府建立新的教育制度,村里设立了新学校后,他立即觉得自己有必要适应新形势。他进了县城的师范学校,尽管这时他已五十多岁了。许多年前的一个寒冷的冬天,笔者看到这位老人扛着行李,步行25英里去师范学校。"③此类塾师不在少数,烟台福山塾师陈文轩也十分积极地去讲习所参加培训,放晚学后还常在自家的院内研习其所学到的新学内容,教其幼女、幼侄做"立正""稍息""常步走"等体操活动,以为游戏。有时还说几句才学到的"中国英语",引逗儿童发笑。④ 可见,当时不少塾师的思想已发生重大转变,

---

① 教育部中国教育年鉴编审委员会编:《第一次中国教育年鉴》,上海:开明书店,1934年,丙编,第464页。
② 山东省潍坊市教育史志编纂办公室编:《潍坊市教育志》,1988年内部发行,第170页。
③ 杨懋春:《一个中国村庄——山东台头》,南京:江苏人民出版社,2001年,第178页。
④ 孙治吾整理《民国时期的师范教育》,载烟台市福山区政协文史资料委员会编《福山文史资料专辑》第5辑,1989年内部发行,第37页。

他们不仅主动报名参加培训,还十分认真地接受新知识,并对新学内容产生了较为浓厚的兴趣。中青年塾师结业后,大都活跃于乡村小学的课堂,在很大程度上填补了民国初年新式教师的不足。

三、民初课程、教材及教法的变革

中华民国成立后不久即着手讨论制定新的学制系统,至20世纪20年代末,共有两部学制颁行于全国。1912年9月,中华民国教育部正式颁布《学校系统令》,史称"壬子学制"。为充实该学制各部分的具体内容,至次年八月,教育部又陆续颁布了各类学校法令。与壬子学制加以综合后,确定为一个统一的学校系统,总称"壬子—癸丑学制"。这部学制的制订依旧是以日本学制为蓝本,但它继承了清末癸卯学制的合理内容,并对其不合理的部分进行了相应调整。这一学制在实行了一段时间后,其本身存在的学制时间分配不合理,教学目标单一等问题逐渐暴露出来,进行改革势在必行。经过教育界专家、学者的反复讨论,又于1922年以大总统令公布了《学校系统改革案》,即新学制。这部学制在多个方面进行了合理化改革,如缩短小学的学制年限,加强中等和职业教育训练,注意发挥地方办教育的积极性等,以上措施均十分有利于教育的普及。在两次学制改革的推动下,学校内部的课程、教材与教学方法也有了很大程度的革新。

根据民国元年发布的《小学校令》,小学校分为高、初两等,高等小学由县设立,初等小学由城镇乡设立,以满六岁至满十四岁为学龄期。明确规定"小学教育以留意儿童身心之发育,培养国民道德之基础,并授以生活必需之知识技能为宗旨"[①]。1915年7月,改初等小学为国民、预备两种,实行双轨制,第二年,又废止预备学校,恢复单轨制,并重新修改《国民学校令》。修改后的法令将国民学校分为区立、乡立两种,以满六岁至十三岁为义务学龄期。初、高两等小学的宗旨分别被修改为,"国民学校施行国家根本教育,以注意儿童身心之发育,施以适当之陶冶,并授以国民道德之基础及国民生活所必需之普通知识技能为本旨"[②],"高等小学校以增进国民学校之学业,完成初等普通之教育为宗旨"[③]。教育宗旨的变化反映出国民政府对教育社会功能的深刻理解,官方希望通过教育的实施培养具有现代素质的国民。在以上教育宗旨的指导下,各类学校的课程设置

---

① 《教育部公布小学校令》,载舒新城编《中国近代教育史资料》(中册),北京:人民教育出版社,1981年,第444页。

② 《教育部公布国民学校令》,载舒新城编《中国近代教育史资料》(中册),北京:人民教育出版社,1981年,第458页。

③ 《教育部公布高等小学校令》,载舒新城编《中国近代教育史资料》(中册),北京:人民教育出版社,1981年,第465页。

也有了一定程度的变化。

表2-4节选了清末至民国年间部分学制章程对课程设置的规定。从中可以看出,虽经民国元年的课程改革,但直至民国四年,小学校的课程设置并没有在清末小学科目基础上发生质的变化。直到1923年公布新学制课程标准纲要,学堂设置科才开始有了明显变革,包括废除传统的读经科,改进体育、音乐等课,增添新的课程内容,开始重视自然科学和现代工艺方面的教学,增加学生获取课外知识的机会等方面。然而,由于山东督办张宗昌拒不执行,新课程的改革并没有在山东各地得到很好的实施,不少地区仍沿用旧制,直到北伐后这种情况才真正改变。①

表2-4 清末至民国课程设置变化表

学堂章程	初等学堂阶段科目设置	高等学堂阶段科目设置
宣统二年十一月改订高初两等小学年期科目及课程	初等小学堂:修身 读经讲经 国文 算术 体操 ▲图画 ▲手工 ▲乐歌	高等小学堂:修身 读经讲经 国文 算术 中国历史 地理 格致 图画 体操 ▲手工 ▲农业 ▲商业 ▲乐歌 ▲英文
民国四年七月国民学校令高等小学校令	国民学校:修身 国文 算术 手工 图画 唱歌 体操(女)缝纫	高等小学校:修身 读经 国文 算术 本国历史 地理 理科 手工 图画 唱歌 体操(女)家事 农、商业 英语
民国十二年六月新学制课程标准纲要	初级小学校:国语 算术 社会(卫生 公民 历史 地理)自然(自然 园艺)工用艺术 形象艺术 音乐 体育	高级小学校:国语 算术 公民 卫生 历史 地理 自然 园艺 工用艺术 形象艺术 音乐 体育

资料来源:盛朗西著:《小学课程沿革》,上海:中华书局,1934年,第1—2页。注:科目上注▲者系随意科。

在教科书的编纂方面,1912年1月,南京临时政府教育部公布的《普通教育暂行办法》中规定,"凡各种教科书,务合乎共和民国宗旨。清学部颁行之教科书,一律禁用"。② 同年五月,教育部于总务厅之下,设编纂、审查二处专司教科书的编审及管理事务。这一年,还公布了《审定教科用图书规程》,共十四条,其中规定:"初等小学校、高等小学校、中学校、师范学校教科用图书,任人自行编辑,惟须呈请教育部审定。"③当时,比较有代表性的有1912年中华书局发行的

---

① 张之栋:《解放前沂水县的小学教育与小先生教学》,载中国人民政治协商会议山东省沂水县委员会文史资料工作委员会《沂水县文史资料》第十辑,1999年内部发行,第147页。
② 璩鑫圭、唐良炎编:《中国近代教育史资料汇编·学制演变》,上海:上海教育出版社,1991年,第597页。
③ 陈学恂主编:《中国近代教育史教学参考资料》(中册),北京:人民教育出版社,1986年,第419页。

"新中华教科书",商务印书馆同年出版的"共和国教科书"以及1913年中华书局出版的"新学制教科书"。

教科书变革的重要标志之一是从文言文到白话文的转变。民国初年,学校所用教科书,绝大多数都是用文言文编写的。1917年,在杭州召开的全国教育会联合会第三次会议上提出"推行注音字母方案",议决请教育部速定国语标准,力求将注音字母推行各省区,以为将来小学改国语之预备。此后,不少地区开始使用白话文编写教材。在各方势力的推动下,1920年1月,北洋政府教育部正式下令:"自本年秋季起,凡国民学校一二年级先改国文为语体文,以期收言文一致之效"①。同年四月,又训令全国,至1922年底,废止用文言文编写的教科书,国民小学各种教材都一律采用语体文。教科书的改革并没有很快获得山东乡村民众的认同,甚至成为部分地区新学推行中的绊脚石。"在山区一般号称读书之人,对语体教科书多不赞成,为新教育之最大障碍。所以私塾在安丘西南山区顽固地延续下来。"②乡民因为对白话文教科书的不赞成而迁怒于新教育,足见新式教科书推行中的极大阻力。

课堂教学方法在民国时期发生了重大变革,民初即有部分小学开始尝试启发式教学方法。民国五六年间,自学辅导盛行,乡村教师从关注如何"教",转向思考如何学。自学辅导一般是先让国民小学三年级以上的学生自学,遇到问题再由老师加以辅导。教师在教学过程中担当辅导解答问题的角色,同时也一并培养了优生辅导其他学生的能力。不久,又有分团教学法盛行,此法一般是根据同年级学生的学力状况分成若干团,由教师分别指导,以提高学生的领悟与接受能力。1909年前后,又有设计教学法输入中国。这种方法强调在做中学,试图将生活中的问题应用于教学上,打破学科界限,帮助学生组成一个学习单元,按照创造情景、引起动机、确定目的、计划实行、评价成果几个步骤组织教学。受师资水平、教学设备等因素的限制,以上教学方法仅仅在山东的部分乡村小学中得到实施,而大部分小学还是采用"单级复式教学法"。实施复式教学法教学时,一般会有三至四个年级的学生聚集在同一教室上课。以语文课为例,教师一般会将每一篇课文分为"新授""复习""应用"三部分进行教学,其具体课堂安排可参见表2-5。从这则教案中可以看出,复式教学法在实施过程中无疑存在着教师和学生的注意力容易分散、师生间难以配合等困难,但这种教学法的运用在很大程度上缓解了乡村新学起步阶段新型师资、资料及教学设备不足的矛盾,促进了

---

① 朱有瓛主编:《中国近代学制史料》第三辑(上),上海:华东师范大学出版社,1990年,第158页。
② 王世宗:《清末民初安丘教育概述》,载中国人民政治协商会议山东省安丘县委员会编《安丘文史资料》第7辑,1990年内部发行,第131页。

新式课堂教学的推行。

表2-5 单级复式教学法语文教案

向全体同学讲话,提高学生学习兴趣,然后布置三年级用石板书写上次学习的生字,并注上注音符号,向四年级出示小黑板令学生各自造句(5分钟)	二年级新授	用问答式引起动机,黑板上书写本科生字,向学生讲读音义,用教竿教笔顺,学生书空学写,然后令学生在石板上写生字(8分钟)	各自书写	各自书写	向学生讲读本课课文,详细解释,然后令学生抄写课文全部或一段(10分钟)	各自书写	教师巡视订正
	三年级复习	各自书写生字	巡视,纠正错误,令优生讲读课文一遍,令优生辅导其他学生,各自小声讲读课文(5分钟)	辅导读讲	辅导讲读	辅导生回报各生讲读情况,出示小黑板令各自填字(7分钟)	各自填字	各自填字	改正错误,择优扬表(5分钟)
	四年级应用	各自造句	各自造句	桌间订正,择优宣读,小黑板出示短文,令学生改正错字病句	各自改并抄在笔记本上	各笔记	各自改正抄写	各自抄写	值日生收集笔记本交给教师

资料来源:张之栋,《解放前沂水县的小学教育与小先生教学》,中国人民政治协商会议山东省沂水县委员会文史资料工作委员会编《沂水县文史资料》第十辑,1999年内部发行,第151页。

尽管不能做到把当时最流行的教学法快速运用于教学实践中,但很多教师还是对课堂教学进行了精心设计,并取得了良好的教学效果。民国六年,省视学孙房视察广饶时就发现:"县立高等小学教员焦梦花(梅清)课国文,教法周详,犹善启发,学生国文成绩斐然可观。该员所著国文讲义,于练字、造句、谋篇等法,条分缕析,诠释简明,殊堪嘉许。"①一向以要求严格著称的省视学能用如此中肯的语句描述这位老师,可见其教学效果的不同凡响。这位教师认真的备课态度,灵活的教学方法及其取得的良好教学成绩,也从一个侧面反映了民国初年山东小学校的课堂内部教学已经有了很大的革新。另外,一些回忆性文章中也记载了当时课堂教学的生动活泼,如烟台东华学校的史菁轩老师。担任修身,讲为人应备的条件,如礼貌、孝悌、公德、公益等等。他不是坐在讲台上照本宣科,而是在台下来回走动。每讲必旁引些事实,来证明他所讲的道理之正确,挥臂作势,兴致见于眉宇之间,使听者如坐春风。② 然而,从当时视学报告的记录中也可以看出,在课堂教学内部革新的同时,不少乡村小学还存在教学与管理方面的种种问题。如1915年孙视学在视察邹平的报告中写道:"萧家庄西段初等设于教员夏树榕住宅,教室狭小,桌凳排列无序,学生二十二人。讲读国文,多所讹误,演算及格者尤少。甲组作文试题多与程度不合,且每次作五言试帖诗二韵,原作与改笔均欠通顺,贻误儿童非浅。"③这所学校不仅教室内部布置混乱,而且连最基本的国文与算术科都难以达到教学要求,尤其令人匪夷所思的是科举制已废除多年,教师竟还让学生以五言试帖诗作文,可见其教学水平的不足与传统观念的根深蒂固。不仅课堂教学存在问题,部分学校的管理也较为松散,省视学到德平视察时发现:"赵家楼初等,正值上班时间教员竟招客饮酒,学生亦均未在校。询其原因,据教员曹庆云,因临庄行丧礼,学生欲往观之,遂放假一日,布置毫无次序。"④作为教师,上课时间竟招客饮酒,而且随意放行学生旷课,其做法可谓极不负责任,这种情况的出现同时也反映出民初乡村小学管理制度的不健全。

从1912年民国建立至1929年,国民政府一直较为重视教育的发展与普及,山东的乡村教育也在这一时期取得了很大发展,乡村小学呈现出迅猛增长之势,学校教学、组织与管理方面也有了很大变革。然而,军阀混战的动荡局面又深深影响了乡村学校的生存,1928年左右,不少地区的乡村教育被迫中断。在此阶段中,山东大部分地区刚刚步入正轨的乡村教育是在动荡中寻求发展的。

---

① 李月恒:《民国时期省教育厅视察广饶县教育述略》,中国人民政治协商会议广饶县委员会文史资料委员会编《广饶文史资料选辑》第七辑,1988年内部发行,第185页。
② 孙毓瑛:《东华学校漫忆》,烟台市福山区政协文史资料委员会编:《福山文史资料专辑》第5辑,1989年内部发行,第10—11页。
③ 《孙视学视察邹平报告》,载《民国教育公报汇编》(122册),北京:国家图书馆出版社,2009年,第405-406页。
④ 《巩视学视察德平报告》,载《民国教育公报汇编》(122册),北京:国家图书馆出版社,2009年,第545页。

第三节　短暂的辉煌:乡村教育的稳定
　　　　有序发展(1930—1937)

经过北洋军阀时期的动荡之后,1930 年至 1937 年,山东省开始进入一段和平发展的历史时期。到了 20 世纪 30 年代,随着整个社会对乡村经济破产问题的重视,远远落后于城市的乡村教育也开始受到官方与民间的共同关注。另外,在推行了近二十年新教育之后,人们逐渐意识到嵌入乡村社会的教育具有与城市教育不同的特征。所以,在师资培养、学制年限、课程设置等方面制定和实施了专门针对乡村教育的举措。这一时期,山东乡村教育得到了前所未有的迅速发展。

一、山东省政府教育厅对地方教育行政的整理

1928 年 2 月,南京国民政府组织"第二次北伐",同年 4 月底,张宗昌的军力基本被打垮。1928 年 6 月 1 日,隶属于南京国民政府的山东省政府在泰安成立,这标志着国民党在山东统治的开始。在省政府成立的同时还组建了教育厅,由何思源担任厅长,他担任这一职务长达 14 年之久,曾组织制定了一系列有助于推动山东教育整体发展的大政方针。

为掌握山东各地的教育状况,省教育厅成立不久,即派视学员赴各县了解教育情形,教育厅厅长何思源也常在行政之暇躬亲视察。在充分调研的基础上,省教育厅制定出了《山东省政府教育厅教育行政纲要》,共十八条,试图整顿此前惨遭破坏的山东教育。其中包括保障教育经费独立、实行义务教育、补助贫寒子弟升学、严格取缔私塾等多项关涉乡村教育的内容。1931 年,何思源又提出了复兴山东教育的四大要点,即"一、继续筹增省县教育经费;二、创设省立乡村师范;三、扩充县立初级中学,并增设高中班于各地省立学校;四、实施义务教育。"[①]从这四个方面可以看出,20 世纪 30 年代初,山东省教育厅已经把教育工作的重心放在谋求基层教育的发展方面。在以上政策的总体导向之下,省级教育行政机构制定了多项有助于发展乡村教育的规章制度。

经历了兵灾、匪祸及水旱之害后,"各县教育状况,败坏不堪名状,而教育行政机关,遂至形同虚设,毫无建树"。山东省教育厅意识到,"欲刷新全省教育,必

---

① 《山东省政府教育厅第二次工作报告》(自民国十八年十月至二十年六月),1931 年铅印本,何思源序,第 1 页。

先整饬各县教育行政,而各县教育局,实为最重要之教育机关"[1]。因此,教育厅在成立一年之内,相继颁布了《山东县教育局暂行规程》《山东县督学暂行规程》《县教育局事务委员暂行规程》《山东县教育局教育行政委员会暂行规程》,对山东的县级教育行政事务进行了较为详细的规定。在学校层面,还特别制订了《山东县区立小学校长任免及待遇暂行规程》《山东县区立小学教员聘任及待遇暂行规程》《县立中学师范讲习所职业学校校长委任暂行办法》及《山东县市区立小学教员规程》。这些规程主要包括两大方面的内容:其一,通过确立严格的选聘标准,提升县立中小学校校长及师资的基本素质。其二,提高校长及教职员工的工资待遇水平,使其能够安心在学校供职。另外,还对能够致力于小学教学研究、有所创造发明以及教学成绩优异、长期服务于教育事业的小学教员给予一定的现金奖励,激发教师的工作积极性。以上规程的颁定为促进各县中小学教育的持久、稳定发展,增强乡村教学的总体水平提供了制度化保证。

经费是发展教育之基本保障,在《山东省教育厅教育行政纲要》中即明确规定:"确定及扩充教育税收,并保障教育经费之独立。"[2]当时山东各县教育经费的基本来源,除少数学田租金及基金利息外,实以教育附捐为大宗。那么,欲扩充教育经费,则以增加附捐为最简单易行之办法。考虑到军阀过后,山东的普通百姓已经财尽民穷,加收教育附捐势必会增加他们的经济负担,教育厅厅长何思源以其省委委员的身份,"提案于省政府委员会议,主张各县教育附捐所赠总额之元数,不得超过该县丁银之两数,即每地丁银一两,只准增加附捐一元。……在此限度以内,如有增加教育附捐之必要,须造具详细预算书,呈由本厅,查明该县教育状况,及民众负担力之大小,再予转呈省府,核准增加"[3]。此提案经议决后通过,并通令各县按此标准执行,在很大程度上减轻了农民因教育税捐而加重的负担。

山东为圣贤故里,圣贤后裔享有历代中央政府给予的优厚待遇,仅每年的祭品费一项就数额不菲。民国初年,已经明令废止了祭孔活动,这笔费用有待重新处置。教育厅认为,此项原系专款的祭品之费,如果停收,未免可惜,不如改作教育经费。于是下令各县将祀孔祭费,一律划作教育经费,拨归县教育经费委员会保管,并专门作为奖励贫苦学生升学的贷费。后来,教育厅又与民政厅联合拟定

---

[1] 《整理各县教育行政纪要》,载陆兴焕编:《山东省政府教育厅第一次工作报告》(自民国十七年六月至民国十八年十月),海口:海南书局印刷,1929年,第69页。
[2] 《山东省教育厅教育行政纲要》,1928年铅印本,第3页。
[3] 《扩充地方教育经费纪要》,载陆兴焕编:《山东省教育厅第一次工作报告》(自民国十七年六月至民国十八年十月),海口:海南书局印刷,1929年,第103-104页。

了《山东省先贤祠财产保管暂行办法》,对山东境内民国纪元以前列入祀典之先贤祠财产进行整理。此《办法》规定"所有国家或县地方划拨或购置之房产祀田,及同性质之款产而言,均应拨充地方办理教育或文化事业之经费,不得挪作他用。先贤原有后裔奉祀者,应将属于祠内一切财产交出,不得藉口私产,据为己有,准于该财产每年收益划拨十分之二,以示体恤"①。省教育厅针对山东的独特情况,采取了灵活变通的办法,将此前先贤祠的大部分祭祀经费划为教育或文化事业所用,大大增加了教育经费的数量。经过整理,山东各县教育经费岁入总数,自 1928 年的 2 910 970 元增加到 1931 年的 4 170 406 元②,较此前增加之数,很大一部分源于对旧有各项教育款产的整理所得。

山东省教育厅成立后积极对县级教育行政进行整顿,扩充了地方教育经费,提升了县级中小学教师工资待遇。这一系列措施的制订与执行为全省乡村教育的恢复和发展提供了良好的政策保障。

二、义务教育的推广与乡村短期小学的设立

正如《推行义务教育纪要》中所言,山东省教育厅自"成立以来,对于义务教育之实施,无日不在规划之中"③。1930 年 2 月,教育厅下设山东省义务教育委员会,委省督学孔令燦兼任主任委员。委员会成立以后,拟定了《山东省实施义务教育大纲》《山东县市义务教育委员会暂行规程》《山东省义务教育委员会组织大纲》等一系列规章。还进行了调查各县学龄儿童及师资、编制山东实施义务教育的年度计划、审查各县计划等各项工作。

根据《山东省实施义务教育大纲》,乡村地区义务教育的设学标准为"乡区每村失学儿童达五十人以上者,应以每村设学一所为原则,但得联合邻村设立之"④。另外,还规定"各县市对于家庭贫苦,不得不协助父兄共谋生计之儿童,得酌量情形,变通假期或另设简易小学,其办法另定之"⑤。试图采取灵活办学形式将家庭贫苦的儿童纳入义务教育的范围之内。

---

① 《整理地方教育经费纪要》,载《山东省政府教育厅第二次工作报告》(自民国十八年十月至二十年六月),1931 年铅印本,第 173 页。
② 《整理地方教育经费纪要》,载《山东省政府教育厅第二次工作报告》(自民国十八年十月至二十年六月),1931 年铅印本,第 169 页。
③ 《推行义务教育纪要》,载陆兴焕编:《山东省政府教育厅第一次工作报告》(自民国十七年六月至民国十八年十月),海口:海南书局印刷,1929 年,第 127 页。
④ 《山东省实施义务教育大纲》,载山东省义务教育委员会编辑:《山东省义务教育委员会十九年度下期工作概况》,济南:五三美术印刷社,1931 年,第 23 页。
⑤ 《山东省实施义务教育大纲》,载山东省义务教育委员会编辑:《山东省义务教育委员会十九年度下期工作概况》,济南:五三美术印刷社,1931 年,第 23 页。

山东省教育厅制定的义务教育实施计划在各县区得到了推行,例如章丘县1930年即开始进行小学义务教育,由县长、教育局局长、督学、教育委员等13人组成义务教育委员会,并拟定《章丘县二十年度实施义务教育计划》,对设学数量、教师来源和所需教育经费都做出了明确规定。在当地教育行政机关的推动下,乡村学校数量增长较快。据1931年统计,全县小学比上年增加85处,实施义务教育初见成效。至1937年,章丘县的小学设置数量已达到670所。[1] 在数量增长的同时,各区发展不均衡的问题也逐渐显现。以1932年为例,章丘县4个学区共设完小24所,其中,第一学区就拥有13所,占到总数的一半以上,而第四学区仅仅设有1所。从分布上看,山区小学教育的发展远远落后于平原地区。此外,由于乡区学校经费拮据而导致的各学校设备简陋,以及因师资水平有限而造成的新式教学法无法推广等问题也成为困扰乡村教育发展的不利因素。为了带动区域内乡村学校的发展,一些地区采取了设立乡区中心小学的方法,如青岛市教育局"为乡村小学作有系统的组织"[2],"于各乡村中择人口稠密、交通便利、地方富庶之区将原有小学充实内容设备,改为中心小学,采用新式教学方法以供其他学校之观摩参考"[3],并要求"中心小学的校长和导师,负起指导本区各学校的责任"[4]。菏泽市也规定"每县划分若干学区,每学区设中心国民学校一处,辅导本学区各国民学校"[5]。虽然两地设立乡区中心小学的方法略有不同,但在乡村中分区域筹立设备完善、教法先进的中心小学以发挥其模范带头作用的主旨却是相同的。

在实施义务教育计划的过程中,国民政府意识到,受经费困窘、师资不足等因素所限,一时难以实现普及义务教育的目标。于是,教育部在1935年的义务教育规划中对义务教育的实施做出变通,缩短了原定四年的基本教育期限,而以设立一年或二年短期小学的形式将义务教育推展于广大失学儿童。时人曹鹄雏指出:"短期小学是我们中国处在特殊环境中实施义务教育的基本建设;也就是使目前全国贫苦失学的学龄儿童,也得享受最低限度的权利,使他们具有适于现代生存的普通知能,增加他们必须具备的生活力的一种教育机关。"[6]可以说,短期小学的开设是在中国特殊社会历史时期所做出的一项权宜之计,其主要目的

---

[1] 章丘市教育志编纂委员会编:《章丘教育志》(1840—1995),1997年内部发行,第80-81页。
[2] 梁大同:《青岛市薛家岛区中心小学的设计》,载《青岛教育》,1934年第2卷第1期,第6页。
[3] 《一年来之教育行政》,载《青岛教育》,1933年第1卷2期,第14页。
[4] 梁大同:《青岛市薛家岛区中心小学的设计》,载《青岛教育》,1934年第2卷第1期,第6页。
[5] 菏泽地区教育局教育志办公室编纂:《菏泽地区教育志》(1840—1985),1992年内部发行,第70页。
[6] 曹鹄雏:《短期小学行政概要》,南京:正中书局,1936年,第4页。

是使全国的贫苦失学学龄儿童能够接受到最低限度的教育。

事实上,在中央下令推广短期小学之前,多地已经进行过开设类似学校的实验。就山东而言,省教育厅于1930年制定的《山东省实施义务教育大纲》中即提出应当为因贫苦而失学的儿童设立简易小学。1932年,枣庄地区就有一年制短期小学及简易小学的设立。① 然而,这只是当时的零星创设,山东绝大多数地区的乡村短期小学出现于1935年之后。短期小学一般设在面积较大的村镇,校长由乡长或乡绅担任,学校由全县统一编号,按序数排列命名。如当时日照县共设有63所短期小学,其校名从第一短期小学一直排列到第六十三短期小学。

短期小学的修业年限,分为一年与二年两种。国民政府教育部实施义务教育的计划:"自民国二十四年八月起,至二十九年七月止,为实施义教的第一期,在这期内,限令各省县市划分若干小学区,就各小学区预定设校地点,设置一年制的短期小学,招收九足岁至十二足岁的失学儿童。民国二十九年八月起,至三十三年七月止为第二期,在这期内一切学龄儿童至少应受两年义务教育,各省县市将各学区内所有一年制的短期小学,渐渐都改为二年制短期小学,招收八足岁至十二足岁的失学儿童。自民国三十三年八月起为第三期,义务教育期间定为四年,即把各地的二年制短期小学,改为四年制的普通小学。"②可以看出,这是一项由一年制短期培训逐步过渡到四年制义务教育的计划,通过这项计划的实施试图达到使更多儿童有机会入学受教的目标。尽管教育部的义务教育计划中对招生年龄有所限制,但在实际招生过程中,山东各地对此项年龄限制有所放松。如周村地区"学生入学年龄以招收10—16周岁年长失学儿童为原则"③,平邑县根据当地情况规定,凡7—15岁之失学儿童,不分男女一律限令入学。当时平邑短期小学学生的入学年龄最大的17岁,最小的11岁。④ 博平县的短期小学则专收15—20岁青少年参加。⑤ 招生年龄的放宽,体现了山东各地推进短期小学的积极性与灵活性,此举的实施不仅为适龄贫困失学儿童创造了接受义务教育的机会,更为超龄失学青少年铺就了接受基础教育之路。

充足的经费是举办短期小学的保障。作为义务教育事业组成部分的短期小学,其所需经费全部从国家及地方所筹措的义务教育经费项下拨充。教育部规

---

① 枣庄市教育志办公室编:《枣庄市教育志》(1840—1985),1988年内部发行,第19页。
② 曹鹄雏:《短期小学行政概要》,南京:正中书局,1936年,第3页。
③ 淄博市周村区教育志办公室编:《周村区教育志》(1840—1985),1987年内部发行,第126页。
④ 平邑县教育局《教育志》编纂委员会编:《平邑县教育志》(1840—1985),1987年内部发行,第62页。
⑤ 王春兰:《博平教育三十年》,载政协茌平县文史委员会编《茌平文史资料》第三辑,1995年内部发行,第60页。

定经费筹措"以地方负担为原则,其在市区者,由市政府统筹,其在省区之各县市由省县酌量分担,中央并得酌量省市情形补助之;至于边远省份及贫瘠省份无力自筹者,由中央特别补助之"①。据统计,1935年山东省筹办短期教育的全部经费预算为1 956 240元,仅次于广西省,其中自筹经费预算数为857 915元,高居全国各省之首。② 可见,山东地方政府对于推广短期小学事业给予了大力支持,也正是在较为雄厚的资金支持下,短期小学才得以在山东各地大量设立。就经费的具体分配而言,各地办理短期小学所需经费一般由省批拨到县,由县教育科经管发放各校,也有的地方通过乡农学校将经费发至各校。③ 短期小学对全体学生实行免费教育,不仅不收学费,而且学生所需要的课本、石板、文具等学习用品也从省拨专项经费中开支。短期小学教师的工资亦由省拨发,其工资水平略高于普通小学教师。另外,在学校设备方面,每所短期小学里都配有一块马蹄表和一个大毛算盘。这些的配备看似简单,但在当时已经是超越于普通小学的设备之上了。另外,短期小学的每个班每月还可以领到3元办公费。总体而言,国家和各级地方对筹设短期小学提供了充足的经费支持,非常有助于这类学校的广泛设立。

　　短期小学的师资一般从社会上闲散的中学或师范毕业生中招考,并经短期培训后充任。1935年,山东教育厅专门派员到各地筹办短期小学教师训练班,教育厅厅长何思源还曾亲自赴益都、潍县、高密等地的"短期小学教员培训班"中授课、视导。④ 训练班的培训期限一个月至三个月不等,主要是进行教学法的训练。如巨野县的短期小学培训时间长达三个月,不仅有省教育厅派来的教师讲解时事和开办短期的小学的重要意义,还有当地教师讲授教育原理和复式教学法,并指导学员在该县小学实习教学。⑤ 短期小学教员培训班的学员结业后,一般由教育局分配到各乡短期小学担任教师。

　　山东各地的短期小学的学制年限大都为一年,为了照顾农忙的需要,常分上午、下午二部制进行教学。在课程安排上,1935年,国民政府教育部曾颁布《一年制短期小学暂行课程标准》,对开课科目及课时做出具体规定(如表2-6)。山东的短期小学多开设有语文、算术、珠算、常识等课程。多数学校由教员根据

---

① 曹鹄雏:《短期小学行政概要》,南京:正中书局,1936年,第6-7页。
② 曹鹄雏:《短期小学行政概要》,南京:正中书局,1936年,第7-8页。
③ 临沂市教育志编委员会编:《临沂市教育志》,1988年内部发行,第60页。
④ 山东省潍坊市教育史志编纂办公室编:《潍坊市教育志》(1840—1985),1988年内部发行,第155-156页。
⑤ 姚西峰:《民国年间巨野发展概况》,载政协巨野县委员会文史资料委员会编《巨野文史资料》第三辑,1989内部发行,第23页。

当地日常生活编选教科书并组织教学。如平邑县所使用的《国语》教材的第一册第五课是"咕噜噜,咕噜噜,半夜起来磨豆腐。豆腐好吃营养高,吃肉不如吃豆腐。"又如"吃的什么饭?煎饼和米饭。喝的什么汤?小米绿豆汤,乳白豆腐浆,赛如人参汤,喝到肚里爽快又健康。"[①]这些教材的内容贴近生活、通俗易懂,十分有助于儿童快速掌握。为了提升整体教学质量,一些短期小学还让成绩好的学生放学后在家办"炕头班"或"树下班"帮助后进同学。这种灵活运用"小先生"制来辅助教学的做法,在当时取得了很好的成效。

表2-6 一年制短期小学课程设置及时间分配表

科目	国语	作文	写字	算术	公民训练	课间操
每周教学节数	12	2	4	6	6	6
每节教学分钟数	45	30	30	30	15	15
每周共计教学分钟数	540	60	120	180	90	90

资料来源:曹鹄雏:《短期小学行政概要》,南京:正中书局,1936年,第143页。

短期小学存续于乡村建设运动开展得如火如荼的时段。这一时期,学校成为进行社会改造的中心。与乡村学校类似,短期小学也在这一运动中发挥着自身的作用。作为乡村中的文化人,一些短期小学教师除进行日常教学外,还担负起了办理民众夜校和进行成人教育的任务,甚至有不少教师在任教之余还参加一些村政事务。短期教师对村政事务的参与提升了他们在乡村中的地位,也增强了对村中成人与儿童入学读书的号召力。据调查,临沂县当时入短期小学的儿童曾达3 000多人。短期小学所在村庄的农民也大都加入民众夜校学习。[②]

短期小学的设立虽是一种因陋就简的做法,但由于其入学花费较少,时间安排灵活,不与家庭劳动相冲突,所以很快就成为一种受到广大农村失学者欢迎的教育形式。短期小学的大量设立,在很大程度上促进了山东乡村义务教育的普及。

三、逐渐完善的乡村师资培养与检定

山东省教育厅成立以后,针对各县师范讲习所设备简陋、课程落后、学制年限不统一的状况,采取了县立初中添办师范班和整顿各县师范讲习所两大措施

---

① 平邑县教育局《教育志》编纂委员会编:《平邑县教育志》(1840—1985),1987年内部发行,第62页。
② 临沂市教育志编委员会编:《临沂市教育志》,1988年内部发行,第60页。

第二章　艰难的转型:近代山东乡村教育的变革历程

来提升基层师资的培养质量。一方面指令各县初级中学添设师范班,招收高级小学毕业生,"肄业期限二年者,毕业后得充初级小学教员;三年者毕业后得充高级小学教员"①。另一方面,规定凡一县之内同时设有初级中学和师范讲习所者,则将师范讲习所归并于县立师范班。若无县立初级中学,则应增加师范讲习所经费、充实内容、提高程度,其课程、招生及年限等方面,与初中附设师范班的办法保持一致。以上整顿办法实行以后,各县的师资培养质量得到明显提升,同时也直接促进了小学教学质量的提高。如蓬莱县的李伯溪1933年从师范讲习所毕业后,到该县义成小学主持教学工作。在他的积极努力之下,学校的教学质量有了明显提升,要求入学的人数日渐增多,为此,学校又专门增设了分校。②

随着城市化进程的加快,乡村与城市间的差距越来越明显,设立于城市与乡村的小学分别对其教师提出了不同的要求,原来通过普通师范一体培养城乡教师的模式愈益暴露出其弊端。人们渐渐意识到"乡村小学情形特殊,师范毕业生担任教职,多感扞隔,效率不著"③。比如"有的新式乡村小学,农事村事协助实用工艺珠算簿记一项的课程,已非普通师范学校毕业所能胜任,至乡村教师应具勤劳的习惯,忍耐的精神,诚朴的性格,与夫和易近人的态度及爱乐自然的兴趣,普通师范学校,直是未尝计及"④。以上各种问题的出现表明,原来的师范教育存在着种种局限。于是,一种新的乡村教师培养机构——乡村师范应运而生。

从乡村师范学校的起源看,江苏教育期成会的袁观澜(袁希涛)、顾述之二先生发起每个师范学校在乡间设立分校,以为造就乡村师资之所;每分校并设附属小学一所,以资乡村师范学生之实习。⑤ 较早提出了专门为乡村培养师资的设想。从1922年起,江苏省立师范学校开始在农村设立分校,这些农村分校可谓以后乡村师范学校设立之雏形。尽管"此种师范教育发端于江苏各师范学校之农村分校,而开出一种新风气新方向者,则要推中华教育改进社为主而办的南京晓庄师范,……陶行知氏所谓三种打破——打破课程与生活的分离隔阂,打破教师与学生的分离隔阂,打破学校与社会的分离隔阂——所谓教学做合一,一扫向

---

① 《县立初级中学添办师范班并整顿县立师范讲习所纪要》,载《山东省政府教育厅第二次工作报告》(自民国十八年十月至二十年六月),1931年铅印本,第179页。

② 赵作信:《蓬莱私立义成小学简史》,载山东省蓬莱市政协文史资料委员会编《蓬莱文史资料》第七辑,1992年内部发行,第152页。

③ 教育部中国教育年鉴编审委员会编:《第一次中国教育年鉴》,上海:开明书店,1934年,丙编,第352页。

④ 季良:《新兴的一种师范教育——乡村建设师范学校》,《乡村建设半月刊》第六卷第十一期,1937年3月1日,第1页。

⑤ 陶行知:《师范教育下乡运动》,载华中师范大学教育科学研究所主编:《陶行知全集》(第一卷),长沙:湖南教育出版社,1984年,第600页。

日师范教育空疏不切实际之弊"①。晓庄师范是当时各地乡村师范学校的楷模，山东的不少乡村师范学校的开办与发展也深受陶行知办学理念的影响。山东省教育厅成立后即在《筹设乡村师范纪要》中初步拟定自1929年起，分期筹设乡村师范学校二十二处，并按各地需要之缓急以定实行举办之先后。② 1929年8月省城济南开办了山东的第一所省立乡村师范学校，命名为"省立第一乡村师范学校"，此后三年内全省共建立起八所省立乡村师范学校。（如表2-7）

表2-7 山东省立乡村师范学校基本情况表

学校名称	1934年后改称	校址	创办时间	首任校长	招生届数及人数	毕业人数
省立第一乡村师范	省立济南简易乡村师范	济南	1928.8	鞠思敏	9　680	400
省立第二乡村师范	省立莱阳简易乡村师范	莱阳	1930.10	董凤宸	7　560	280(141)
省立第三乡村师范	省立临沂简易乡村师范	临沂	1930.9	曹兰珍	8　640	300
省立第四乡村师范	省立滋阳简易乡村师范	滋阳	1930.12	赵德柔	9　716(1560)	390
省立第五乡村师范	省立平原简易乡村师范	平原	1931.6	王冠宸	7　560	320
省立第六乡村师范	省立惠民简易乡村师范	惠民	1931.6	常子中	7　500	200
省立第七乡村师范	省立文登简易乡村师范	文登	1932.8	于云亭	6　480	160
省立第八乡村师范	省立寿张简易乡村师范	寿张	1932.8	王冠英	6　480	160

资料来源：张书丰著，赵承福主编：《山东教育通史》（近现代卷），济南：山东人民出版社，2001年，第207页。注：本表根据相关资料对原表有所改动，有不同记录的数据用括号标出。

在筹设省立师范学校后不久，省教育厅又在1931年3月举行的山东省第二次教育局局长会议上议决分区设立多县共立乡村师范学校。会后，教育厅根据山东各县之小学数量，及教育经费之多寡，将全省划分为二十五个区，规定每区

---

① 季良：《新兴的一种师范教育——乡村建设师范学校》，《乡村建设半月刊》第六卷第十一期，1937年3月1日，第1页。
② 《筹设乡村师范纪要》，载陆兴焕编：《山东省政府教育厅第一次工作报告》（自民国十七年六月至民国十八年十月），海口：海南书局印刷，1929年，第131页。

至少设立共立乡村师范学校一处。① 据统计,至1937年,山东省共设立县立简易乡村师范学校17所。② 这些由省立和县立乡村师范学校组成的乡村教师培养网络已经辐射到全省所有地区,在很大程度上满足了各地对乡村师资的需求。

相对于普通师范学校而言,乡村师范学校具有源自乡村和服务乡村两大明显特征。源自乡村,是指乡师的学生主要来源于乡村,根据1932年山东省立第一乡师的统计,当时在校学生共180人,其中有166人来自农民家庭,占到了学生总人数的92%(家庭职业分布状况如表2-8所示)。又如平原第五乡师的大部分学生是鲁西北各县的乡村农民子女。③ 设于临清的六县联立乡师招收的学生大部分是来自六县农村的高小毕业生和具有同等学历的无业青年。④ 乡师生源集中于乡村的现象看似理所当然,却反映出城乡学子入读乡师的态度选择及乡村教师的持久来源问题。乡师的学生来源在很大程度上是由其培养乡村教师的目标决定的。对于城市学子而言,僻居乡野的乡村学校对他们没有太大吸引力。即使有部分城镇学子毕业后走上乡村讲台,城市与乡村间各方面的鲜明对比也使他们难以持久坚守这一岗位。更何况当时家境富裕的子弟往往视读中学、升大学为正途,他们亦不会去选择非正途的乡村师范。然而,对于乡民子弟来说,入读乡师无疑是十分现实的选择。一方面,乡师收费低廉,每月还能领到五元钱的伙食补贴,读书不会给家庭增加太多负担;另一方面,乡师毕业后,即有资格获得一份相对稳定的工作。这些都是吸引乡村学子入读乡师的积极因素,因此多地皆出现了众乡民子弟踊跃报考乡师的局面。乡师毕业生虽不是乡村教师的唯一来源,却是其重要来源,这种来源状况也决定了走上乡村教师工作岗位并坚守这一岗位的大部分是农民子弟。从乡村教师来源的角度看,乡村教育发展的真正支撑力还是来自乡村。

表2-8 山东省立第一乡村师范学校学生家庭职业状况表(1932年)

学生家庭职业	工	政	学	商	农
人数(人)	1	2	5	6	166

资料来源:山东省立第一乡村师范编:《山东省立第一乡村师范一览》,1932年6月,山东省图书馆藏,附页。

---

① 《推广各县乡村师范教育纪要》,载《山东省政府教育厅第二次工作报告》(自民国十八年十月至二十年六月),1931年铅印本,第177页。
② 赵承福主编:《山东教育通史》(近现代卷),济南:山东人民出版社,2001年,第208页。
③ 德州地区教育局教育志办公室编:《德州地区教育史志资料》,1987年9月,油印本,第107页。
④ 李洪珍、许启然:《临清乡师概述》,载中国人民政治协商会议山东省临清市委员会文史资料研究委员会编《临清文史》第三辑,1988年内部发行,第158页。

服务乡村,主要是就乡村师范学校的培养目标而言的。乡村师范学校培养的是为乡村服务的教师,因此,乡师学生在读书期间就应树立服务乡村的意识并习得服务乡村的能力。为了实现以上培养目标,不少乡师将服务乡村的理念融入其办学宗旨、课程设置及教学实习活动中。如省立第一乡村师范学校"开办初始,即以养成优良乡村小学教师,并能改进农民生活,指导乡村自治之人为宗旨"①。为了将此主旨内化于学生心目中,不少乡村师范学校采用晓庄师范的标语来进行宣传。如文登乡师在教学大楼的大门两旁,以陶行知的"和马牛羊鸡犬豕做朋友,对稻粱菽麦黍稷下功夫"作对联,上额题"到农村去"。②这些校园景观营造出一种指引学生深入乡村的校园文化,促使学生更加明确为乡村服务之目标。在课程设置方面,乡村师范学校在普通师范课程的基础上,酌加了一些面向乡村的科目,如齐河乡师加授"乡村教育"课程,其中包括南京晓庄师范、河北定县师范、梁漱溟先生的乡村建设研究等内容;临沂乡师在国文课中还讲授乡村应用文,以备学生毕业后任教时为农民代笔应用。另外还有一些乡师开设了"农村经济学""乡村社会学""农业与实习"等科目。为了贯彻"教学做合一"的原则,乡村师范学校无论是在平时、节假日,还是在寒暑假期间都安排不少乡村实践活动。平时除轮流到附小义务上课、办理民众夜校等教学实践活动外,还会通过为民众代书、提供技术咨询等活动为乡民服务。寒暑假则多通过布置作业的形式,让学生做农村政治、经济、教育、文化、娱乐、生活状况等诸方面的调查研究,并写出调查报告。经过以上举措的实施,乡师学生逐渐在潜移默化中形成了服务乡村的意识,掌握了服务乡村的知识与能力。

在教学工作逐渐步入专业化的过程中,与专业培训同样重要的还有教师资格认证。在中国传统社会,乡村塾师一般由塾东根据自己的需要自行选聘和解雇,官方对其资历及教学水平并没有统一要求。至1916年,教育部公布《检定小学教员规程》开始对小学教员进行统一检定。根据规定,"国民学校高等小学校教员,除国立或省立师范学校本科毕业生暨别有规定外,以照本规程检定合格者充之"③。1919年11月,山东省成立检定小学教员委员会,并制订出《山东检定小学教员施行细则》。至于当时的实施情况,在后来的省教育厅工作报告中曾有过以下概述:"本省检定小学教员,曾于民国九年举行第一届检定,至十六年共举

---

① 《山东省第一乡村师范一览》,山东省图书馆藏1932年铅印本,弁言。
② 于云亭:《我和文登乡师》,载山东省政协文史资料委员会编《山东文史集粹》(教育卷),济南:山东人民出版社,1993年,第179页。
③ 《检定小学教员规程》,载舒新城编《中国近代教育史资料》(上册),北京:人民出版社,1981年,第348页。

行七届,关于地方教育,所得效果,诚非浅鲜。"①然而,1928年以前,各县级教育行政机关所进行的检定工作却并不尽如人意,如临淄县教育当局对小学教员之检定,一向甚不注意,教员也多持观望态度。民国十五年全县报名参加检定者十余人,而应受检定者166人。民国十六年报名者23人,试验及格者16人,全县未受检定者172人。② 由此可见当时地方教育部门对教员检定工作的敷衍态度,这一状况随着20世纪20年代末山东省教育厅的建立才逐渐得到改变。

1929年,山东省教育厅由泰安迁到济南后拟定出《山东省检定小学教员暂行规程》,共二十四条,对小学教员的种类、检定的实施方法等多个方面均做出了具体规定。之后,又相继公布了一系列补充法规,使小学教员检定制度趋于完善。山东各地检定小学教员的程序一般包括两个环节。第一步先由县教员行政部门,按检定小学教员的办法细则进行审查,确定合于无试验检定及受试验检定的人选。根据省教育厅规定,师范大学教育科高等师范或优级师范毕业者;高中师范科后期师范,旧制师范本科或师范学校二年以上之专修科毕业者;大学本科毕业有教学经验者;曾得检定许可状未满有效期间者,以上四类人员合于免试验检定,检定时只交验毕业证书以及健康状况、品行材料,不参加考试,其余皆须按规程接受检定委员会的检定。检定方法分笔试、口试及实地试验三种。检定以各科目平均分为达到六十分以上者为及格,如及格者过少,教员不敷分布时得收取代用教员,以各科目平均分数满四十分以上者为及格。最后,按照教员的得分情况分等级颁发许可状。其中,教员成绩在八十分以上者,许可状有效期为五年,七十分以上者四年,六十分以上者三年,代用教员之有效期间为二年。许可状期满后,教员须重新接受检定。③

各地小学教员的检定考试一般都较为严格,但由于考试成绩事关教师的聘期与薪金,一些教师还是冒险作弊,结果在部分地区的考场上曾出现过一些悲剧性事件。如阳谷县的一位女教师在考教案时把一张事先写好的教案铺在桌上抄,被监考人夺去撕碎,她感觉教师无望,于当天夜里就疯了。又有一位考生代替自己的哥哥参加考试,经发觉即关入"禁闭室",考试结束后即把他哥哥的教员资格给一笔勾销。④ 对以上事例的当事者本人而言,考场作弊行为无疑改变了

---

① 《山东省政府教育厅第二次工作报告》(自民国十八年十月至二十年六月),1931年铅印本,第161页。
② 临淄区教育志编写办公室编:《临淄区教育志资料汇编》(第一辑),1984年内部发行,第84页。
③ 《山东省检定小学教员暂行规程》,载《山东省检定小学教员委员会第一次工作报告》,山东省图书馆藏铅印本,法规第1-2页。
④ 李玉法、高澄波:《国民党统治时期阳谷教育点滴》,载李印元、郑清铭编:《阳谷文史集刊》(上),聊城:山东省聊城市新闻出版局,1999年,第226页。

他们一生的命运。但从考试的角度看,严肃的考场纪律保障了教员检定活动的公正性与权威性。从 1930 年到 1936 年,山东省共检定过 6 次小学教员,通过检定办法的实施,山东小学教员的整体水平有所提升,山东乡村学校的教学质量也随之得以增强。

  20 世纪 30 年代,山东的乡村教育进入了稳定发展的历史阶段。这一时期,乡村学校无论在数量上,还是质量上都取得了前所未有的辉煌业绩。然而,随着抗日战争的全面爆发,所有的一切都被迫中断,所以这只是一段短暂的辉煌。

第三章

学校何以嵌入乡村：不同办学主体对近代乡村新学的推动

近代以来的乡村教育变革是自上而下推展于地方的，那么，在地方社会又是由谁具体实施并完成了这场变革呢？本章将研究的目光投向乡村社区，从办学主体的角度具体分析地方官、士绅、民众及现代学校毕业生在近代山东乡村教育变革中所担当的角色及发挥的作用。

第一节 基层官员的力量：地方官对新学的策划与督促

在中国传统社会，兴办教育是地方官日常工作中的一项重要内容，也是上级考核其政绩的重要指标之一。根据朝廷则例，清代的州县官要负责在城乡设立"社学"和"义学"，为无力支付学费的儿童或成人提供受教育的机会。而且还要将师生姓名造册，以供省提学查考。① 由于中央对于社学、义学的设立并不提供办学资金，因此设于基层的义学、社学主要由地方官筹资或自行捐款设立，并由他们负责其管理等各项工作。②

清末推行教育改革后，地方官依然担负着承办新式学堂的重任。1903年颁定的《奏定初等小学堂章程》中指出："地方官有承办本地小学堂之责任，此时事当创办，务须亲历乡里细考地方情形，督同绅董妥筹切实办法。如有经费已敷，教员已得，而地方官故意延宕不办，或虽办而敷衍塞责者，应由本省学务处查明，禀请督抚将该地方官惩处。"③ 这一规定明确了地方官与当地绅董合作筹办新式

---

① 《清会典事例》，卷三百九十六，北京：中华书局，1991年，第五册，第417页。
② 《福惠全书》卷二十五，12页，转引自瞿同祖著，范忠信、晏峰译：《清代地方政府》，北京：法律出版社，2003年，第272页。
③ 舒新城编：《中国近代教育史资料》（中册），北京：人民教育出版社，1981年，第413页。

小学堂的责任,并严令各地方官积极、认真办理,如办理不力将得到惩处。中央的这一指令可视为对古代地方官督办辖区内教育传统的延续。学堂章程以教育法令的形式明确了地方官办理新式学堂的义务,山东提学使又进一步强调了地方官的这一责任。1908年,山东提学使罗正钧指出:"教育一事于地方上有密切之关系,于地方官尤有专任之责成。"因此,"特通饬各府厅州县嗣后官立中学堂以知府、直知州为总理,小学堂以知州、知县为总理,主持全堂一切事务,监督堂长以下概归节制"①。那么,清末时期经由传统教育培养出的地方官又是如何看待这场教育变革的,具体执行情况如何呢?下面将以清末时期曾在山东多地做过州县官的柳堂为例来分析。

一、一位清末地方官员眼中的教育变革——以柳堂为例

柳堂,字纯斋,号勖葊,道光二十三年(1843)生于河南扶沟县吕潭集,民国十八年(1929)卒于山东济南。他年幼时勤奋好学,后于同治元年(1862)考中秀才,同治十二年(1873)得癸酉科拔贡,同年又联捷中举。此后,柳堂又继续其教读生涯近二十年,终于在光绪十六年(1890)会试中进士,并被分派到山东担任知县。五年之后,柳堂担任定陶知县,开始了其仕宦之路。后来又相继在山东的惠民、东平、德平、乐陵等地担任知县(州)等官职。光绪三十三年(1907)四月,调任济宁直隶州州牧,但柳堂以新政急迫,自己无法尽职为由未去赴任。虽被改任,终究没再赴任,最后以候补知府的身份结束其仕宦生涯。李关勇曾做过专门研究,对柳堂的事迹多有考证②。本节所述内容,即在此基础上进行分析。

柳堂的一生处在中国社会的转型期,他生于中国科举时代晚期,与中国大多数传统士人一样以考取科举功名为目标。无疑,柳堂是一位幸运者,虽历经诸多波折,但终于还是在年近知天命时搭上了科举时代的末班车,实现了人生理想。此后,柳堂经历了从乡村塾师到地方官的职业转变。与其教读生涯相比,柳堂的仕宦生涯是短暂的,但在这短短的十几年中他亲历了中国教育的重大改革。柳堂不仅是中国近代教育变革的见证人,作为地方官,他同时又担当起了这场变革参与者的重任。解读柳堂在教育变革背景下的兴学举措与心理变化,可以窥探山东基层地方官对清末教育变革的态度、感受与设想。

多年的教读经历使柳堂对地方基层教育的状况十分熟悉,做了州县官之后,他同样把推广教育作为施政工作的重要内容,正如其所言:"州县为亲民之

---

① 《东方杂志》,1908年6期,第132页。
② 李关勇:《文人·官员·社会变革——晚清北方文官的个案研究》,济南:山东大学出版社,2019年。

第三章 学校何以嵌入乡村：不同办学主体对近代乡村新学的推动

官，必须教养兼施方可以正人心而厚风俗，然欲兴教化，必先端士习，欲端士习，必先立学校"①。自上任伊始，柳堂就十分积极地推行地方教育。一方面，他每到一地必整顿书院，捐廉购书，添设辖境内的义学与乡学，发展学校教育；另一方面，还广泛下发《圣谕广训》，并责令塾师于村镇集期向民众宣讲，借以推广乡村教化。可以说，柳堂承续了中国传统地方官广设学、兴教化的优良传统，尽到了一位合格基层官吏所应担当的责任。

清末，由中央发起了一场自上而下的教育改革，要求各地将州县书院改设为小学堂。对于中央的这一举措，柳堂有着自己的理解："书院即学堂也，书院读书之所，学堂讲学之地，命名本无二义。况大学、小学明见经传，坊间五经四子犹谓之学堂书，上海格致书院、天津博文书院、京师汇文书院，经史之外皆讲求西学。今存书院之名，求学堂之实，诸生不得逞臆妄言，动加指摘。"②在他看来，近代之学堂与古代之书院都是读书讲学的场所，二者并没有本质的区别。从名称上看，大学与小学的说法，中国历史上早已有所记载。就其所读之书而言，学堂依然是在读传统的四书五经，只不过新加入了西学之书而已。柳堂不仅自己认为书院与学堂是一回事，而且还下令不准书院学生对处于转型期的书院妄加议论，可见他对这一变革是较为拥护的。柳堂拥护书院改革还有另一方面的原因，那就是他已经意识到清末时期的书院存有种种弊端。"中国书院有名无实久，已取笑于通人，见讥于外国。一旦举而更张之，足以起衰振靡，归真返璞，物穷则变，谁曰不宜？"③可以说，柳堂已感触到了清末书院有名无实的弊病，认为有必要进行改革，所以他很快就接受了清末教育改革，并从自己的理解出发对变革的合理性做出解释。在具体推行过程中，柳堂主要做了以下工作：

其一，订章程。早年的塾师经历使柳堂积累下了丰富的地方学务管理经验，为官之后，他把这项专长发挥到整顿地方学务的工作中。每到一地，柳堂必认真拟定整顿学务的详细章程，如光绪二十七年（1901），他在任东平州知州不久，即拟定出《整顿书院暨新章八条》，明确了革新书院所应遵循的八条细则，为学堂的设立做好了充分准备。当年，又禀明《书院改设小学堂暨草创事宜八条》，其中包括学堂教师延聘、生源保障、西学书籍购买、经费来源、课程学习、日常考试、教师考核等多项内容，对改书院为学堂的工作做出了具体规划。光绪二十九年（1903）四月，柳堂调任德平县令后，参照大学堂章程拟定了更为详细的《筹办学堂经费并酌拟暂行章程》，共计十四条。在实践探索中，柳堂对州县地方书院如

---

① （清）柳堂：《宰惠纪略》，光绪二十七年（1901）刻本，第23页。
② （清）柳堂：《牧东纪略》，光绪三十二年（1906）刻本，卷四，第4页。
③ （清）柳堂：《牧东纪略》，光绪三十二年（1906）刻本，卷四，第7页。

何转为学堂的思考日益成熟,其章程也在不断完善。

柳堂发现,脱胎于书院的学堂有着自身的特征:"西国学校之制有书院、有学堂,书院专藏图籍,为游学之资,学堂严行课程,为肄业之所。今既专设学堂,其藏书之处仍名书院,纵四乡士子及往来官绅游观。学生初学入门,书籍理应自备,其至贫极苦者由学堂酌量发给。"①传统的书院是士人读书和讲学论辩之地,且兼有图书馆的功能,而小学堂则是进行课堂教学的场所。那么,小学日常教学用书则并非书院藏书,需要学生自备,这样就会带来贫苦求学者因此而失学的不良后果。为了减少此类事件的发生,柳堂通过章程的制定确立了对于至贫者应酌量发给书籍的办法,为贫苦者提供了更多就学的机会。在学校内部改革方面,尽管柳堂是由中国传统教育培养出的官吏,但他对于近代西学课程并不排斥,而且认为应注重发展西学。在《筹办学堂经费并酌拟暂行章程》中,柳堂明确指出,"经史之学,院长已分定门类,自当实事求是,至西学一门,乃当今急务"②。还在章程中规定"西学当初学之始,先以算学及英德语言文字为主,其每日如何讲习,每季如何挑选,应由中西两教习会同妥商,遵照大学堂章程酌核办理"③。可以说,柳堂以一种较为开放的胸怀接受了现代教育中的西学内容,并通过章程的规约作用来保证教育改革的顺利推行。就具体内容看,由柳堂组织拟定的筹办学堂章程条目十分详细,包罗了改革书院与开办学堂中所涉及的各个方面。这些章程为学堂的开办做好了较为充分的准备并在一定程度上保障了贫困学子的受教育权利。从柳堂的做法亦可以推知,当时的不少山东基层官吏在改旧有书院为新式学堂方面做出了很大努力。

其二,筹经费。经费是学堂得以维系的基本保障,中国古代的地方官在大力兴学的同时常常捐出自己的薪俸以促进一地教育的发展。经历过寒窗苦读和多年辛苦舌耕生活的柳堂深知书生之苦及地方教育之重要,因此在其为官之后亦十分体恤书生,常倾力捐助地方教育。正如他自己所述,"卑职家本寒素,僻处乡隅,深知读书之难,故每官一地于学校尤为留意。初署定陶,该处有书院而无山长,卑职倡捐筹出经费延师主讲,至今不废。嗣补惠民县缺,该书院官课膏奖甚优,而斋课寥寥,殊不足以示鼓励,卑职每课捐廉加奖数十千。五年以来,士知振奋,然不筹出底款终非经久之计,卑职于临去时捐廉京钱二千串,发交惠同和盐商生息,专为斋课嘉奖之用"④。柳堂在其为官之地不仅直接捐助书院,使濒于

---

① (清)柳堂:《牧东纪略》,光绪三十二年(1906)刻本,卷四,第10页。
② (清)柳堂:《宰德小记》,光绪三十二年(1906)刻本,第4页。
③ (清)柳堂:《宰德小记》,光绪三十二年(1906)刻本,第5页。
④ (清)柳堂:《牧东纪略》,光绪三十二年(1906)刻本,卷四,第12页。

第三章 学校何以嵌入乡村：不同办学主体对近代乡村新学的推动

停废的书院得以维系，而且为了促进书院的长久发展，还采取存本取息的办法保障书院经费能在自己离任后不致中断，其对于地方教育的热情由此可见一斑。清末的地方书院大都日趋衰落，在此基础上筹设的小学堂更是面临着经费困窘局面。柳堂到德平后发现当地"原有之生息地租、酒捐及义学提剩经费共止一千七百余串，不敷之项既无殷富可以输捐，又无庙产可以提拨，实系无款可筹"①。由于学堂所需经费的缺口太大，他不能再像往常一样通过自己的捐廉来补充。尽管筹款相当艰难，但他十分坚定地认为："近年筹备各款原为举行新政之需，现在改设学堂，培植人才，造端宏大，实为新政第一要务！"②于是，在学习了益都等处的筹款办法后，他决定从酒捐项下每年拨出一千两银子来充当办学经费。在柳堂的努力下，德平学堂的办学经费终于有了着落。

其三，督教习。教师的优劣勤惰直接决定了学堂教学质量的高下。曾做过多年塾师及书院主讲的柳堂深知这一点，因此，他每到一地必亲赴书院稽查教学状况，认真履行其督察地方学务的责任。同时，多年的教学经历也造就了柳堂专业的眼光，他时常亲自审查书院主讲与学堂教习之优劣，并为其具体延聘提出建设性意见。他对自己任东平州牧期间督察书院的情形有过如下描述：

> 至书院稽查功课，商订学规。稽知该主讲于西学虽非专长，而五洲政教、各国史事、中西强弱之情形、学术之流别，时时为肄业生童言之，士论翕然。现已具禀公留，经卑职批准，改为阜州小学堂总教习。又经监察院等保荐寄居曲阜之广西举人苏江心术纯正，洋文、算法俱能精通，曾在广东学堂肄业，熟悉中外学术，卑职拟函订为西学总教习，其分教习拟用五六人。③

从柳堂自己的描述中可以看出，他与东平州书院的联络甚为密切，不仅督察学生的功课状况，同书院山长商定学规，而且还对书院主讲的知识水平及教学效果了如指掌。在对东平书院主讲进行深入了解之后，柳堂认为其能力尚佳，同意改为小学堂教习。同时还在详细了解广东学堂肄业生苏江的各方面情况后，决定从曲阜聘他来担任西学总教习。他不仅亲自选定了学堂的总教习，同时又根据自己的了解向总教习推荐了几位"经史大义俱能通晓"的候选人，"责成总教习悉心察看，是否胜分教习之任，再行核办延订"④。到德平后，柳堂同样在其拟定

---

① （清）柳堂：《宰德小记》，光绪三十二年(1906)刻本，第5页。
② （清）柳堂：《宰德小记》，光绪三十二年(1906)刻本，第5页。
③ （清）柳堂：《牧东纪略》，光绪三十二年(1906)刻本，卷四，第8页。
④ （清）柳堂：《牧东纪略》，光绪三十二年(1906)刻本，卷四，第10页。

的筹办学堂章程中强调师资延聘的重要性:"自中西各学分门则延请师资,不能偏废。现已请中教习一人,历城县举人柳廷诏,每年修缮二百金,先行兼办。应再延西教习一人,无如风气未开,通西学者寥寥,修缮非加倍不可,已托友人函聘文登县举人曲纬之,一俟到堂,分定日课各专责成认真启迪。"①可见,传统中学出身的柳堂并没有忽略西学的教学,他认为学堂中的中学与西学应齐头并进发展。所以,在当时通西学者较少的情况下,他仍不惜重金聘请西学教习。此举足见柳堂对教习聘任与学堂全面发展的重视。

从订章程到筹经费,再到具体的教习延聘与稽查,柳堂对于清末改书院为学堂的每一个环节都已尽心尽力,可以称得上是一位负责任的新式教育推动者。柳堂是清末山东州县官中的一员,他的做法可看作清末山东基层官员为推动新式教育而做出努力的缩影。正是有地方官吏如此详尽的规划与推动,新式学堂才得以顺利地在清末山东的县一级地方立足。

在清末地方教育变革的过程中,柳堂做到了一位合格的地方官应完成的各项工作,然而对于这场突如其来的变革,柳堂心理上一时并未完全接受。他虽支持改书院为学堂的举措,却不赞同急促兴学的做法,在他看来,"操之过蹙或有始而无终,立法少偏则舍本而逐末,他日之学堂犹今日之书院耳"②。此外,柳堂对于这场教育改革还有着多方面的困惑,他在1905年的一封书信中集中表达了自己对清末兴学堂的看法,下面将以此信为例加以分析。

在这封信中,柳堂首先把省提学使的设置视为扰民之举。"臬台新放提学司,必又有一番设施,如监狱改良,修沐浴室、养病室、制大木盆之类,设施愈多,扰民愈甚,非亲民官留心民事,乌从而知之哉。刻又派两查学委员来武,不知是何意见?"③从字里行间可以读出柳堂对于省提学司的设置及视学员的来访等教育改革举措很不解,而且对于包括教育改革在内的清末新政改革措施也不赞同,认为这些变化将带来扰民的不良后果。与中央激进的变革相比,柳堂的思想或可以说是保守的。然而,从另一个角度而言,柳堂作为朝廷命官中最接地气的一级官吏和一个亲民的地方官,他认为改革会给百姓添麻烦,这可视为代当时普通百姓发出的声音。挽救民族危亡的新政改革推行于基层时却被视为扰民之举,可见国家的宏观政策与地方社会间存在着深刻的矛盾。

自袁世凯开省级书院改为大学堂的先例之后,其继任者们对山东现代教育事业的推广同样不遗余力。1905年,山东巡抚杨士骧召集全省州县官于省城谈

---

① (清)柳堂:《宰德小记》,光绪三十二年(1906)刻本,第3页。
② (清)柳堂:《牧东纪略》,光绪三十二年(1906)刻本,卷四,第7页。
③ (清)柳堂:《与首道徐书论学堂事(在乐陵任)》,《续书札记事》卷一,稿本。以下所引皆同此。

论兴学堂之事。柳堂在信中记录了当时巡抚推行新学的计划:"忆正月晋省,中丞对众州县谈学堂事,亦只云劝谕各绅董,新章不许家自为学,须改为长桌长凳,无大宅基,借庙宇,无款,令回家吃饭。做一墨板,悬之壁上,使人一看,知是学堂样子,与从前书房不同,便得劝之,不听,州县亦无如何等语。"山东的省级官员对兴新学不可谓不热心,但从柳堂的记录中同时可以看出,作为倡导者的他们关注的更多是学堂形式的变化与数量的增多。而作为这场改革的具体推动者,柳堂则更为关心学堂内部诸因素的变革。"夫一县之大,一县之书房之多,安得有如许教习皆明学堂程度,纵悬墨板何益于事?中丞讵不知之,亦迫于部章,不得不然耳,而专司学务者,不揣中丞意旨,定欲以此见长,所派委员更力欲以此见好,是以吹毛求疵,弊端丛生,请为执事析言之。"[①]他一针见血地指出了兴学堂的实际困难与形式主义做法的弊端。而且在他看来,巡抚不了解具体情形,迫于上级命令,只求兴学速度也就罢了,掌管教育之官员竟不加思考地照巡抚之令执行则让人难以理解。不难想见,如此只重形式而不顾内容的变革必会带来新式学堂的种种问题。

柳堂根据自己的经历以十分激愤的心情列举了新式学堂推广中出现的三大弊病。第一,重西学而轻中学。"夫立学本意原期普通中外如外国之无事不学,无人不学,非谓国文可以不讲也。而学堂专重西学,其考试中国文字以百字为率,语句略通,即为合格。夫上既轻之,谁复重之,自兹以往,恐三千年后,中国无能文之人!"[②]这是柳堂关于新学教学内容安排的看法,在他看来学堂偏重西学,过于轻视中学。尽管从此前的兴学举措中可以看出他并不反对西学,但有着深厚中学基础的柳堂无法接受学堂因为引入西学而对中学课程教学要求降低的做法。

第二,不准闭门读书。"闭户读书,有何犯法?而委员与不解事州县,力为查禁,非禀明地方官,领有凭照,谓之私学。有乐陵廪生某,向在宁津县教读,宾东相处已非一年,查学委员询无凭照,即行驱逐,先生稍辩,将宾东带县,桌椅缴官,以为私物,县官提讯,将先生戒饬四十,东主罚钱五百千,甚至甥舅父子同屋读书,亦干例禁,此风一开,乡间书房纷纷撤去。如此狂悖,不惟三十年后,中国无能文之人且无识字之人矣!"[③]如果说柳堂对中西学课程的安排是一时不能接受,那么对于官方取缔私塾的做法则是强烈反对。信中所言"乡间书房",其实就是遍布乡野的私塾。此处所举乐陵廪生某的遭遇,即是在当时取缔私塾的背景下发生的。柳堂自己曾耗费大半生读书教学于私塾,并将在此读书视为实现人

[①] (清)柳堂:《与首道徐书论学堂事(在乐陵任)》,《续书札记事》卷一,稿本。
[②] (清)柳堂:《与首道徐书论学堂事(在乐陵任)》,《续书札记事》卷一,稿本。
[③] (清)柳堂:《与首道徐书论学堂事(在乐陵任)》,《续书札记事》卷一,稿本。

生目标的正途,不难理解他将山东部分地区严厉取缔私塾的做法视为狂悖之举。可以说,尽管柳堂赞同对书院进行改革,但并不支持对教育制度的彻底变革。连地方官都反对取缔私塾,无疑为私塾在乡间的长期存在撑起了保护伞。

第三,新学堂教习水平不佳。"上所派教习,深者三年毕业,浅者九月毕业,近又有三月毕业之令。试问三年三月,能学几何?公然持札文凭照,每年索束脩二百余金,考其实,西学仅得皮毛,中学则一气不通,缘入学堂者,多无赖。贫生(在家教书,束脩二十千,不供馔)而有品学者,百不获一焉。以此为师,何足乎众?不惟不能陶成人才,恐久将抛弃国粹,日趋浮末,三纲沦而九法斁,即于此兆矣!"①从表面上看,柳堂担心教习们的中西学养均不足,难以服众,实际上他更忧心的还是以三纲五常为核心的国粹可能被抛弃,当然也反映出当时教育改革急进推行中存在的师资质量难保等问题。采取速成方法培养出的新学师资,其质量着实难以得到很好的保证。

在指出问题的同时,柳堂还对如何推行教育改革提出了自己的建议。他认为教育改革进行得过于急迫,而试图采取从城到乡逐步推广的做法,"拟于城内大镇,先设一二处,以为合境程式,四乡小村无过事驱迫"。为了解决学堂的招生问题,他认为:"科举既停,舍此已别无进身之阶,然究竟何为入彀,迄无明文,士子惶惶莫知所措。但请示一简明章程,非读某书不合初等学堂程度,非读某书不合高等学堂程度,不合学堂程度即不能得功名。夫人即不愿入学堂,未有不愿得功名者,既愿得功名,则自必求所以合学堂程度者。"显而易见,柳堂并没有理解清廷废除科举制度的本旨,反而依然保留着通过读书而获取功名的传统思维。他希望通过给予功名的办法来吸引士子入不同等级的学堂读书,并认为由此还可以解决学堂教习不足的问题。对于新手学堂教师资源短缺的问题,柳堂认为:"今之所患者无许多教习耳,一二年后,毕业者多,以各州县之毕业生充各州县之教习耳有余。不必上派,任自延请,束脩亦不必上定,视学问之优绌为之。如是则人不以学堂为苦,而于部章毫无违碍,所异者,急与缓之间耳。"②作为一位愿意为发展地方教育负责的州县官,柳堂提出的缓进式改革的方法不无道理。换个角度看,这也反映出这位有着深厚传统知识积淀的学者对中国固有教育融入新学制的美好希冀。

从柳堂所任职的时代看,他可谓是清末较早接触教育变革的地方州县官。传统教育培养出的地方官担当起了清末教育变革直接推动者的角色,他们在接触改革时已经从心理上做出了一些调适,比如愿意为最初的变书院为学堂贡献

---

① (清)柳堂:《与首道徐书论学堂事(在乐陵任)》,《续书札记事》卷一,稿本。
② (清)柳堂:《与首道徐书论学堂事(在乐陵任)》,《续书札记事》卷一,稿本。

力量等。这一点同样可以从同时代的州县官的做法中得到印证,如光绪三十三年(1907),牟平知州吴延祚,力倡办学堂,当时风气未开,学款无著,用幕宾蒋绍义言,与邑绅常理基、孙宝怡等策划进行,不辞劳怨,改牟平书院为两等小学,并设公立小学一处。提庙产,用庙房、公所等地广开学堂。① 然而,由于这些州县官自身所具的深厚传统观念一时很难改变,以及他们的上级在下达政令时的解释力度不够等原因又造成了他们对教育改革理解的偏差,这在一定程度上影响了清末基层官员推动地方教育改革的力度。

二、民国时期地方官对新式学校的推动

民国时期,地方各级教育行政机构逐步建立并完善,地方教育的具体事务由教育行政部门组织进行,但督促与监督教育仍旧是地方官员日常工作的重要内容之一,不少地方官依然把兴学作为地方政务中的要项。正如《民国济阳县志》所言:"国家大计以树人为先,地方要政以兴学为最。诚以教育也者乃天之经、地之义、社会之改良、人民之生计,胥于是乎赖。"②时人认为,教育在地方社会改良和维系人民生计方面有着十分重要的作用。于是,将兴学之于地方要政的首要地位。

民国初年,各项教育制度均在筹备之中,不少民众依旧把办教育视为县知事之责。当时有人认为"各地教育之不发达,固有风气不开与教育界热心研究者之缺乏,至其最大原因则由县知事之不负责任"③,将县知事作为教育发达与否的直接责任人。山东省级教育部门曾采用征收附捐的办法筹集地方办学经费,这一措施在推行于各县时得到了不同的反应。如当时报纸记载:"今春附捐办学一案,海丰、商河等县风潮迭起。临邑县近在比邻,附捐受数最为踊跃,其知事金荣桂办事毅力已可见一斑。兹复于七月十日召集境内小学生开观摩会,当场试验比较优劣,分给奖品以资鼓励,全体乡民闻风思奋,教育前途定有起色,各地司教育者多为推诿其谓之何?"④附捐的征收是一项与地方官、乡绅、民众等各方利益相关联的举措,其征收的难易程度与各地经济状况、民众意识及官绅组织领导等多方面因素有关。在这篇报道中,作者把临邑县附捐办学的顺利推行归功于县知事的强大执行力,这或许是出于树立榜样的考虑,试图通过宣传而使各县知事

---

① 孙承渭:《清末民初的牟平教育》,政协烟台市牟平区文史资料委员会编《牟平文史资料》第十辑,2002年内部发行,第291-292页。
② 卢永祥等修,王嗣鋆等纂:《民国济阳县志》,1934年铅印本,卷八教育志,第1页,载《中国地方志集成·山东府县志辑》14册,南京:凤凰出版社,2004年,第175页。
③ 《临邑县小学联合运动会志盛》,载《山东教育报》,第一卷五期,1913年8月15日。
④ 《临邑县小学联合运动会志盛》,载《山东教育报》,第一卷五期,1913年8月15日。

能够学习借鉴。同时，从报道中还可以看出，县知事的兴学意识与领导力强弱是影响一地教育发展程度的关键性因素之一。

经费的筹集无疑是民初新式学堂发展中的一大难题，当时的视学员至各地视学时也十分细心地记录下了当地办学经费的来源状况。1915年省视学在视察商河时发现，"全县小学立案者，约计七十处，纯赖县款成立。无论私立学校尚未开办，即用城镇乡款设立，由学生纳费维持者至今亦无一处。积习所沿，几非借官款不能举办，殊于推广进行有碍。应饬县督同县乡视学速筹变通办法，提倡乡立、私立学校以宏造就"。①省视学员可谓国家意志的代表，在他们看来，地方新式教育的推广应尽可能发挥民间力量以减轻官方的经济负担，于是认为商河县完全依靠县财政拨款来支持新学发展的模式亟待改变。就地方教育的长远发展看，省视学的建议不无道理，但就当时而言，商河地方官员选择以县款支持教育发展必有其具体原因。从视学员的描述中可以推知，当地发动民间力量兴学无疑是很困难的。那么，在这种情况下，商河县能够采取以县款设立学校的做法也从另一侧面说明了该地官员对设立新学所做出的努力。

除了直接策划与组织推行新教育外，地方官还以多种形式支持民间办学。如昌乐县平柳院小学在1912年创办时即得到了时任县长黄均的赏识和支持，黄均受命为该校校长，并与学校创建人郝增录结拜为义兄。此后学校每有纠纷和不顺之事，黄即出面进行干预和支持。②又如，1917年齐东县孙家村有5户村民自发办学堂，一起到村长那里立字据。村长将此事呈报到县，齐东县知事大力支持，马上派人给发起人赵伯臣送了块大匾加以褒扬，并责成村长主办此事。当地农民听了欢欣鼓舞，全村29户人家都捐了款。③县长作为一县之权威，他们对乡村学校的褒扬十分有利于发挥鼓舞百姓助学的作用，同时其威慑力也在很大程度上有助于扫除新学发展的障碍。

相对而言，民国初年山东乡村的教育基础较为薄弱，地方知县在筹集经费、组织办学方面做出了很大的努力，为新教育的发展奠定了基础。到20世纪30年代，各地的新教育有了起步之后，县长、区长等地方官则重在整顿新学、取缔私塾，使乡村教育能够更加平稳、有序地发展。如沾化县县长梁建章在1935年制订的《施政计划》中提出整顿小学，其措施包括"指定设学点，设立中心小学，查禁

---

① 《孙视学视察商河报告》，载《民国教育公报汇编》(122册)，北京：国家图书馆出版社，2009年，第407页。

② 平柳院小学供稿，文史办整理：《历史悠久的平柳院小学》，载潍坊市坊子区政协文史资料研究委员会《坊子区文史资料》第二辑，1987年内部发行，第157页。

③ 赵宪文口述，仇非整理：《魏桥镇第一所农民集资兴办的学校》，载政协邹平县委员会编《邹平文史资料选辑》第七辑，1996年内部发行，第100页。

私塾,强令儿童入学读书;并将各村学款统收统支;增添学校设备;增设短期小学;裁汰不良教员"①等多项内容。经过整顿,该地教育发展取得了显著的成绩。据当年年底统计,全县已设有完全小学 3 处,区立中心小学 14 处,村立初级小学 202 处,短期小学 35 处,在校学生 6 115 人,教职员 280 人。学龄儿童入学率达 51%。②除县长外,各区区长也很关心教育的发展,如 1931 年 4 月,济阳县第五区区长付子安为了革除当地沿袭多年的私塾教育,倡办新学,亲自组织在区公所所在地垛石街创办了济阳县第五区小学。③

从清末的县知事到民国的县长、区长,地方官们作为国家意志的基层代表,大都忠实执行着国家的各项政策与指令。在推行新教育方面,他们担当着策划者与监督者的角色,为乡区教育的发展付出了诸多努力。由于山东各地经济发展、开放程度等方面差异很大,不同地区的地方官在推行新式教育过程中承担的任务亦有所不同。在开放较早的沿海地区及经济发达的铁路沿线商业区,地方官的主要任务在于总体规划辖区内新学的筹备与发展,一般无须为经费的筹集而过多费心。然而,对于经济欠发达地区,地方官所要负责的事项则更为繁多。他们不仅要筹划各项具体工作,还负有教育经费筹集的重任,如《民国续修平原县志》所云:"邑境偏小,地方绝少富户,缔造之艰,官与绅殆几费经营。三十年来先后成立学堂三百余处,或为官立,或为村立,莘莘学子布满全境,因势利导岂一朝一夕之故哉。"④类似平原县的不少地方,可资利用的民间经费较少,教育经费不得不依赖于地方官绅的竭力筹备。总体而言,尽管各区域的地方官为新学发展所做的工作有所不同,但基层地方官群体在很大程度上推动了山东乡村教育转型的完成。

第二节 士绅与民众:民间多元传统兴学力量的延续与合作

一、士绅办学兴教传统的延续

"皇权止于县政",在中国传统社会,县以下的基层社区是国家权力鞭长莫及

---

① 沾化县教育局编:《沾化县教育志》(1840—1937),1992 年,内部资料,第 135 页。
② 沾化县教育局编:《沾化县教育志》(1840—1937),1992 年,内部资料,第 135 页。
③ 李林禄、张文之:《垛石桥镇中心小学》,济阳县政协文史资料委员会编:《济阳文史资料》(第八辑),1995 年内部发行,第 190 页。
④ 曹梦九修,赵祥俊等纂:《民国续修平原县志》,1936 年铅印本,卷之八教育志,第 1 页,载《中国地方志集成·山东府县志辑》16 册,南京:凤凰出版社,2004 年,第 241 页。

的领域,其具体事务的管理主要由当地士绅负责。士绅由古代的"士"逐渐演变而来,具有上通官府、下接民众的特征,是沟通皇权与地方社区的中介。对地方官府而言,"他们构成了地方官吏和官府统治的基础,没有这个基础,官府是不能有所作为的"[①]。对乡村社区而言,举凡社区之公产管理、地方公益、民间事务调节等均由士绅来维持。乡村学校教育及社会教化的举办亦属于士绅日常工作的重要内容。

近代以来,传统士绅阶层出现了新的变化,一方面,随着科举制的废除,传统晋升之路遭到中断,出现了乡居精英单向迁往城市的趋势。尽管如此,在近代教育转型过程中,还是有很多士绅延续了支持乡村社区教育发展的传统,自觉担当起了组织筹建新式学校的重任。另一方面,随着工商业的发展,居于四民之末的"商"出现了与绅合流的趋势。"绅与商在晚清社会中进一步相互渗透、合流的结果,是在19世纪末20世纪初形成了一个与半殖民地半封建过渡社会形态相适应的特殊的绅商阶层。"[②]绅商中有一部分传承了传统儒商和士绅的优良传统,他们在诚信经营的同时也十分关注地方教育的发展,积极出资兴建新学,并与士绅共同推进乡村教育的发展。就近代山东而言,无论是传统士绅,还是近代以来才形成的绅商,他们都在当地乡村教育的组织与筹设中发挥了重要作用。

清末推行新式教育后,士绅积极为新学的发展贡献力量,如邹城县董锡蕃曾于光绪十九年(1893)中癸巳科乡试中举人,中举后一直没能出仕。尽管他接受过多年的传统教育,但这并没有影响其接受近代教育改革的思想。董锡蕃较早认同了改革并主动担当起领导者的角色,1903年即着手筹建邹县高等小学堂,并被委任为学堂监督兼堂长。第二年,他又筹办了邹县师范传习所。对于学堂的发展,他可谓竭力经营,在教育经费十分短缺的情况下,还坚持以每年二百两白银的高薪聘请知名教师,而自己作为堂长却从未支领薪俸。1906年,邹县劝学所设立后,董锡蕃被任命为县视学兼总董,领导当地劝办新学的工作。在其任职两年内,全县城乡官立高、初等小学堂发展到71处之多。民国成立后,董氏担任邹县公署地方财政管理员,为补充该地经费之不足,他又将自己从1918年至1924年间的年薪共2 100元全部捐作教育经费。鉴于他在当地教育发展中的突出贡献,1925年教育部奖给董锡蕃金色三等褒章一枚。[③] 诚然,董锡蕃作为劝学

---

① 费正清主编:《剑桥中国晚清史(1800—1911)》(上卷),北京:中国社会科学出版社,1985年,第17页。

② 马敏:《官商之间:社会剧变中的近代绅商》,武汉:华中师范大学出版社,2003年,第88页。

③ 王廷儒:《邹县兴学堂的先驱董锡蕃》,中国人民政治协商会议山东省邹县委员会编《邹县文史资料》第四辑,1986年内部发行,第157-158页。

所长为一县新式教育的整体发展做出了很大贡献,在同一时期还有更多居于乡间的士绅为新式学堂的建立做了具体的捐资、筹备与组织等工作,从而使得一所所新式学堂在乡村建立起来。

禹城县魏寨子村人魏兰曾多次参加科举考试不第,由于其办事公道,常救济穷人,在村民中享有较高的威望,可以说是一位典型的乡绅。1913年,魏兰联合进步人士,把本村七圣堂大庙里的神像拉倒,将学校搬进去,取名"初等小学堂"。1919年,他又利用邻近村的庙产将校舍扩修到八间,办起了"高等小学堂"。魏兰担任学校的义务校长多年,倾力发展新式教育,自己却从未索取任何薪金。[1]

荣成县凤头村的清末廪生曲璜,早年曾游学京都,受教育救国思潮的影响,毅然回归故里兴办新式教育。1905年,曲璜邀请当地有识之士商讨筹建高等小学事宜。他的创议得到了当地开明绅士的鼎力支持,大家利用凤山古庙办起了凤鸣学校。这所学校至1940年2月因日军入侵荣成而停办,共有35年的历史,培育出学生3 000多名。当地乡里民间还流传着"孔丘弟子三千,凤鸣学生三千余"之说[2],十分肯定凤鸣学校的办学成效。

1912年,荣成县绅士于肇基,倡导创办新学。他的愿望得到了民众的支持,当地刘母即捐资五万元用以购置校舍。翌年,于肇基又请示县长将公荒作为养正学校的学田。在于肇基的苦心经营下,养正学校历时十年终于在1922年建成。据《养正学校碑记》记载,学校建成后,周围"五村子弟入校肄业,无论贫富一律免缴学费,庶寒微之士英畏之年永得藉图进步,五村之幸也"[3]。

臧克家先生曾回忆自己童年的求学经历:"我12岁(1917年),进入本村的'有志初级小学校',它是我六曾祖父创办的。他作过翰林院编修、湖北学政,官居四品,老年,息影林泉,以培养后代为乐。"[4]显然,这是一所由退居乡里的士绅所办的学校。

清末民初,乡村士绅热心兴学的事例不胜枚举。随着科举制的废除,具有士绅身份的人逐渐减少并趋于消失,但士绅热心地方教育的传统却依旧在民间延续。20世纪二三十年代,山东处于军阀混战时期,这时却有一些暂时卸任或退役回籍军官加入推动乡村教育发展的行列,冯玉祥先生就是创办乡村小学校的

---

[1] 禹城县教育志编写组编:《禹城县教育志》(1903—1985),1991年内部发行,第319页。
[2] 杨锡华:《追忆母校——凤鸣学校》,中国人民政治协商会议荣成县委员会文史资料研究委员会编《荣成文史资料》第五辑,时间不详,内部发行,第149-159页。
[3] 《养正学校碑记》,中国人民政治协商会议荣成县委员会文史资料研究委员会编《荣成文史资料》第三辑,1991年内部发行,第160页。
[4] 臧克家:《我的初小老师孙梦星》,中国人民政治协商会议山东省诸城市委员会文史资料委员会编《诸城文史资料》第十三辑,1993年内部发行,第115页。

典型。

1933年8月,冯玉祥自卸抗日同盟军总司令职,居于泰山。在此期间,冯玉祥曾营救范明枢先生出狱并师从他学习《春秋左传》。读书之余,冯玉祥发现当地教育十分落后,于是当年即着手在普照寺西南隅的三间草房内创办了第一处学校。因所招收的学生,均系贫苦农民的子女,故定名为"贫民学校"。1934年春,冯玉祥将办学之任委于范明枢先生。范老以自己在泰安教育界的声望,很快解决了师资和校舍问题,学校得以顺利发展。一次十分偶然的机会,冯玉祥看到青年画家赵望云画的《武训行乞兴学图》,十分感佩武训兴学的高行,即商之范老,把学校改名为"泰山革命烈士祠纪念武训小学",简称"泰山武训小学"。兹后各校都挂有《武训行乞兴学图》,并编有歌颂武训的歌曲。泰山武训小学总校设在东王家庄子,下设十四处分校,在校学生千人左右。学校的办学经费由冯玉祥与范明枢先生共同筹集和募捐,在此读书的学生一律不收学杂费,并由学校供给课本和学习用品。① 在冯、范二位先生的有效组织下,泰山南麓建起了多处武训小学,这些学校的设立在当地教育发展史上有着重要意义。

其他地方也有一些退役军官灵活利用各种资源在家乡办起新式学校的事例。如泗水县尖山村的刘慎行曾求学于清末北洋将弁学堂,毕业后在军队任职多年,民国六年辞职回籍。回籍后,他发现泗水全县已有新式学校一百六十余处,而地处城郊的尖山村却仍在学习"之、乎、者、也",孔孟先贤。于是,刘慎行下定决心在本村创办新学堂。为解决校舍问题,他慷慨将自己的宅院献出。在其带动下,村人刘忻人将准备给女儿做嫁妆的木料全部献出,制作了全套教师用办公桌椅、床铺和炊事用具。经多方筹备,学校于1929年建成,命名为"泗水县第二区尖山公立小学"。②

20世纪20年代后期,诸城县岔道口村有一位名为孙艺圃的奉军退役军官在村民的支持下办起了小学。他自任校长,以"学田"的名义,将在土地诉讼中胜诉的土地地租折价,每年献出银元二百元,作为学校教师工资和教育经费,并从城里聘请了富有教学经验的老师,创建了"岔道口孙氏私立新民初级小学"。③这些退役军官虽不属于传统士绅的范畴,却明显传承了传统士绅的兴学精神。

随着近代工商业的兴起,绅商阶层登上历史舞台,"这一新兴社会阶层既有

---

① 泰安市教育局教育志办公室编:《泰山武训小学简史》,载泰安市郊区政协文史研究委员会编《泰安市郊区文史资料选辑》第四辑,1984年内部发行,第33—43页。
② 李孝沂:《泗滨一武训——尖山村刘慎行毁家兴学记》,政协泗水县委员会文史资料委员会《泗水文史资料》第六辑,1993年内部发行,第87—88页。
③ 孙世凡:《岔道口孙氏私立新民初级小学》,中国人民政治协商会议山东省诸城市委员会文史资料委员会《诸城文史资料》第十四辑,1996年内部发行,第214页。

第三章 学校何以嵌入乡村：不同办学主体对近代乡村新学的推动

一定的社会政治地位，又拥有相当的财力，逐渐取代传统绅士阶层，成为大、中城市乃至部分乡镇中最有权势的在野阶层"①。一部分绅商在经商致富之余十分关心乡村教育的发展，以其雄厚的经济实力支持新式学堂的建立。

绅商致富兴学表现为两种情况，第一种情况是绅商在外发家致富后回籍兴学；第二种情况是绅商在当地组织办学。前者在山东的沿海地区比较常见，例如地处胶东半岛西北部的黄县，县境面积甚小，人口繁庶，其产业环境务农者少，出外经商者多。"故该县学校由一般人民自动集款兴办者居多。……一般小学，多赖富商集资与学生纳费维持。"②黄县后来改为龙口市，作为较早开放的商埠，当地商业发达，富商云集，其中有大批绅商为当地教育发展做出了重大贡献。另外，其他沿海县份亦有不少绅商积极参与兴学。

莒县刘官庄乡毛家屯人毛缵，曾在大店、青岛等地经商三十余年。1915年初，51岁的毛缵停止经商，尽其财力与精力在自己家中自费办起了全县第一所初级小学。他除任学校董事外，还亲自为学生讲授算术课。最初，学校的薪酬及其他各项开支全部由毛先生负担。后来，他又四处奔走呼吁一些地方商绅、官宦对新学进行捐助。1915年5月，省政府曾派专人来莒县视察这所学校，对学校的教学、管理，尤其对毛先生本人的办学精神大加鼓励和赞扬。③

清末，曾在烟台福山任塾师的林省三认为要想摆脱贫困，实现国家富强，非自教育始不可，他很想兴办新学，但苦无经济后盾，于是弃教经商。林省三与其弟先经营商业后开设工厂，获利颇丰。1917年，林氏兄弟捐资大洋四千元，在大连西岗区购到门市楼房一座，每年房租约200元左右，以之作为经费在家乡办起了一座学校，该校所有学生一概免收学费。④

除沿海地区外，也有一些内地绅商回籍兴学的事例。如出生于阳信县一户贫苦农民家庭的高廷举，十八岁去北京经商。发家后，1928年在家乡筹办德善堂义学。为使当地的贫苦孩子能上学念书，义学只收书钱，不纳学费。义学的创立得到了省政府的表彰，阳信县政府还特地准许该校将众人捐款未用部分放入民间以利养校。⑤

---

① 马敏：《官商之间：社会剧变中的近代绅商》，武汉，华中师范大学出版社，2003年，第88页。
② 《黄县教育行政月刊》，第二卷五期，1934年5月20日，第51页。
③ 政协文史组：《民初莒县致力新学的两位老先生》，政协莒县委员会编：《莒县文史资料》第二辑，1984年内部发行，第244-248页。
④ 林宜：《百涧中学始末》，烟台市政协文史资料委员会《烟台文史资料》编辑部编《烟台文史资料》第十五辑，1991年内部发行，第130-131页。
⑤ 边玉庆：《高廷举与德善堂义学》，山东省阳信县政协文史委员会文史资料科编《阳信文史资料》第五辑，1990年内部发行，第132，137-147页。

一般而言，绅商的兴学之举大都能得到民众的称颂，但也有一些绅商出资兴学做法被视为盗名窃誉之举。如1912年唐柯三出资在邹县邢村办起了唐氏私立小学堂。作为校董的唐柯三出资办学后，委托唐承绪经办学校。由于此校的办学经费除唐柯三负担的一大部分外，还有本村三十多个富裕户的出资，以及学田补充，所以当时邢村有人提出唐氏并没有负担全部经费，反对把学校命名为"唐氏私立小学校"。但唐承绪强调有唐柯三的担牌，便于上下联系，对办学有利，于是才勉强采用此校名。又因唐柯三一生只来过邢村一次，仅住三天，所以当地不少民众认为他参与办学纯粹是为了沽名钓誉。群众的看法并没有影响唐柯三对这所学校的资助，1917年，学校按济南正谊中学图纸建造砖木结构的校舍共35间。在设备方面，唐柯三曾派人从上海购来教学仪器、风琴及参考书籍，后来又赠给学校一台收音机。而当时连邹县城内学校都没能配备收音机，可见此乡村学校设备之先进。1928年，该校报省教育厅备案，教育厅每年拨银币600元作为补助费，并给学校寄来《武训办学录》以示鼓励。① 受资料所限，难以追寻唐柯三本人是否为了钓名而办学，但其举动已可以证明他为学校的筹建与发展做出了重要贡献。唐柯三主动资助乡村学校发展的做法无疑是值得肯定的。

另一种情况是绅商在当地组织办学。1913年，英美联办的"英美烟草公司"到潍县一带推广种植黄烟，并借以推销化肥。与此同时，他们还在甘里堡开办了一所育华小学。1919年，华侨简兆南、简兆楷兄弟二人在此开设了一家"南洋兄弟烟草公司"，与英美烟草公司抗衡。同年秋，出于爱国心理，简氏兄弟又出资在坊子镇西王家村建起了一所"坊子南洋兄弟烟草公司私立高级小学校"。② 简氏兄弟可谓经济实力雄厚的绅商，他们在潍县经商的同时还出资兴学，有力带动了当地教育的发展。

一些绅商不仅积极出资，还具体筹办新学，以自己的经商之业为学校提供一切方便。如莒县前山头渊人王玉璞，幼读塾学，后随兄长做生意，家境比较富庶。受"五四运动"影响，他积极筹办学校，1922年办起了前山头渊村的第一所新学。学校的校舍选址、教师聘用、炊事员雇佣等一切事务及经费开支都由他负责。不仅教员的薪水在王玉璞开的酒店中领取，教员的餐费也从这里开支。在为兴办国民小学出资出力的同时，王玉璞还积极举办成人教育，动员与组织本村农民上

---

① 王廷儒：《建国前邹县邢村教育概况》，中国人民政治协商会议山东省邹县委员会编《邹县文史资料》第八辑，1990年内部发行，第149－151页。

② 坊子区文史办：《坊子南洋兄弟烟草公司私立高级小学校概述》，潍坊市坊子区政协文史资料研究委员会编《坊子区文史资料》第二辑，1987年内部发行，第152页。

冬学。筹办冬学所需的书籍、灯油等各项费用均由他来承担。①

清末以来，山东各地士绅十分踊跃地投身于教育改革的热潮中，积极发动和组织筹建新式乡村学堂。当时参与兴学活动的士绅背景多样，既有清末的传统士绅，又有因经商而发家的绅商，还有已溢出士绅范畴的民国时期退役回籍军人。然而，从某种意义上说，他们的兴学精神是一致的，皆可以视为传统士绅兴学传统的延续。乡村士绅兴学的动机亦十分多元，或出于爱国热情，或出于改变家乡落后面貌的决心，或被视为"沽名钓誉"，然而他们为兴学所做出的各种努力都在客观上促进了乡村教育的发展。在办学过程中，无论是省教育厅寄出《武训办学录》以鼓励兴学的举动，还是泰山武训小学自觉挂有《武训行乞兴学图》并传唱武训颂歌的做法，都体现出山东各地对武训兴学精神的传扬。除师资短缺外，办学者面临的最大难题是经费不足，即使是较为富裕的绅商也大都难以独自负担全部办学费用，因此他们首先要担负起经费筹集的重大责任。他们除积极争取将庙产、河滩荒地、林地等公共财产作为乡村学校的办学经费外，还积极发动民众捐款，正如荣成《养正学堂碑记》所言："经营虽肇一人而急公趋事，五村邻指臂之助咸与有力焉。"②可以说，士绅在乡村教育改革过程中发挥了重要的倡导与组织作用，他们与民众共同合作完成了新式学堂的开办。

二、家族的兴学力量

家族是组成中国传统基层社会的基本单位。作为联结家庭和村庄之间的纽带，家族又有着不同的地域差异："在中国南方，许多大村庄完全由同一家族的家庭组成。在中国北方也有仅由一个家族组成的村庄，但大部分村庄有两三个或四个家族。"③村落中家族构成的不同也影响了家族的发达程度。黄宗智指出："冀—鲁西北的宗族组织是比较不发达的。宗族唯一共有的财产是几亩坟地。"④就山东而言，其家族组织的势力要相对弱于华南及其他地区。朱亚非对明清山东的仕宦家族研究后认为，与南方一些仕宦大家族相比较，山东仕宦家族族权意识相对薄弱，虽然家族有祠堂、族田、族产，族长也有较高的威望，但多没有严格的族规、族法，没有严格的家族管理模式，族长也缺少一言九鼎的权力。⑤

---

① 王文博，蒋世农：《王玉璞自费兴学》，政协莒县委员会编《莒县文史资料》第三辑，1986年内部发行，第245—250页。
② 《养正学堂碑记》，载中国人民政治协商会议荣成县委员会文史资料研究委员会编《荣成文史资料》第三辑，1991年内部发行，第160页。
③ 杨懋春，张雄等译：《一个中国村庄：山东台头》，南京：江苏人民出版社，2001年，第131页。
④ ［美］黄宗智：《华北的小农经济与社会变迁》，北京：中华书局，2009年，第245页。
⑤ 朱亚非等著：《明清山东仕宦家族与家族文化》，济南：山东人民出版社，2009年，第6页。

尽管如此,近代以来,山东不少地区的家族还是延续着"资助学校;维护祭祀祖先、惩戒不孝者和行为不端者的家族祠堂;保存族谱;对年轻人进行家族历史包括祖先善行的教育;集资供贫穷家庭有才华的子弟接受高等教育"[1]等多方面的传统家族功能。新式学堂推广后,很多家族积极组织筹办学堂并主动让其子弟接受新学教育。

山东近代家族学堂的设立表现为将已有私塾转变为新式学堂和创建家族新式学堂两种形式。前者以诸城县相州镇王氏家族学堂为代表[2],该学堂系从旧的私塾脱胎而来。清廷推行教育改革后,曾任京议员的相州镇人王景檀即与族中士绅商议倡办学堂,并动员族人筹措办学经费。最后议定从王氏祭田中捐出5顷,由相州5大户和巴山前后楼王氏各负担其半,征收租金为建校和办学费用,并由相州居易堂堂主王同熙献出宋家庄子大草园作为校址。经过一年的筹备,"王氏私立三等学堂"于1906年秋正式建成,包括初小、高小、中学三个等级。

王氏私立学校共存续达39年之久,其间曾经几度兴废。至1937年夏,全校共有10个班,学生达500多人,教职员工25人,学校规模比创办时扩大了很多。学校在办学之初即严格选任教师,被延请的都是"饱学之士"。如聘请晚清举人教授古文,请济南高等学堂毕业生教授格物、数学,还重金聘请英、德传教士教授英文。民国时期,该校教师大多毕业于后师、乡师或中学,有较高的文化水平和业务能力。学校招收的学生大部分为王氏子弟,另外还择优录取了少数外姓子弟入学。在师生的共同努力下,这所学校取得了良好的教学成绩。

王氏私立学堂无疑是清末至民国年间山东家族兴学的典范,这所学校能够很好地维系,首先得益于大面积的王氏祭田为其提供了雄厚的经济基础。由于办学经费出自王氏祭田,所以王氏子弟受到了一些特别优待,学生在校的食宿及学生制服、书籍、笔墨皆由学校供给。其他外姓学生同样可以享受到学校提供的书籍及笔墨,仅需自己负担食宿和服装费用。充足的经费为学校的长期维系提供了良好的保障。学校几经挫折却能不断起而复生,则更得益于一代代热心教育的王氏族人为之付出的艰苦努力。王氏私立学校不仅为本家族子弟提供了优质教育,而且还以家族力量为当地教育发展做出了很大贡献。此外,清末也有一些由家塾合并而成的小学堂,如1910年,潍城县人郭渔山将族间各家塾合并成立郭氏私立小学堂。他悉心筹划学校的发展,聘请地方上德高望重热心教育的

---

[1] 杨懋春著,张雄等译:《一个中国村庄:山东台头》,南京:江苏人民出版社,2001年,第134页。
[2] 董砚功,张则ης:《相州王氏私立学堂的创建与沿革》,载政协山东省诸城县委员会文史资料研究委员会编《诸城文史资料》第十辑,1988年内部发行,第99-108页。

人士到校任教,并购置各科教学仪器使这所新式学堂逐渐完善。① 这一事例同样是利用旧有家塾教育资源来发展新式学堂的很好尝试。

利用家族公产来创办新式学堂是近代家族力量兴学的另一种重要形式。如光绪三十年(1904)寿光县副贡生赵化溥以重修家祠为名,卖了赵氏家祠旧地基和茔中树木,购置新地基作为学堂校址。接着,他又发动赵家庄子、三甲王、大斟灌、南城西和他本庄的赵氏家族共同捐款,并组织族人按地亩出工为建造校舍制坯烧砖。在赵化溥的努力下,"化溥学堂"最终于1907年落成。② 另外,还有一些留学生回乡后也选择在家族中筹资建立新学。如1909年日照县小邵町留日学生郑尧宾回到家乡,在本家族成员中筹集了部分资金并以村南望海寺、白云寺的千亩山场作校产,以郑氏家祠作教室,办起了邵町两等小学堂,专收郑氏子弟入堂学习。③

就一个村庄而言,有时也会出现因不同家族间的竞争而建立多所学校的情形,如杨懋春先生所研究的台头村就设有两所家族学校。

在台头村,潘族有一所学校,虽然校舍经常变换,但教师总是潘族的成员。它主要是为潘族子弟建立的,其他家族的孩子也可以去上学。因为其他家庭的成员感到他们的孩子没有得到平等的对待,所以陈族和杨族建立了一所两族合办的学校,也接受刘族和潘族的孩子④。近来潘族学校已被县政府承认为公立学校,由公共资金资助。两族合办的家族学校成了现在的教会学校,由杨族和陈族家庭组成理事会管理,学生多半是这两家的孩子。⑤

从这段材料可以看出,村庄中的家族学校主要是服务于本家族成员。尽管学校并不拒绝其他家族的成员,但常会对本家族子弟给予特别的优待。村落中的陈族和杨族正是感觉到不平等的对待,所以又合办了另外一所学校,这可谓新式族学在乡村社区中竞争的表现。而陈族和杨族合办学校的做法同时也反映出村落中不同家族之间在办教育方面的联合。

尽管与江南、华南等地区相比,山东乡村的家族势力不算强大,但在近代乡村学校的创立等公共事务中,家族还是发挥了不小的作用。

---

① 徐颂常:《清末潍县废科举兴学堂概况》,中国人民政治协商会议山东省潍坊市潍城区文史资料委员会编《潍城文史资料》第七辑,1992年内部发行,第156页。

② 寿光县教育局教育志编辑组编:《寿光县教育志》(1840—1985),1987年内部发行,第21页。

③ 许传远等:《日照县晚清教育概况》,日照市政协文史资料办公室编《日照文史》第一辑,1985年内部发行,第204—205页。

④ 台头村包括四个家族,其中潘族最大,然后依次是陈族、杨族和刘族,参见杨懋春著,张雄等译:《一个中国村庄:山东台头》,南京:江苏人民出版社,2001年,第131页。

⑤ 杨懋春著,张雄等译:《一个中国村庄:山东台头》,南京:江苏人民出版社,2001年,第134页。

从民族的构成看,山东是一个以汉族为主体的省份,但同时也有一些少数民族杂居、散居其中。其中,世居少数民族包括回族、满族、蒙古族。① 民国初年,在一些回族聚居的地区,清真寺董事利用寺产办起了民族小学。如 1925 年,平邑县清真寺董事米玉山、周玉廷、吴玉章在清真寺南讲堂办了一个小学班,学生七八十人,全部为回族子弟,定名为"清真寺小学"。学校依附于清真寺,校长由该寺董事米玉山兼任,一切经费由清真寺支付,学生只需缴纳少量的学费。当时,除开设国语、算术、常识、唱歌、体育、图画等基本课程外,阿訇王运亭还每周给学生上两节回文或《古兰经》课程,学生要参加礼拜仪式。② 其他地区也有类似的办学事例,如蒙阴县垛庄镇南蓉关村是一个回族聚居村,1932 年,当地农民杨发生创建了一所回民小学。其教室的建造即由清真寺出钱,招收的学生半数以上是回族子女。③ 可以说,这两所学校都是用少数民族的公共财产办理民族小学的典型。

在山东乡村教育新旧转型的过程中,家族和聚居少数民族以多种方式发挥了积极作用,他们同样是不可忽视的新学发展助力。

三、民众热心助力新学

在近代教育改革过程中,广大民众也十分热情地加入发展乡村教育的行列,或集体筹设、或筹资、或捐资,主动为新学的设立与发展贡献力量。山东乡村民众参与兴学的形式大致表现为民众集体办学、平民学董组织办学和民众捐资助学三种类型。

民众集体办学,多采取利用村中已有公产或联合多家集款的方式解决经费问题。在官方废庙兴学的倡议下,清末年间就有民众利用庙产办起新式学校,如 1910 年,日照县三庄、范家楼一带的民众,砸了滚石崖庙的神像,逐走道士,利用庙宇的房舍作教室,以官田四十亩的收入作经费,联合办起了初、高等小学堂。④ 在一些有着深厚重教兴学传统的地区,村民们有时也会将发展私塾的传统延续至发展新学上。如齐东县魏桥镇孙家村素有重视文化教育的优良传统,远在 1917 年,这个村就自发地办起了"洋学堂",成为当时齐东县的一件新鲜事,受到

---

① 山东省地方史志编纂委员会编:《山东省志·少数民族志 宗教志》,济南:山东人民出版社,1998 年,第 3 页。
② 平邑县教育局《教育志》编纂委员会编:《平邑县教育志》(1840—1985),1987 年内部发行,第 79 页。
③ 蒙阴县教育志编纂办公室编:《蒙阴县教育志》,1989 年内部发行,第 28 页。
④ 许传远等:《日照县晚清教育概况》,日照市政协文史资料办公室编《日照文史》第一辑,1985 年内部发行,第 205 页。

第三章 学校何以嵌入乡村:不同办学主体对近代乡村新学的推动

各方赞扬。当时的孙家村有29户人家,而村中只有一位私塾先生教着三四个小孩,这远不能满足民众子弟的求学愿望。1917年的一天,五位农民在乘凉时,谈到孩子们无处上学的话题,一致认为这一问题要靠自己解决。在其中一位村民积极捐出五百大洋后,又有人愿捐出自己的土地,还有人提出要为建造学校出力气,五人一起到村长那里立字为证。该村村长和齐东县知事都对此事大加褒扬,村民们深受鼓舞,全村29户人家皆为办学捐了款。仅用了一个月时间,学校就建成了,命名为"民新学校"。当地的很多业务骨干,都曾在这所小学受过启蒙教育。集体力量的发挥使这两所学校得以迅速在村里建立起来,学校的顺利开办则体现出当地民众对新式教育的认可。能够发挥民众群体的力量自然十分有利于学校的建立,但此类情况在山东并不多见,大部分民众还是以个体形式参与兴学的。民众参与兴学的形式大致分为担任学董组织设学和为筹办学校出资、出力两类。

每一所乡村学校的建立都是由学董具体组织操办的。学董不仅需要操心费力,有时还需补贴经费,所以一般民众很难有精力和财力担此重任。尽管大部分学董由热心教育的士绅充任,但也有一些平民自愿投身于兴学事业,克服重重困难,带动乡村民众办学的事例。如寿光县田柳乡崔家庄人李植庭,曾任乡村塾师,但他认为读"五经四书"救不了中国,救中国需要办新式学堂。由于当时的寿光县传统思想浓厚,很难办起新学,1903年,他选择了远走关东,在那里办起了初等学堂。从那时起,他就下定决心一生致力办学。清政府曾封他为"义学正",时人称他为当代的武训。民国成立,李植庭返归故里,克服各种困难,于1913年冬办起了"双凤学校"。李植庭为这所学校甘尽义务,从未领取工资。村民实在过意不去,就主动凑了四十吊钱作为薪金送给他。而他却分文不取,将这笔钱作为办学经费。为提升教学水平,李植庭还于1914年主动进入师范单级养成分所进修。1917年,双凤学校的第一批初级小学生毕业后,他又发动群众克服当时面临的无桌凳、无教员、无经费、无教室等几大难题而办起了高小。[1] 李植庭是一位受过传统教育的学董,他不仅办学而且亲自教学,还主动进修以提升自己的教学水平。或可以说李植庭是由于深知传统教育弊端而主动发展新教育,另外还有一些因家贫没能受教育的贫民学董,则是在品味无知识之苦后致力于办新学。

巨野县大义镇孔楼人孔昭廪[2],自幼家贫,无钱读书。成年以后,他发现村中

---

[1] 范德洲:《李植庭先生的办学事迹》,载《山东文史集萃》(教育卷),济南:山东人民出版社,1993年,第231-234页。

[2] 姚西峰:《贫民学董孔昭廪》,政协巨野县委员会文史资料委员会《巨野文史资料》第四辑,1990年内部发行,第89-91页。

97

富家子弟皆可进家学或村学读书,贫民子弟依然无法接受教育,同时还了解到,国民政府可以为兴办学校提供资金,于是燃起了为贫民子弟办学的愿望。尽管他的愿望很好,最初却没能得到村中首事的支持。一方面缘于他们自己的子弟有学可上,无须费力另办学校;另一方面他们也并不愿意革新传统教育,所以便托辞困难将此事搁置。孔昭凛并没有因此而放弃努力,1918年,他以学董的名义直接到县劝学所请求在自己村中设立初级小学。劝学所当即批言同意办理,并为学校派遣了教师。村中首事们不敢得罪官府,便将孔氏家族中的一处空房作为校舍,借了桌凳,配合办学。孔昭凛则步行三十多华里将教师请来,教师到校后,许多贫苦农民子弟自动报名上学,学校正式成立起来。此后,随着私塾的取缔,当地富家子弟也渐入学校读书。学校的规模不断扩大,并取得了良好的教学成绩。鉴于孔昭凛积极办学的义举,县长亲笔题写"义高武训"的匾额,奖给学校,以示鼓励。

尽管这两位学董的知识水平有所不同,但从他们身上都可以看到武训兴学的影子。在新旧教育转型的背景下,他们所面临的问题并不比武训当时简单,然而他们依然把设立新式学校当作一生的事业,克服各种困难而致力其中。与士绅兴学相比,由于他们在财力、威望等方面都相对较弱,所以在兴学过程中往往要面对比士绅更多的挑战。但另一方面,平民的身份与经历又使他们在兴学过程中能够切实为普通民众考虑,这样就更易于获得民众的理解和支持,从而使学校获得较为顺利的发展。

此外,还有一些民众虽未直接参与办新学,但通过经济资助的方式为新学的设立与发展贡献了不少力量。如清末就有诸城县南海墩上庄的"铁匠于姓因世事艰危,兴学为急,特将田地三亩捐立学堂,并言此后打铁所得之钱随时添助经费"①。"沂水县有砖瓦匠张君,虽幼年失学,而见义勇为、热心公益,近见该处各学堂经费支绌,将砖瓦所得之利分捐各学堂中,有定期捐十年者、十五年者不等,该县大令遂特禀明抚宪请予五品功牌以示奖励。"②鉴于其兴学义举,张君被时人称为武训第二。这两位工匠,自身收入并不算高,却依然为惠泽地方教育而慷慨捐田、捐款,他们的事例反映出当时普通百姓对新学的大力支持。

在中国古代社会,绝大多数平民女子是被排除于学校教育制度之外的,但为数众多的女性却一直在延续着捐资助学的优良传统。在近代山东乡村学校设立过程中,即有不少女性为新学的发展出资、出力,如邹县民妇李瘦氏,1915年3

---

① 《山东:铁匠热心教育》,《广益丛报》,第100号,1906年第4期,第5页。
② 《山东:山东之武训第二》,《广益丛报》,第189号,1908年第29期,第4页。

第三章 学校何以嵌入乡村:不同办学主体对近代乡村新学的推动

月捐出大洋380元,作本县教育经费。① 这是一则平民女性捐资助学的事例。另外,随着近代女子教育变革的进行,不少女性有机会走出国门,留学外洋。这些知识女性不仅捐资助学,同时还参与办学,如"栖霞谢君鸿需之妻马肃贞女史,名秋仪,为栖霞名媛。谢君东渡留学,女史与之偕行,开女界留学之先声。现因谢君与其同志创设一高等学校于芝罘商埠,名曰东牟公学,财力竭蹶,经费不充。女史慨然尽售其奁产得数千金以助建学之用,热心毅力巾帼中当首屈一指矣"②。马肃贞是一位接受过现代教育的知识女性,她不仅协助丈夫办学,而且慷慨地将自己的嫁妆全部卖出以作为办学经费,可见其对新学的倾力支持。

自清末至民国,很多民众参与到山东乡村兴学的运动中,他们中的绝大多数并不富裕,却自愿为发展现代教育尽一己之力。从某种意义上说,他们的举动更能反映出普通民众对新式教育的认同及发展地方教育的强烈责任感。

第三节 学校毕业生:现代教育接受者对新学的反哺与经营

随着新式学校的发展,接受过现代教育的毕业生不断增多。他们中有不少人回到家乡办学,为乡村教育的发展贡献力量。从来源上看,本节所讨论的学校毕业生是指以师范毕业生为主体,同时包括留学生、中学毕业生在内的新式教育接受者。由于学校毕业生是随着现代教育的推广而出现的,因而其参与办学的时间比其他办学者稍晚。在年龄层次上,学校毕业生大都较为年轻。相对于其他办学者而言,学校毕业生的最大特点在于其接受过现代教育培训,拥有现代知识背景,他们往往不仅是办学者,同时还是教学者。

一、办学与教学:新生代办学者的多重任务

参与办学的学校毕业生以师范生为主,这与清末师范教育的培养目标直接相关。在清末推广新式教育之初,出于培养办学人才的目的,山东的省级官员十分重视师范教育的发展。山东巡抚杨士骧曾指出:"方今兴学为第一要政,师范又为兴学中第一要领。"③从而,把师范教育作为兴学的第一要务来重视。为了发展师范教育,山东的省级官员在20世纪初采取了派学生外出学习和自己培养

---

① 王轩:《邹县教育史料三则》,中国人民政治协商会议山东省邹县委员会编《邹县文史资料》第八辑,1990年内部发行,第161页。
② 《山东:女史变奁助学》,《广益丛报》,第101号,1906年第5期,第5页。
③ 《山东巡抚杨委员查办学堂并通饬遵照札》,载《教育杂志》,1906年第21期,第11页。

师资等措施。包括:陆续派学生赴京师大学堂师范馆学习;1903年9月派学生40名到保定速成师范学堂肄业;1903年6月派试用道方燕年选带学生50名,赴日本宏文书院学习;设立师范学堂,自己培养教师。① 与当今以培养中小学教师为目标的师范教育不同,当时的师范毕业生除应达到一定的知识水平,能够承担教学任务外,还有一项重要任务——办学。有时,办学能力甚至会显得更为重要。如当时黄县有一位名叫赵印泰的省城师范学堂学生,他没等毕业就请假回家办学堂,而且还开办得颇有成效。根据当时的惯例,对于长时间不到学堂的在籍学生,师范学堂监督有权追缴学费。学堂监督在了解了事情的来龙去脉后,非但没有处罚这位中途辍学的学生,反而非常赞同他的做法,认为"以各师范生卒业后亦不过以整顿学务为目的,今赵生业能实行其事实,属具有热心,准即免追学费以昭激劝而重教育云"②。从这一事例可以看出,相对于接受完整、系统的新式教育技能培训而言,能够回乡办学更是当时之急务。因此,最初开办师范学堂的目的更重在培养办学人才。

清末山东的各类师范学校培养了大量毕业生,他们成为办理各地乡村学校的新生代主力军。如章丘人于联珉,生于1878年,20岁进学为生员,后回乡教私塾,以待乡试。随着教育变革的进行,1901年,山东省除设大学堂之外,还另建了师范馆(后改为师范学堂、山东优级师范学堂)。于联珉很快适应形势变化,于1904年进入山东省优级师范本科班读书,1908年毕业后回章丘师范讲习所担任教员。他在进行教学工作的同时,还积极劝学。1913年,于联珉任县劝学所所长,跋山涉水,深入民众中动员他们送子女进学堂读书。1926年,他告老还乡后,又利用族产、寺产并捐献自家财产办起了龙溪公学。于联珉身为校长又兼国文、史地课,取得了良好的办学效果,当地有着"龙溪小学毕了业,强似进城念中学"的说法。1929年,他还在自家的后院开办了一所女子小学。③ 于联珉是山东第一代省立师范毕业生的代表,他们毕业后往往不仅在学校中教学,还会积极为家乡做出很多办学和劝学方面的工作,从多个方面为乡村教育的发展贡献力量。

根据当时规定,必须以年在18岁以上、25岁以下的"举、员、生、监"为合格,并须有地方官保送,才有机会进入省优级师范学堂读书。因此,能够入省城师范学堂读书的毕竟是少数,各地的乡村学校师资最初大都由县立单级师范分所来培养。如莒县大柏林村人史致远,曾任塾师。1918年,经开明人士推荐,进入县

---

① 李宏生,王林主编:《山东通史·近代卷》(下),北京:人民出版社,2009年,第144页。
② 《山东:免追学费》,载《广益丛报》,1905年第84期,第8页。
③ 于效苏口述,明兆乙整理:《回忆父亲于联珉矢志教育的一生》,中国人民政治协商会议山东省济南市委员会文史资料委员会,《济南文史资料选辑》第九辑,1991年内部发行,第155-157页。

立师范讲习所进修后,他决定不再用旧法教学。便辞去塾师,在阎庄村办起了公立国民小学。为了表示自己兴办新学的决心和抱负,他曾亲笔在学校大门上写了一副对联。上联是"学而习之尊德胜",下联是"校者教也作新民",横眉:"革故鼎新"。他在致力于办学和教学的同时,还根据自己的办学经验与学友们一起制定了新法教学课程和十五条校规,对办理新式学堂做了教学和管理方面的总结。[1] 又如文登县的宋伯恒在接受了为期一年的"单级师范训练班"训练后,决心自己创办一所高等小学。他自己出任校长,从师范训练班聘请了两名教师,又从周围方圆百里的村庄招收了40名新生,经多方筹备,于1926年在家乡办起了学校。[2] 各级师范生是国家专门培养的办学者,他们毕业后也大都履行了自己的使命,回乡办起了新式学校,成为乡村兴学的主力军。

在近代乡村办学之路上,与师范毕业生并肩奋斗的还有中学生和留学生。根据《奏定中学堂章程》规定:"设普通中学堂,令高等小学毕业者入焉,以施较深之普通教育"[3]。由此推断,中学毕业生一般有着较为深厚的知识基础。尽管他们并不是官方专门培养的办学者,却有一些人主动倡导在家乡办学。如光绪三十四年(1908),胶州常家庄人高振乾中学毕业后经提学司复试奖给岁贡生。1915年春,高振乾从县里领来了240元钱作为办学经费,购买了课桌凳,并把自家的5间草房腾出来作为教室。从周围村庄招收了三十多名学生,创建了当时杜村乡最早的新式小学——县立常家庄小学。高振乾集校长与教师于一身,将学生分为四级进行复试教学,取得了良好的教学效果。[4] 同师范毕业生类似,中学毕业生不仅承担起乡村学校的教学任务,而且还常常主动投身于新学的创办。

留学生是随着近代留学教育的渐次推行而出现的,到了清末新政时期,留学教育再次勃兴,并于20世纪初相继出现了留日和留美两个高潮。留学生不仅接受过新式教育,而且还亲身体会了中外教育的差距,因此,不少留学生回乡后即致力于发展家乡新式教育。如1903年,郓城县人王鸿一从日本留学归国后,于当年秋天创办了菏泽县小学堂。学堂由当地绅士坐办,王自任西学教员,教授数学、物理、化学等多门功课。接下来的一年内,他又连续在菏泽城内办起了三处

---

[1] 政协文史组《民初莒县致力新学的两位老先生》,政协莒县委员会编《莒县文史资料》第二辑,1984年内部发行,第247-248页。
[2] 赵熙春:《追记黄山村私立高等小学》,中国人民政治协商会议荣成县委员会文史资料研究委员会编《荣成文史资料》第二辑,1988内部发行,第49页。
[3] 《奏定中学堂章程》,载舒新城:《中国近代教育史资料》(中册),北京:人民教育出版社,1981年,第500-501页。
[4] 高森旭,刘在忠:《杜村学堂教育的先河——常家庄小学》,中国人民政治协商会议胶州市委员会文史资料委员会办公室编《胶州文史资料》第15辑,2002年内部发行,第141-142页。

小学堂,为当地现代教育事业的发展创造了良好开端。在他的精心扶持下,到1908年,菏泽城乡的小学堂已达70处之多。①

清朝光绪年间,曲阜县人陈宪镕曾留学日本。在中日比较中,他深深感受到家乡教育的落后,在日留学期间就以急切的心情写出《劝阙里父老急兴教育书》。其中指出,"生存竞争之具,不在农工商兵,而在教育。……教育兴而国家兴,教育无则国家亡"②。把国家的兴旺寄希望于教育的发达,并进而从国家推及桑梓:"一国有教育则可以保一国,一省有教育则可以保一省,一县有教育则可以保一县,一家一身有教育则可以保身家。此理昭昭不爽耳。镕生于曲,不得不为吾曲计之深,不得不为我曲望之切。后日果教育昌明,民智大启,邑无不学之人,家无不才之子,树万世之功者,惟我父老,造一方之福者亦惟我父老。镕驻足东瀛,引领故土,不胜祝祈翘盼之至。"③在层层推进论述了教育与地方发展之间的密切关系后,他进一步说明了父老乡亲对于兴办新学的重大责任,并以海外游子的身份急切呼吁家乡父老尽快办学。陈宪镕回国后,在其母亲的支持下创设了"陈金氏私立幼幼小学堂"。幼幼小学堂设在陈氏族宅内,陈宪镕自任校长,另外还聘请了两位教师,分别教授中学和西学。开办时定额招生二十名学生,另外还招有四名女生。1906年,山东提学使连甲为嘉奖陈氏母子的办学事迹,特发匾额一方,上书"鲁校慈云"四字。④

与本土新生代办学者相比,留学生接受过西方文化的熏陶,有着较为系统的西学知识背景,对于中外教育的差异有着更深切的体会。所以,他们不仅是办学者,有时还成为新学的倡率者,大力发动民众参与兴学。他们不一定会参与教学,但在学校的课程设置等方面却有着大胆革新的精神。如当时的私立幼幼小学堂就开设了诸如生理课等的新式课程。⑤可以说,不少留学生积极参与了近代山东乡村办学活动,而且在学校教育改革过程中发挥了很大作用。

二、张芹香办学:师范毕业生办教育的典型案例

张芹香⑥,1890年生于济南市北园镇大杨庄。父亲是当地有名的中医大夫,

---

① 菏泽地区教育局教育志办公室编:《菏泽地区教育志》(1840—1985),1992年内部发行,第458页。
② 陈宪镕:《劝阙里父老急兴教育书》,载曲阜教育志编写组编:《曲阜教育志》,1987年内部发行,第229页。
③ 陈宪镕:《劝阙里父老急兴教育书》,载曲阜教育志编写组编:《曲阜教育志》,1987年内部发行,第234页。
④ 《曲阜县教育志》编写组:《陈宪镕氏和幼幼小学堂》,政协曲阜县文史资料研究委员会编《曲阜文史》第三辑,1984年内部发行,第54-55页。
⑤ 曲阜教育志编写组编:《曲阜教育志》,1987年内部发行,第78页。
⑥ 黄时陶:《张芹香事略》,中国人民政治协商会议山东省济南市委员会文史资料委员会编《济南文史资料选辑》第十辑,1992年内部发行,第128-134页。

十分注重对子女的教育,专门聘有私塾先生在家教授女儿,男孩则送学校上学。张芹香自幼就受到了良好的家庭教育与学校教育。1914年,他考入济南师范北园分校。师范毕业后,他看到自己家乡所在的北园镇一带没有学校,许多适龄儿童没有机会读书,一股教育救国的责任感油然而生,于是下定决心发展家乡的教育事业。教育救国思潮是爱国知识分子在近代中国救亡图存的时代挑战下提出的救国方略,其具体内容随着时代的变化而不断演进,先后经过了技术教育救国、开发民智以救国的不断尝试,到民国时期发展为更加多元的救国路线。① 民国年间,教育救国思想在教育界的影响更为深入,逐渐为广大基层教师所认同,并成为他们办学的巨大动力。张芹香正是在此思潮影响下致力于教育事业的,其办学活动主要体现在筹资金、劝入学、亲授课、广办学等多个方面。

其一,筹资金。清末至民国年间,在政府不能提供足够办学资金的情况下,利用寺庙等公产办学成为各地乡村办学者普遍采用的方式。张芹香首先将邻村大张庄的三义庙改作校舍,办起了北园第一所小学——大张庄小学,此后他又陆续在北园一带办了6所小学。这些小学,大都是利用当地庙产、四处募捐或由他自己捐助办起来的,因而张芹香获有"历城武训"之称。当时,各村能够利用的公产毕竟有限,这就需要办学者发动各种力量筹集资金。因此,办学者大都首先要担任筹资者的角色。

其二,劝入学。招生是各地乡村学堂设立之初所面对的一大难题,因此不少办学者在解决校舍问题之后,常常要担当起劝导入学的重任。张芹香同样也经历了招生困境,在教师及学校设备一应俱全后,他却发现群众不愿意送子弟上新学堂。于是,张芹香和聘来的老师一起到各个村庄宣传动员,并宣布学校不收学费。此招果然奏效,很快招来十几名学生,办起了大张庄小学。另外,张芹香还在自家的后院里,点上煤油灯,召集村民宣讲上新学的好处。在他的宣传动员下,学校中的学生日渐增多,招生问题最终得到解决。

其三,亲授课。师范毕业生在办学的同时,生还常常利用自己的新学知识亲自授课,这是新生代办学者的典型特征。张芹香也在自己所办的学校里任课。他的讲课水平很高,不仅颇受学生欢迎,还得到省视学的好评。1917年夏,张芹香在他自己所办的沃家庄小学任语文教师,省视学巩秉秋到该校视察学务时,对他做出以下评价:"教员张芹香授国文,讲解透彻,引举事例亦极确实,学生尽能领会,课堂上之动作秩序亦极整齐。"②十分肯定他组织教学的水平。

---

① 参见拙文:《从教育家的救国情怀看近代教育救国思潮》,《兰州学刊》,2011年5期。
② 黄时陶:《张芹香事略》,中国人民政治协商会议山东省济南市委员会文史资料委员会编《济南文史资料选辑》第十辑,1992年内部发行,第130页。

其四,广办学。张芹香除在自己的家乡北园镇一带办有七所普通小学招收适龄儿童外,还办有一处农民讲习所,招收农民和社会青年进行识字教育。到了20世纪30年代,在普通小学已经取得一定办学成效时,张芹香注意到家乡还有一些无法入学读书的聋哑孩子,又下决心办聋哑学校。他做出此项决定后,立即亲赴天津,将天津聋哑学校的校长请来共同研讨办学事宜。正当他们紧张筹备聋哑学校时,"七七事变"的爆发彻底打破了原来的一切计划。尽管办聋哑学校的计划并没能真正实现,但依然可以从中看出张芹香为办理各种乡村新式教育所做出的巨大努力。

通过张芹香的事例可以看出,师范毕业生在办学活动中,除了尽力筹资和劝民入新学外,其贡献还体现在亲自教学和扩大办学范围。师范毕业生接受过相对系统的教师职业培训,一方面,他们具有一定的新学知识基础,有能力亲自为学生授课,可以在乡村学校课程改革中发挥更为有效的作用;另一方面,他们也拥有着更为专业的眼光,易于拓展办学视野。可以说,具有专业知识基础是师范毕业生的独有优势,他们也大都充分利用自己的专业优势在兴办乡村学校过程中发挥了重要作用。

三、在传统与现代之间:作为教学者的学校毕业生

上文中讨论了学校毕业生在办理乡村学校过程中所发挥的重要作用。学校毕业生是现代教育的接受者,他们在接受了一定程度的新式教育后,又回乡办学,将自己所学到的知识推向家乡。从某种意义上可以说,这种做法是他们对家乡教育的反哺。在担当办学者的同时,更多学校毕业生在乡村中担任着教学者,即乡村教师的角色。清末及民国时期,山东很多乡村学校的日常教学与管理工作由乡村教师来维持,甚至不少学校靠仅有的一名教师维系其运转。可以说,乡村教师的工作直接关涉一校的整体发展水平。小而言之,乡村教师是在经营一所学校,大而言之,他们是在完成国家与民族的重托。民国十年(1921)五月出版的《益都县师范讲习所校友会齿录》序言中云:"诸君学师而来,毕所学而去,师之道思过半矣。顾所贵乎师者,先职责而后技术。人以子弟属我,国以民托我,成败贤愚、功过伊谁?大匠诲人不能以规矩,是谓乏术;仅能以规矩,是谓塞责。乏术者滥、塞责者过。此为师之所难也。"[①]这段话很好地总结了国民教师所肩负的重大责任以及为师的种种艰难。相对于城市教师而言,乡村教师经营资金不足、设备简陋的乡村学校,则要面对更多困难,但这并没有妨碍他们为发展乡村教育而做出多方面的努力。撮其要者,主要表现为以下数端:

---

① 山东省潍坊市教育史志编纂办公室编:《潍坊市教育志》,1988年内部发行,第171页。

首先,不断提升教学水平,做好教师本职工作。作为教师,教学是首要职责。很多乡村教师主动在课堂上推行新式教学方法,力求将课程讲得生动有趣。一位乡村教师在回顾其课堂教学情形时这样写道:"在做教学生涯的我拿着教授书,一上了课,除拍拍沙沙地在黑板上写着外,便时而像演说家地大展其讲演,时而学老翁的龙钟蹒跚,时而效儿童的哭,笑,嬉戏,时而学猫、狗的跑跳,叫喊,时而把一个方丈的教室,做了舞台,做了世界,照这样忙忙乱乱的,一班一班的过去。"①从以上描写可以看出,这位教师已经完全打破了传统塾师刻板的教学形式,而将直观教学法运用于其课堂讲授中。这些做法有助于激发学生的学习兴趣,进而增强课堂教学效果。一些塾师出身的教师也克服种种困难,尽力适应着新式学校教学。臧克家先生曾在一篇回忆自己初小教师的文章中写道,学校"请来场屋失意的老秀才孙梦星先生,来作我们的老师。他为了挣个饭碗,50多岁进了城内老汤锅师范讲习所。取得了小学教师的资格。……孙老师教国文,教算术,教音乐,一身而三任焉。……孙老师教唱歌,五音不全,声粗而乏韵味"②。或许与其他年轻的乡村教师相比,孙老师的教学效果要略为逊色,但就孙老师自身而言,五十多岁了还能主动进修并积极适应新式课程内容与教学,已属非常难能可贵。

为了更好地完成教学工作,不少教师还利用节假日时间积极为自己充电。如乡村教师张鞏伯在回顾自己的进修生活时说:"我的资格,不过是一个县立师范讲习所出来的,但是我对于新文化,新思潮,是无条件信仰的。所以我对于学业的进修,时恐落后。"③

1933年,山东省民众教育馆下专门设立了乡村教育通信研究会,以便于分散在山东省内各地的乡村教师进修。该会以研究乡村教育的实际问题和增进乡村教师的学识为主旨,"凡山东省的乡村教师,赞成本会的主旨,有真实研究的兴趣的,都可以加入本会作研究员"④。该会研究通信以民众教育馆出版的《民众周刊》为联络机关,要求研究员每月有一次通信,同一学区的研究员定期聚会讨论问题。研究会成立后,很多乡村教师积极加入,互相切磋教学经验。还有一些乡村教师在研究会的倡导下自发组织其所在学区教师进行教学研讨,如东平县的部分乡村教师就组织了东平县第八区乡村教育研究会。在他们看来:

---

① 周庆浩:《乡村教师的生活》,《民众周刊》,第六卷三十六期,1934年10月2日,第2页。
② 臧克家:《我的初小老师孙梦星》,中国人民政治协商会议山东省诸城市委员会文史资料委员会编《诸城文史资料》第十三辑,1993年内部发行,第115页。
③ 张鞏伯:《乡村教师的生活》,《民众周刊》,第六卷三十七期,1934年10月9日,第6页。
④ 《本馆附设乡村教育通信研究会简章》,《民众周刊》,第五卷四十二期,1933年10月31日,第2页。

要想收事半功倍的效果,总不如联合一个小组织,互相勉励,互相观摩来的好,因此我就和同志贾子贤先生根据本省省立民教馆附设的乡村教育通信研究会简章,组织了一个东平县第八区乡村教育研究会,邀请附近各小学教师参加,现下已有会员九人。除向民教馆阅览部商借多种参考书外,并订购杂志十余种,供本会研究员阅览。每三星期开会一次,开会时研究员各将研究心得报告出来,供大会研究施行。①

可见,当时不少乡村教师对接受新知识、新理论、新方法的态度是十分积极的。他们不仅自愿加入各种教育组织提升自己的知识水平,还自发组织一区乡村教师进行集体探讨。这些都反映出乡村教师们在条件十分有限的情况下,为提高教学水平所做出的努力。

其次,积极融入乡村社会,主动传承塾师的文化地位。在传统乡村社会,"一村之中能读私塾者实无几人,私塾先生乃全村之'圣人',举凡红白喜事婚丧嫁娶,买卖田契,非先生莫属"②。塾师因其具有的知识受到乡民的尊敬,在乡村中拥有很高的文化地位。随着近代教育改革的进行,私塾渐渐被乡村学校所取代,塾师也逐渐被乡村教师代替。尽管已纳入国家管理的乡村教师与民间自聘的塾师已有很大不同,乡民们却依旧对乡村教师有着类似的期待。"在一般乡人眼里看来,一个学校教师,一定是个'明体达用''懂文解字'的明见人。在乡村中各位东家,若有了恳亲、允亲、大签、分单、过继单、丧告等等,都要烦劳教师。就是不认识的人,也要托人见情。"③甚至有的地方"把老师当作一个'无所不知,无所不能'的人。一个生字,一个帖子来问他,法律问题,政治问题,礼俗问题,乃至鬼神的有无,山川的变化,都说不定什么时候来请教"④。显然,乡民对教师的要求并不低,教师倘若不能应承这些,则会引起乡民的不满,他们很可能会在外面传说:"这位先生念的书太胡闹啦!连个甚么贴都写不了!今年咱庄真倒霉呀!"⑤如果发生了这样的情况,就很容易影响到新教育在村落的推展。为了减少此类事情的发生,使师范生提早熟悉乡村中基本事务的应对,一些师范讲习所专门针对乡村的各种习俗编纂了教材。如博山县立师范讲习所编辑了《应用杂组》一套,

---

① 周庆浩:《乡村教师的生活》,《民众周刊》,第六卷三十六期,1934年10月2日,第5页。
② 林宣:《百涧观中学始末》,烟台市政协文史资料委员会《烟台文史资料》编辑部《烟台文史资料》第十五辑,1991年内部发行,第130页。
③ 高新民:《在乡村教学要注意的几点》,《民众周刊》1933年5卷42期,第5页。
④ 容若:《为什么组织乡村教育通信研究会》,《民众周刊》,第五卷四十二期,1933年10月31日,第1页。
⑤ 高新民:《在乡村教学要注意的几点》,《民众周刊》1933年5卷42期,第5页。

发给学生每人一份,以应酬社会的需要。该书内容包括婚、丧、嫁、娶、寿诞、乔迁、析产、过嗣、典卖文书、喜庆楹联、祭文讣告等,可说是包罗万象,应有尽有,时人把此书形象地描述为一个陪嫁的"针线笸箩"。① 不少已经走上工作岗位的教师也在为适应乡村社会的这些习俗而做出积极的努力,如一位乡村教师在工作之余经常练习书法,他在描述自己的想法时说:

> 我好练习书法,固然由于爱美癖的冲动,又因做乡村教师是常要应酬社会的,什么对联呀,屏障呀,……这些东西是常要有乡民求写的吧,并且一般乡民是最爱讲究字的好坏,假如你写的字很糟,便要因此失了信仰,影响你的教学效率,这未免太可惜了!所以我为了爱美,得乡民的信仰的冲动,对于书法曾下过一番真切的研究,对于小篆,汉碑,魏碑,都曾很真切地摹过……虽然天资驽钝,没有写得很出色,却已能博得一般乡民热烈的欢迎,因此教学得了很大的顺利。②

这位教师将自己的业余爱好和服务乡民的目标相结合,不仅博得了民众的信仰,同时也在很大程度上促进了教学工作的顺利进行。乡村教师不断提升自己应酬世事能力的做法,是他们积极融入乡村社会的表现,从某种意义上也可以看作对塾师文化地位的主动传承。

再次,适应农时需要,灵活安排教学。乡村学校的学生同时也是家庭的重要劳动力,因此每逢农忙时节,乡村学校常会出现学生缺席的情况。"麦秋,是农民最忙的时候,无疑的乡村学生每到这两个时候,要在家中帮着父母做活,无论学校当局怎样的严厉,也是不能阻止他们的辍课;学校纵不放假,他们也要给你个自行放假了。"③不仅在内陆农业区如此,一些沿海渔村也有类似情形。督学在视察青岛市立阴岛小学时发现,每逢渔期时"学生稍大者,每多请假下海,帮助父兄作业。本岛居民皆以渔业为生,每值渔期,与乡村农忙同一情形,各生多半旷课,虽极力劝止,而生计所迫,不易改良。"④每到这些时候,很多乡村小学为适应环境起见,常常会根据农时需要而放假,并采取缩短年假的方式来保证教学计划的顺利完成。然而,在有些地区,收割麦子之后又有锄高粱等事宜,因此有些乡

---

① 宋德圃:《博山县立师范讲习所简史》,中国人民政治协商会议山东省淄博市博山区委员会编《博山文史资料选辑》第二辑,时间不详,内部发行,第144页。
② 周庆浩:《乡村教师的生活》,《民众周刊》第六卷三十六期,1934年10月2日,第4页。
③ 周庆浩:《乡村教师的生活》,《民众周刊》第六卷三十六期,1934年10月2日,第5页。
④ 《青岛教育》,1931年9月第2期,第88页。

村小学的学生在麦假过后仍不能返校上课。针对这种情况,乡村教师采取了按期开学,然后酌情给旷课学生补课的办法,如旷课人数太多则采取分团教学法进行补习。① 以上放农忙假的做法是乡村教师主动适应农时的表现,其假后的灵活补课安排,在保证教学计划顺利完成的同时也兼顾了部分同学的学习进度。乡村教师对教学的灵活安排有利于获得乡民对学校的认同,从而更好地推动乡村学校的发展。

作为乡村学校中的教师,学校毕业生们不仅要在课堂上完成教学的现代化转换,而且还要积极适应处于转型期的乡村社会,应对乡村社会中所保留的种种传统习俗。他们在教学生活中所做出的种种适应乡村社会的努力,很有利于调动乡村兴学的积极因素,从而有助于其办学工作的更好展开。

总体而言,学校毕业生在办学过程中,一方面要担负起筹集资金、设备等办学者所应做的工作,另一方面还要承担起教学及劝学等多重任务。或可以说,正是因为学校毕业生能够肩负这多重身份与任务,所以他们才逐渐成为兴办乡村学校的重要支撑力量,在乡村学校的筹办与日常教学中发挥着更为直接的推动作用。

---

① 《民众顾问》,《民众周刊》,第六卷第十九期,1934年5月15日,第8页。

第四章

乡村教育变革与乡村社会

从清末新政开始,新式学堂就凭借国家强制力逐渐植入乡村社会,那么乡村学校步入乡村社会之时遭遇了来自乡村社会的哪些反应,乡村学校又给乡村社会带来了哪些影响?本章将从这两个方面来探讨乡村学校变革与山东乡村社会之间的关系。

第一节 传统与现代的博弈:私塾与学堂之争

一、遭遇挑战:乡村私塾与学堂的文化冲突

新式教育步入乡村的历程并不是一帆风顺的,首先遭到了来自传统教育机构——私塾的强烈反对。作为一种在乡间长期存在的学校形式,私塾已经与乡村社会建立了十分融洽的关系,成为乡村社区中必不可少的组成部分。因此,新式学堂的突然植入,不仅受到了来自塾师的挑战,还遭到乡间士绅与民众的反对,连私塾与学堂的学生们都卷入了这场对立斗争之中。就山东而言,近代乡村学校最初遭遇了包括塾师群起反对新学、学款方面的限制、到学校扰乱教学、散布负面言论等多种形式的挑战。

其一,塾师群起反对新学。在新式教育进入乡村社会之前,塾师凭借其拥有的知识和对乡村社会事务的广泛参与而拥有较高的地位,然而随着学堂的兴起,塾师的地位受到强烈冲击,甚至不得不面临失业危机。清末举人刘大鹏在日记中记载了一些此类事例,"去日,在东阳镇遇诸旧友藉舌耕为生者,因新政之行,多致失馆无他业可为,竟有仰屋而叹无米为炊者"[①]。或可以说,日记中记载的这位塾师只能仰屋而叹,无力在当时社会中发出声音,但当时还有不少塾师以其

[①] 刘大鹏遗著,乔志强标注:《退想斋日记》,太原:山西人民出版社,1990年,第149页。

旧有的影响力大胆发出声音,直言自己对新式学堂的反对。单个塾师的力量毕竟有限,所以当时的塾师多采取联合的方式向新式学堂发难。如民国二年(1913)春,巨野县知事决定取缔私塾,这一消息为塾师们得知。于是,以刘振护为首的百余名塾师,齐集文庙开会,声言维护私塾,反对学校。由于他们在社会上多有较高威望,其一言一行,在社会上影响很大,摄于其压力学校便发展不起来,即使有几处学校,学生也是寥寥无几。① 这件事情的起因很简单,当地新式学校的推广和随之而来的取缔私塾活动直接影响了塾师们赖以谋生的职业,为了维持旧有的谋生方式,他们起而反对新式学校。但由于参与此次活动的塾师在乡村中有着较高的威望,他们的立场容易被一般群众所支持,因此这次活动对当地学校的推广带来了非常不利的影响。这一事例也反映出,民国初年山东部分地区的塾师在当地社会中仍拥有强大的影响力,他们联合起来的力量足以压制新式学校的发展。

其二,学款方面的限制。正所谓"国基之巩固端赖教育,而教育之振兴全恃款项"②,经费的充足与否直接影响了新式教育的推广。至民国时期,政府曾规定对新式学校的开办提供一定补助。然而,这一政策在推行于地方时常常会因学款管理员不支持新学而大打折扣,并最终导致学校因无法得到应有的教育经费而举步维艰。1915年,密查员在调查定陶县的教育状况时发现,"该县学务毫无进步,初等小学六十余处,有名无实者居多。细察该县学务迟滞之故,良由掌学款者俱系旧绅,反对新学。该知事人甚圆通,见好旧绅,不肯实力奉行"③。类似情形在不少地方都存在。民国初年,巨野县的教育经费由旧绅士组成的款产所保管,学校的一切开支须经他们批准。他们便乘此百般刁难,从而大大影响了新式教育的发展。④ 无疑,学款方面的限制是新式学校步入乡村社会时可能遭遇的另一种打击,在此限制之下,常常会带来整个社区内学校的发展困境。

其三,到学校扰乱教学。在新学的教学过程中,还会受到一些腐儒之辈的骚扰。如当时的济宁县第三高级小学刚刚建立不久,就有少数腐儒之辈借"以文会友"之名到学校扰乱,临走时还给学生留下"去邪勿疑""攻乎异端斯害也已"之类

---

① 姚西峰:《民国初年学界人士与封建势力的斗争》,政协巨野县委员会文史资料委员会编《巨野文史资料》第三辑,1989年内部发行,第55页。
② 《饬各道、县财政厅发清厘学务款产办法二十条》,载《民国教育公报汇编》(122册),北京:国家图书馆出版社,2009年,第544页。
③ 《饬定陶县迅速整顿学务并将整顿办法赶期具报文》,载《民国教育公报汇编》(123册),北京:国家图书馆出版社,2009年,第12页。
④ 姚西峰:《民国初年学界人士与封建势力的斗争》,政协巨野县委员会文史资料委员会编《巨野文史资料》第三辑,1989年内部发行,第54页。

的作文题目,试图引导学生对新教育进行攻击。面对这种挑战,学校一方面耐心解释,善言服之;另一方面针对当时社会和学生的实际,拟定一些作文题目,如"说剪发、放足之益""改进学习方法之我见""大家都来上学校"等,因势利导对学生进行教育。① 又如,民国初年,牟平有一位十九岁的中学毕业生,应聘到莱山区初家镇一所小学任教。一些当地的儒学遗老对这位年纪轻轻的教师非常不服气,于是齐集教室外偷听,满以为可以寻机将其撵走,但数十日没有寻到破绽,便纷纷议论道,一个毛孩子到我们文化大疃来混饭吃,早晚要让他不能干。一天,一个学生的爷爷自认为发现了一处教学中的错误,气势汹汹地走进办公室欲找老师理论。在这位教师进行了清楚的解释后,他才满面羞惭地匆匆离去。② 与群起而攻击学校的塾师和限制学校经费的士绅相比,这些试图挑战新学的腐儒多是一些年老失势之辈。他们无力直接反对或凭借手中的权力限制新式教育,但职位被取代的心理失衡和作为传统知识分子的那份清高使他们常采取对新式教学发出挑战的办法来对抗新学。尽管这种反对方式看似不那么猛烈,却是对学校教师的极大考验,要求教师们能够在日常教学中从容面对并灵活处理腐儒之辈制造的各种难题。

其四,散布有关新式学堂的负面舆论。首先是来自塾师的不良言论。为了和缓完成从私塾到学堂的转型,使塾师们仍能从事其教学职业,官方在私塾改良的过程中专门制定了一系列过渡措施,但这些举措并没能很快得到一些老年塾师的理解和认同。如1916年牟平县长为发展新式教育,委任杨世瑞(字辑五)为师范讲习所所长,并下令当地塾师必须进讲习所学习并达到毕业水平后,方可任教。塾师们尽管非常反对这一规定,但迫于生计,不得不前来应付。第一堂课,一位青年教师来讲数学。白发苍苍的老塾师一见这位和自己儿子年龄相仿的教师就很不高兴,又听他讲一、二、三要写作1、2、3,更觉得岂有此理。于是,下课后纷纷议论:"洋鬼子到底不是人,写的字也带鬼气,弯弯钩钩,不像人写。"③过了两天,一位更年轻的教师来上音乐课,教给大家1、2、3要读Do、Re、Mi。老塾师们的火气再也压不下去了,当堂质问:仅仅隔了两天,这几个字就变了念法。再住两天,当然还会变。这种多变的鬼子学问要它做什么呢?随后,老塾师们给杨世瑞编了一首歌谣:"杨辑五,外号大老虎,说他是纸糊的他不服。不会做诗写

---

① 姜洪文,文臣星:《济宁县农村第一所高级小学》,中国人民政治协商会议山东省泗水县委员会文史资料研究委员会编《济宁郊区文史资料》第三辑,1988年内部发行,第84页。
② 孙承渭:《清末民初的牟平教育》,政协烟台市牟平区文史资料委员会编《牟平文史资料》第十辑,2002年内部发行,第293页。
③ 治平:《教育轶事——〈老虎歌〉》,牟平县政协文史资料委员会编《牟平文史资料选编》第二辑,1988年内部发行,第175页。

八股,会画地球把人唬。问他还会做什么?他说:'会唱多、来、米、法、扫,会写带弯的 1、2、3、4、5。'"①这首所谓的《老虎歌》是当地教育史上的一则笑话,在民间广为流传。

从表面看来,塾师们是通过这首打油诗来嘲讽当时的师范讲习所所长,但从其形成过程看,这首歌却是起因于塾师们对新式教学内容的不满。他们把现代数学看作"洋鬼子"的学问,在音乐课上又认为"鬼子"学问是多变的。"鬼子学问"一说,表明塾师们将新式课程内容纳入西方文化范畴,并不自觉地把这种西方知识与属于中国传统文化的知识严格对立起来。这首歌的内容反映出中学出身的塾师对新式学堂所代表的西方文化的不认同,由此也可以说,这首歌出现的深层次原因是中西文化间的冲突。塾师们无力反对从西方引入的新式教育制度,于是将矛头指向了新式教育的推广者,作为攻击对象的杨世瑞其实不过是他们发泄不满的替罪羊而已。这批塾师们后来是否顺利毕业,尚不得而知,但他们通过这首《老虎歌》,已经向民众传播了有关新式学堂的负面信息。

不仅一些塾师参与制造有关新式教育的负面舆论,当时一些传统士绅也常编造一些子虚乌有的信息,阻止民众送子弟入新学读书。如巨野县有士绅编造谣言说:"学校是洋学,凡是上洋学的学生,将来都要被洋人带走。"②还有一些针对办学者的言论说:"办洋学堂纯粹是异端邪说,误人子弟。将来兴考试还是得考四书五经,上那个洋学有啥用!"③当时已经是民国初年,科举制度早已废除,这些谣言的出现,说明民初还有些乡间士人仍对科举制度抱有幻想。谣言的传播使很多不明真相的民众,视上新学为畏途,严重影响了新式教育的发展。

私塾和学堂之争还在学生们中间有所体现,当时一些地区私塾与学堂两种学校机构中的学生也常常出现吵嘴、打群仗的情形。一位民国初年在胶州学堂读书的老人回忆当时的情形,私塾的学生骂我们"上学堂穷得爬南墙",我们反过来骂他们"上私塾是秃驴"。④ 从学生们的对骂中可以看出当时的私塾与学堂处在一种对立竞争关系之中,二者之间的矛盾也影响到了不同学校机构中的学生关系。同时,从双方的骂战中还可以看出,部分学生入读学堂是由于家庭经济状

---

① 治平:《教育轶事——〈老虎歌〉》,牟平县政协文史资料委员会编《牟平文史资料选编》第二辑,1988 年内部发行,第 176 页。
② 姚西峰:《民国初年学界人士与封建势力的斗争》,政协巨野县委员会文史资料委员会编《巨野文史资料》第三辑,1989 年内部发行,第 54 页。
③ 姜洪文,文臣星:《济宁县农村第一所高级小学》,中国人民政治协商会议山东省泗水县委员会文史资料研究委员会编《济宁郊区文史资料》第三辑,1988 年内部发行,第 83 页。
④ 冷韵清:《民国初期的冷家村学堂》,中国人民政治协商会议胶州市委员会文史资料委员会办公室编《胶州文史资料》第 15 辑,2002 年内部发行,第 137 页。

况较差。廖泰初在其调查中也发现,在洋学里读书的都是较为贫困的子弟,在他看来,"人民的穷苦是使洋学能于维持最重要的原因"。① 应该说他的这一结论是在分析汶上县私塾与学堂状况的基础上得出的,并不能完全代表山东各地的情形,但从某种程度上也反映出学堂在设立之初并没有得到民众的认同,而只能通过免收或少收学费的办法招收无钱入私塾学生的现实。

新式学堂在步入乡村之时,遭遇了来自乡村社会多种形式的挑战,既有办学方面的反对,又有教学方面的挑衅;既有言语上的攻击,又有行动上的抵抗;既有直接反对,又有间接阻碍。这些形式各异的挑战由于私塾的存留而在乡间长期存在。正如廖泰初所言:"洋学堂和私塾永远是对立的。洋学堂教员们的看不起私塾,正如塾师塾东们看不起洋学一样,互相冲突,互相攻击,办汉学者利用地方的势力去压抑洋学,洋学也借县政府的名誉在挣扎。"②乡村中的学校与私塾长期处于一种紧张对立关系之中。

二、反复进行的私塾取缔与根深蒂固的乡村私塾

新式教育在推广之时,受到了来自传统教育的重重阻力。那么,如何把传统私塾改革成为新式教育则成为推动者们不得不思考的问题。从清末开始,江浙地区的士绅较早发起了私塾改良活动,试图寻找一种将传统教育转化为新教育的途径。光绪三十三年(1907),山东提学使朱益藩通饬"各属设立劝学所,由所派员详细调查各私塾住址及塾师姓名。强迫改良教法,或合二三塾为一塾,或合四五塾为一塾。教授科目悉遵奏定章程并延聘曾习师范之人,按日分赴各私塾演说教法"③。始于民间的此类做法逐渐得到了官方认可,宣统二年(1910),学部公布《通行京外学务酌定办法并改良私塾章程》。《章程》规定:"改良私塾以私塾教授渐期合法,并补助地方教育为宗旨","各省责成提学司督饬地方官劝学所认真经理"。④ 从此,改良私塾成为与推广新学并进的官方教育改革举措。民国时期,又陆续颁布了一系列改良私塾的法规,主要包括:1912年发布的《整理私塾办法》,1915年颁定的《教育宗旨令》和《特定教育纲要》中对私塾的相关规定,1937年颁布的《改良私塾办法》等。

山东各地在推行中央政令的同时,也根据其实际状况制定了相应的私塾改

---

① 廖泰初:《动变中的中国农村教育——山东省汶上县教育研究》,北京:燕京大学社会学系,1936年铅印本,第35页。
② 廖泰初:《动变中的中国农村教育——山东省汶上县教育研究》,北京:燕京大学社会学系,1936年铅印本,第35页。
③ 《东方杂志》,1907年4期,教育,第122页。
④ 朱有瓛主编:《中国近代学制史料》第二辑上册,上海:华东师范大学出版社,1987年,第311页。

良办法。如平原县在整顿私塾的过程中发现"若徒恃文告劝导,言者谆谆,听者藐藐,终难达改良之目的。是非慎选塾师,严加取缔,实不足以资整饬而利进行"①。于是当地教育部门拟定出了《考选塾师及调查奖惩办法》,共八条,试图通过严格考选塾师的办法保证私塾的教学质量,并逐渐完成向新式学校的过渡。又如1929年青岛市颁定了《非岛特别市教育局整理私塾及取缔规则》②,共十八条,其中对于私塾的教学科目、教科书、塾师检定等方面做了非常详尽的规定,以使暂时难以取缔的私塾在教学等各方面能够尽量接近新式学校。尽管这类法规的名称不尽一致,但颁定这些法规的出发点都是为了解决传统私塾的出路问题,并试图利用传统教育资源来推进新式学校的更好发展。改良私塾的细则大致可分为两个方面:一方面充分利用已有教育资源,并通过种种改造,使之尽量接近现代教育,以完成普及义务教育的目标。如青岛取缔私塾规则中规定,"凡私塾成绩优良者准照私塾学校标准及立案手续改为私立学校"③。另一方面,对一时无法取缔的私塾做出多方面限制,尽量不让私塾影响到同一地区学校的发展,尤其表现在生源方面。如《平度县查禁私塾办法》中规定,"学校已成立之村庄附近二里以内不准设立私塾","学童之住址有相距学校虽在二里以外,但较私塾之距离仍以学校为近者,私塾塾师及塾东应拒绝其入塾,不得擅收"。④

尽管不少地方都制定了较为详备的私塾改良办法,然而这些办法在具体推行于乡村时并非一帆风顺。民国初年,日照县政府制定了严厉的取缔私塾章程,行之数年,此法效果却并不能尽如人意。1929年,日照县教育局局长丁史言在日照县小学教职员训练班《通讯地址录》的序言中写道:"自小学倡办以来,私塾未尝严厉取缔,顽固者流,百端诋毁,以致私塾充斥,小学渐就消灭"⑤。1930年,日照县教育局局长孙镜清认为:"本县一般民众思想陈腐,科举余毒仍未破除,以致私塾充斥,虽年来严加取缔,因无相当惩罚办法,塾师仍复活跃。"⑥这些教育部门官员一致认为私塾的存在是影响学校发展的最大障碍,试图严加取缔,但

---

① 《巡按使公署批平原县详送拟议改选塾师办法文》,《教育报》第二卷第八期,1915年2月,第6页。

② 《非岛特别市教育局整理私塾及取缔规则》,《青岛教育》,第一卷第三期,1929年11月20日,第72—73页。

③ 《非岛特别市教育局整理私塾及取缔规则》,《青岛教育》,第一卷第三期,1929年11月20日,第73页。

④ 《山东教育月刊》第1卷第3号,1922年3月,公文,第49页。

⑤ 作者不详:《民国前期日照县初等学校教育》,政协日照市委员会文史资料办公室编《日照文史》第三辑,1988年内部发行,第113页。

⑥ 作者不详:《民国前期日照县初等学校教育》,政协日照市委员会文史资料办公室编《日照文史》第三辑,1988年内部发行,第114页。

第四章 乡村教育变革与乡村社会

取缔的效果让他们感到很无奈。在分析私塾难以取缔的原因时,他们一致认为私塾的顽固存在是由于民众思想陈腐以及惩罚力度的不足。无法考证作为县级教育首脑的两位日照县教育局局长是在何种程度上参与了私塾取缔活动,但从廖泰初对同一时期汶上县私塾取缔活动的描述中可以窥见地方官员的作为:

> 民国十九年,私塾闹得太不成话了,二月十九日乃公布取缔私塾暂行办法四条:用最强硬的手段,压迫村长,塾东,塾师,塾生,处以罚款,想让他们就范。
>
> 私塾的繁衍并不因这次取缔办法的公布而稍事变形,先不说这些办法可行与否,执行办法事实上就没有人,一个局长,两个督学,全县一千三百多村庄,大的村庄,每个就有几处私塾。县政府的官员是绝对没有下乡的习惯,靠从前的区教育委员去执行又是不可能的,这些人物就是本地本土人,说不定就是塾东,老百姓们更是犯不着领一点儿奖金去举发与他们生命有关的"上司",对县政府的把戏早已看透,无非冠冕堂皇,说说而已;城内的几处因为近水楼台,表面看来沉静了一些,在乡间的,照旧是安枕无忧,不管那些事儿,最多也只买几本新式课程标准的教科书装装门面,事实上是有取缔的办法,但是没有取缔的人,一纸公文,于事无济的。①

从这段描述中可以看出,这次私塾取缔活动没能成功与当地官员的执行力度有很大关系。执行力度的不足,首先缘于人手的严重不足,数量如此庞大的私塾取缔工作仅仅由三人来负责,他们就算是有三头六臂也难以完成此重任。另一方面,这项工作的巨大难度也在无形中变成了他们不去工作的借口,造就了他们懒于下乡的习惯,因而私塾取缔活动很难深入推行于乡间。位于海滨的黄县同样存在此类问题,正如当地政府部门所言:"惟查私塾之发生,多在距城稍远之乡镇,如无人举发,则本府将无由取缔。"②县级部门的工作态度既然如此,区级工作人员更是难以指靠,长此以往,所谓的私塾取缔工作就成了一纸空文,毫无实质意义可言。基层官员的这种态度,在很大程度上为乡村私塾的长期存在保留了空间。

总体而言,1937年前山东取缔私塾的成效并不显著,大量私塾依然在乡间

---

① 廖泰初:《动变中的中国农村教育——山东省汶上县教育研究》,北京:燕京大学社会学系,1936年铅印本,第14页。
② 《黄县教育行政月刊》第三卷四期,1935年4月20日,第15页。

长期存在,并且形成了与新式学校相对立之势。省视学在视察莒县时发现,当地"以城关地面之广,人口之众,而初小学校竟无一处,调查私塾,反有二十九处之多"①。招远县"小学虽有一百七十余处,私塾尚有六百余处之多"②。且不说山东各地乡村教育的主导地位是由私塾占据,就连与省城济南毗连,有"山东首县"之称的历城县,至20世纪三十年代也是类似局面。"全县有三百余所小学,有九百多处私塾,恰成一与三之比。即以祝甸一乡六庄而论,小学二所,私塾十处,反成一与五之比。农村文化中心的推动者,维持者仍是旧教育不是新教育。"③私塾不仅在数量上占有绝对优势,而且在乡村社会中占据着文化中心的地位,正如廖泰初所言:"私塾组织不单是久已成为传统的识字中心,学而优则仕的台阶,而且在一个社区里,常常间接的占有了若干政治经济的力量,成为活动的中心,对付一切日常或非常的事态。"④正是由于私塾在乡间的文化中心地位以及塾师所拥有的多方面权威,所以,私塾的存在不仅仅带给新式学校多方面的挑战,而且直接压制了学校的发展。1915年,省视学在视察招远时,发现有的"塾师设塾强要公款并把持学童,不使学校成立"⑤。如此强悍的塾师不止一个,汶上县"城内私立育德小学最好的几个学生,给本街的一处私塾拖走了,经与街长交涉无效,校长始则摇头继则嗟叹"⑥。当地竟然还有"曾和私塾血战沙场的人物,洋学的校长和教员们,终竟投到地方的旗帜下尽忠了"⑦。此类事例的发生有其自身复杂的原因,但从新式学校及教师败下阵来的事实可以窥见私塾在乡间所拥有的强势地位。

三、乡村新式学堂势弱的原因分析——乡村民众的视角

作为近代教育变革中出现的新要素,新式学校理应完成取代传统教育的任

---

① 《彭视学视察莒县报告》,载《民国教育公报汇编》(122册),北京:国家图书馆出版社,2009年,第353页。
② 《李视学视察招远报告》,载《民国教育公报汇编》(123册),北京:国家图书馆出版社,2009年,第353页。
③ 屈凌汉:《一年来的祝甸乡实验区》,载《山东民众教育月刊》第四卷六期,1933年8月15日,第46页。
④ 廖泰初:《动变中的中国农村教育——山东省汶上县教育研究》,北京:燕京大学社会学系,1936年铅印本,第11页。
⑤ 《李视学视察招远报告》,载《民国教育公报汇编》(123册),北京:国家图书馆出版社,2009年,第353页。
⑥ 廖泰初:《动变中的中国农村教育——山东省汶上县教育研究》,北京:燕京大学社会学系,1936年铅印本,第34-35页。
⑦ 廖泰初:《动变中的中国农村教育——山东省汶上县教育研究》,北京:燕京大学社会学系,1936年铅印本,第29页。

务,然而事实上并没有达到改革者的预期目标。为什么私塾能够长期称霸乡间,而新学却处于劣弱地位呢?当然,因为一些私塾与乡村中的权威人物有着千丝万缕的联系,所以在乡村社区中拥有一定权势,而新生的学校则相对势单力薄。但更多情况下私塾的长期存在却是由于民众的大力支持,是他们根据自己的需求自然选择的结果。正如《民国东平县志》所云:"夫畏法吝财本乡人之素习,今乃甘心犯禁令出重金,舍官校而入私塾,此中情形固出于民智之不开,而学校自身之千孔百创实多。授人以口实,又何怪社会之视若畏途之。若浼由私塾增进而观之,乃知县人非不悦学,实学校之本体不能取悦于人。"①山东民众教育馆的工作人员在对祝甸乡村教育实验区的教育状况进行调查后也认为:"固然乡村风气闭塞,文化未开,私塾林立。然乡村小学办理不满人意者居多,失掉乡民信仰,也是私塾加多的主因。"②乡民的选择不仅对新式学校的生源和发展带来直接影响,作为新式教育的广大受众,他们的选择还反映出乡村社区的实际需求以及教育改革所取得的具体成效。下面将透过乡村民众的视角来分析山东新式学校势弱的原因。

第一,小学是政府的,而非民众的。近代乡村兴学事业是自上而下进行的,筹款设学并不是农民的意愿,"但各县成立学校的学捐摊派,大半随粮代征,或征收最小区域的地方税,贫农一样要出钱。他们只尽义务,不能享受权利。他们认为学校不如清代的书院私塾。书院供给穷学生膏火,私塾只有上学的那些富家出钱。村立小学贫民不能入,却要一切人家同样出钱"③。经济生活本就紧张的农民对这强迫增加的学校捐税非但不满,甚而产生了对学校的愤恨。另外,又有不少学校门前常挂着"学校重地,闲人免进"的虎头牌,给人以威严和拒人于千里之外之感。更有甚者,"学校所管有的土地公产以及树木校具之类,偶然被穷人侵占损毁一些,办理的人便可以凭借机关的力量,肆行敲诈,或使当事的人受很重的处分,大可以比庚子以后,国民革命以前的教堂威严,而远非地方的豪绅所可及。因此村民更想着他是洋化的教育局的县政府的,教育厅的,充满了凛凛可畏的'衙门性''洋性'"④。可以说,在民众的心目中,学堂成为政府通过强制力

---

① 张志熙修,刘靖宇纂:《民国东平县志》,1936年铅印本,卷七,政务,第30页。载《中国地方志集成·山东府县志辑》第66册,南京:凤凰出版社,2004年,第76页。
② 屈凌汉:《一年来的祝甸乡实验区》,载《山东民众教育月刊》,第四卷六期,1933年8月15日,第46页。
③ 梁容若:《乡村小学与民众教育》,载《山东民众教育月刊》,第二卷第二期,1931年9月25日,第3页。
④ 梁容若:《乡村小学与民众教育》,载《山东民众教育月刊》,第二卷第二期,1931年9月25日,第2页。

植入乡村、与衙门性质相近的事物。他们在称呼学校中的事物时也习惯加上一个"洋"字,如把学校叫作洋学堂,把学生叫作洋学生,把教师叫作洋教司,把毕业生叫作洋秀才,以此来与他们所喜爱的"儒学"——私塾相区别。乡村民众在心理上就十分排斥学校,在行动上也很难对学校有所关心和支持。

第二,学堂花费较高,民众难以承担。山东是一个以农业为主的省份,近代的乡村经济破产形势对当地影响很大。乡村家庭供养孩子上学成为一项重大的经济负担,即使是位于沿海、经济状况相对较好的荣成,农民们依然觉得供养一个初小学生在经济上将会十分窘迫。"那时在青山小学读书的学生一个学期的学费、书籍费、饭费加在一起还不到两吊钱,也就是不到二百个铜板。可就是这两吊钱也不是一般农民家庭所能供养得起的。"①而且,除去花费不计,日常所耽误的工作,直接对生产所出的劳力之损失,农民们也看得很重要。因为农业工作极为繁琐,而十岁左右的儿童即可以承担其中许多的工作,如饲养牲畜、储肥料、看水道、送饭……都是儿童做的事,正所谓"男儿不吃十年闲饭"。并且"桑荫种瓜""垄畔试耕",除草施肥、分秧接柳、织布、编席、缝衣、做饭等活也需要相当的实习训练。农家的男女儿童,既有繁琐的工作待做,又为了训练手工农事技术的方便,父母自然不肯使他们到学校读没用的书,增加纸笔书籍的消费了。②出于传统的习惯思维和现实利益的考虑,农民们还往往把受教育看作升官发财和光宗耀祖的途径。"但另一方面他们自己知道,自己身份不能使子弟读书读完高等教育阶段,因而看出了升官发财、光宗耀祖的不可能性,就以为与其半途辍废,倒不如根本不上学的好。这种心理,是普遍存在着的,那种只求能看看布告写写账的心理,只不过是此一心理之变态。"③因此,出于现实经济利益考虑的心理也成为乡民们不愿送子弟读书的重要原因。

第三,学校教学内容远离农民生活,培养结果不合乡村需要。尽管部分乡村学校中也使用了一些乡土教材,但绝大多数教材的内容皆来自都市。学生们读的课本,内容完全是都市里边的事情,而他们却住在乡村,除了在过往的行人身上及由都市批发来的洋货上面嗅到一些都市味之外,一点都市的事情也不晓得,连他们的教员或者也不甚了了。④很多山东乡村学校使用的教材不仅编自于都

---

① 褚子正:《青山脚下话今昔》,中国人民政治协商会议荣成县委员会文史资料研究委员会编《荣成文史资料》第二辑,1988年内部发行,第46页。
② 梁容若:《乡村小学与民众教育》,载《山东民众教育月刊》,第二卷第二期,1931年9月25日,第2页。
③ 龚骞:《潘家店——鲁西农村中小镇店的典型》(下),载《乡村建设半月刊》第六卷二期,1936年9月1日,第1页。
④ 龚骞:《潘家店——鲁西农村中小镇店的典型》(下),载《乡村建设半月刊》第六卷二期,1936年9月1日,第2页。

市,甚至取材于南方。对此,乡村教师们也觉得很无奈,"现在小学教科书,又多取材于南方和都市,弄得见闻短少的儿童学起来,殊不易了解,不过只凭机械的记忆,自难免旋即遗忘"①。连乡村教师都对这些内容不甚了解,儿童学起来则更加困难,教学的效果自可想而知。时人也对此有所评价,李蒸先生曾言:"现时农村儿童所受的农村小学教育,严格地说起来,实在是够不上教育二字,最多不过是灌输些书本上的知识而已。农村小学的课程,并未与农村社会生活打成一片,农村儿童受了四年的小学教育,未曾增加了生活效能,农村社会依旧衰落,农民困苦亦依旧未能解除。"②且不说读过书之后实用的技能没有增加,更可怕的是原来农村孩子身上的那种勤劳朴实的优良习惯也渐渐消失,原先是一个很勤苦、很简朴的小孩子,读过几年书,实用的知识和能力,不但没有增加,而简朴勤苦的德性反倒堕落了,并且随着求学的程度提高,士大夫的意识越显明,生活的欲望越大,挥霍的习惯,越来得凶。③ 如此远离生产、不切实用的教育,自然很难得到民众的认可。乡民们还编有一首歌挖苦上洋学堂的学生:"一条文明棍,拉着;二饼的眼镜,戴着;三炮台的纸烟,吸着;四季的衣裳,换着;五族共和的话,说着;六亲不认的肚,吞着;七天一个星期,过着;八圈马将,打着;九九归一,闲着;十个头的账,抗着。"④这首歌以调侃的话语反映出乡民对新式教育培养结果的极不认同,在他们眼中,新式学校会将学生培养成游手好闲、奢靡无度且气质怪异的人。正如时人所总结的那样:"乡村社会所需要者是爱护乡村之份子,而学校所培养者是羡慕都市、离开乡村之份子;乡村社会所需要者是吃苦耐劳努力生产之份子,而学校所培养者是游手好闲、只消费而不生产之份子。总之:学校所供给者,不切合社会需要;社会所需要者,学校根本没有供给。"⑤

第四,乡村教师无法得到民众的信仰和敬重。造成此现象的原因首先是由于部分乡村教师自身的知识水平有限。据时人记载,不少乡村教师没接受过正规的师范教育,有些是由塾师改造的,有些是转到教育界来的,还有些简直如塾师一般⑥。如此水平的教师,很难胜任新式学校的教学。一些乡村小学教师不仅知

---

① 周庆浩:《乡村教师的生活》,载《民众周刊》,第六卷三十六期,1934年10月2日,第7页。
② 王培祚:《乡村社会与今后之乡村教育》,载《山东民众教育月刊》,第五卷三期,1934年4月25日,第28页。
③ 西泽:《穷人还念得起书吗?》,载《民众周刊》,第三卷五期,1931年9月1日,第10页。
④ 王培祚:《对于乡村应有之认识》,载《乡村教育半月刊》,第十期,1933年10月15日,第3页。
⑤ 李韶严:《乡村小学失掉民众信仰之原因及其补救方法》,载《乡村教育半月刊》,第三十五期,1935年10月31日,第2页。
⑥ 王培祚:《乡村社会与今后之乡村教育》,载《山东民众教育月刊》,第五卷三期,1934年4月25日,第28页。

识水平有限,工作态度也很不认真。"这些教员校长之类,一方面既不努力于学业的进修,另一方面又展开了腐败性的生活,他们常常与乡长里董们来往;并从事酒食征逐与酬酢,许多教员晚上打一夜牌回来,清晨接着上班,连他自己讲什么功课都忘记了。"①乡村教师的这些行为在乡村民众心目中留下了极坏的印象,再加上部分乡村教师本身即是未成熟的青年,在年龄上本也不易为乡民们所敬重,这些因素均让乡民们视学校为畏途,自不愿送其子弟入学,免得"瞎子牵瞎子""娃娃引娃娃"。乡村教师的知识水平与教学态度是一方面,他们不能得到民众信仰的重要原因还在于其不能很好地融入乡村社会为民众服务。相对而言,私塾先生们则在教学之余,"还给乡村农民作礼仪顾问,法律顾问,临时秘书,服许多文字上的务,例如丧礼的点主作礼宾啊,写婚书,讣文,祭文,挽联,贺联春联啊,看田房文契书信,借帖,合同啊,等等。所作的事情也许陈腐无用,也许琐碎无聊,但都可以使乡民感觉他的需要,感觉他不仅属于儿童。所以私塾先生在乡村的地位,远过于现在的小学教师"②。而乡村教师不过是只知教一些狗跳猫叫的内容,提倡唱歌打球一类的活动,领着儿童玩玩笑笑、跳跳闹闹的高级佣保而已。乡民们无法信任乡村教师,也更难以对乡村学校有所信仰。

私塾已经在中国乡村中存在了上千年,在长期磨合过程中已经与乡村社会建立了和谐的关系。私塾的课程安排、培养目标、收费状况等各方面皆非常适合乡民的需要,塾师也大都能够胜任民众所赋予的"圣人"责任,乐于帮助乡民解决文字上的难题,成为乡村民众生活中不可或缺的人物。可以说,乡民们已经建立了对私塾的深深信仰,即使是在外界宣扬私塾过时和误人子弟的时候,他们也不容易为这些言论所动,更何况还有不少私塾根据当地乡村需求和教育改革要求做出了改良。如1916年陶钝家中办起了家塾,请来的塾师任蔚堂先生也自行对该塾进行了教学方法上的改良:"任师傅可以称作通达世故的人了。他不是按老规矩办,先把'四书''五经'背熟然后开讲,他给我们先讲后念。"③另外,还有一些私塾中增教了珠算,一直学到除法,私塾学生学了三年以后一般都能够丈量土地、记账;部分私塾还教学生写农村应用文,包括书信、门联、红白喜事的书帖等,能给农民办些实事,在民众眼中,私塾要比"蹦蹦唱唱"的学校好。④

总之,新式学校在步入乡村之时遭到了种种挫折,这首先是由于近代教育改

---

① 龚鸾:《潘家店——鲁西农村中小镇店的典型》(下),载《乡村建设半月刊》第六卷二期,1936年9月1日,第2页。

② 梁容若:《乡村小学与民众教育》,载《山东民众教育月刊》第二卷二期,1931年9月25日,第3页。

③ 陶钝:《一个知识分子的自述》,济南:山东人民出版社,1987年,第36页。

④ 吴庆华:《峄城区的私塾教育》,政协枣庄市峄城区文史资料委员会编《峄城文史资料》第五辑,1992年内部发行,第144—145页。

革作为一场由政府推向民间的运动,二十世纪初至三十年代的这段时间,政府的力量还不够强大,无法给予新式学校足够的经济资助并建立起完善的师资培养体系,其本身的师资、课程、教学等方面还不够成熟。其次,乡村学校嵌入村落的过程中也缺乏对乡村社区特殊性的考量,缺少对于民众需求的思考,因此,学校在推行于乡村社会时出现了严重的水土不服。正是由于种种复杂的原因,新式学校是以一种不完善的形式在乡间出现的,在面对各方面都相对成熟的私塾教育时,无法与之抗衡,一时间也难以得到民众认可。

第二节 教育变革与近代乡村学务权力的重新分配

一、中央与地方:地方学务权逐渐收归中央

近代教育改革前,乡村教育主要由大量散布于乡间的私塾承担。私塾一般由士绅或在任的乡里长官自行设立,无需向官府备案,正所谓"不动官不动公,私人设立的学塾"①。私塾中塾师的选聘由塾东决定,日常教学安排、管理等各方面由塾东和塾师共同商议完成,官方对此并不过问。随着近代教育改革的推行,逐渐建立起了从中央学部到地方劝学所的各级教育管理机构,中央对学务的控制权渐渐渗透到最基层地区。正如杜赞奇所言:"在 20 世纪前期的中国政治舞台上,……所有的中央和地区政权,都企图将国家权力伸入到社会基层,不论其目的如何,它们都相信这些新延伸的政权机构是控制乡村社会最有效的手段。"②教育领域内同样如此,这些新设立的教育管理机构逐渐将各地乡村学校的设立与经营纳入官方的统一管理之下。

官方取得地方学务控制权的过程并非一帆风顺,最初,在一些地区连教员的聘任权都无法掌握。如宁阳县"每届年终由劝学所缮具委任状,呈送县长盖印分给各教员。惟其中窒碍甚多,流弊不免。委状虽已发出,非教员辞而不往,请求改派,即校董拒而不纳,随意另聘,往往至阴历二三月间教员一席尚不解决"③。可以看出当地教育行政部门和政府部门试图联手掌控学校教师的选聘权力,但

---

① 廖泰初:《动变中的中国农村教育——山东省汶上县教育研究》,北京:燕京大学社会学系,1936年铅印本,第18页。
② 杜赞奇著,王福明译:《文化、权力与国家——1900—1942年的华北农村》,南京:江苏人民出版社,2008年,第3页。
③ 《山东教育月刊》,第三卷第一期,1924年1月,第8页。

由县府盖印的委任状在事实上几乎毫无效力可言,教员和校董并不听从其委任,而是依然自由地进行着双向选择。后来,出于保障当地学生正常接受教育考虑,政府部门做出了妥协,"拟嗣后各国民学校教员由各校校董于曾受检定及单级毕业、师范讲习所毕业三项合格教员择优延聘,再由教育局至阴历正月二十日以后派员赴各校逐查,倘各校董延聘不合格之教员,即呈请县长撤换另委"①。当地教育局在保证教师质量的前提下,把各校具体的教师聘任权力下放给了学董,而仅仅实行检查及监督的权力。这一事例反映出近代教育变革之初,作为办学者或学校赞助者的学董在乡村中仍拥有相当大的权力,使得代表国家意志的教育部门不得不做出让步。

然而,一味地妥协并非长久之计,由于教育行政部门和学董之间的权力界限并不明晰,在教育行政部门看来,各地学董常会做出逾越其权限的事情。"各区学董校董等,往往不明权限,动辄干涉学校行政,甚或呈荐教职员,一不遂意,即至鼓励学潮,若不严行整理,殊于乡村教育,窒碍滋多。"②此类情况的出现一方面源于各方权限不清楚,另一方面也与当时乡村劣绅化现象的出现有关,不能否认其中有部分学董校董是由乡村中的劣绅充任。为了改变这种混乱的教育行政局面,各地教育部门开始采取相应举措。青岛市教育部门采取一刀切的办法取消了当地乡村学校的校董,又根据当地"乡区辽阔,乡村教育事务甚繁,凡取缔私塾,调查学龄儿童,以及其他事业之设备,与监同建筑工程等事项,在自治组织未备以前,为谋教育行政便利起见,仍需专项助理"③的现实需要,决定在乡区设立学务委员以处理乡村教育事务。以乡区各公安分局长,或巡长、办事员,兼任区学务委员,及分区学务委员,并遴选地方公正人士充任村学务委员。根据1931年核准施行的《青岛市教育局任用乡区学务委员简则》规定,将青岛乡区学务委员分为区学务委员、分区学务委员和村学务委员三级,各级之间是统属关系。分区学务委员受教育局及区学务委员之指挥监督,村学务委员受本局及区学务委员之指挥监督并须随时秉承分区学务委员及当地校办事。④ 在工作内容上,各级学务委员主要负责辖区内的新式教育推广、私塾取缔及社会教育等各项事务。

青岛市所推行的取消学董改为学务委员的变革是山东乡村地区学务改革的一个典型事例,当地教育行政部门采取强硬措施剥夺了传统乡区学务管理

---

① 《山东教育月刊》,第三卷第一期,1924年1月,第8页。
② 《青岛教育》,第一期,1931年1月,第32页。
③ 《青岛教育》,第一期,1931年1月,第32页。
④ 《青岛市教育局任用乡区学务委员简则》,载《青岛教育》,第二期,1931年9月,第134页。

者——学董的权力,并建立起新的学务管理机构。虽然受资料所限,无法知晓这一举措的具体实施状况如何,但从区学务委员和分区学务委员的人员构成看,二者皆吸收了具有暴力机关职能的公安机关人员加入其中。这从一个侧面反映出当地教育行政部门做好了强制性取消学董的充分准备。可以说,近代教育改革推行以后,原有的乡村学务权力格局发生转移。随着中央对地方学务控制权的不断下移,学董的权力日渐削弱,乡村学务权最终完全纳入中央的统一管理之下。

二、乡村学务地位的提升与不同利益群体对办学权的争夺

1909年1月,清廷公布的《城镇乡地方自治章程》正式将学务列为地方自治事宜的重要内容,其中包括地方上的"中小学堂、蒙养院、教育会、劝学所、宣讲所、图书馆、阅报社,其他关于本城镇乡学务之事"。[1] 地方学务被独立为自治事务的重要一项,提升了其在地方行政系统中的地位。而地方学务地位的提升带来了人们积极参与乡村学校事务的局面。一方面,一些人通过任教或为学校捐资的方式来增加自己的名誉或免除灾祸;另一方面,也有不同利益群体展开了对当地学务控制权的激烈争夺。

随着学务地位的提升,人们渐渐把办学视为提升自身社会地位的一种途径,并采取各种方式积极参与到办学事务中。例如当时金乡县私立里仁小学中即有一部分教员宁愿不取工资,也愿意在此任教。因为在那时,如果家里只有土地,有金钱,没有在外边读书或做官的人,不能光耀门庭,社会地位不会太高,而且容易受地方上的地痞、流氓讹诈。为了避免此类事情的发生,一些中学毕业生选择到小学任教。例如在一九三五年前后,就有李某、田某因此而到里仁小学担任教师。前者是高中肄业,后者是初中毕业。这样他们既有土地财产,又在县城有点名誉了。[2] 在以上教员的眼中,教学不再是谋生的手段,而成为提升个人名誉及光耀门楣的渠道。由此可以看出,学务被纳入地方自治事务的范围之后,其作用的发挥就不再仅仅限于教育领域之内,同时还被人们赋予了更多的社会意义。除通过担任教员的方式参与学务外,还有农村里少数地主,怕地痞流氓诈骗,自愿任里仁小学的校董,甘愿出款捐助。因为和里仁小学有了关系,可以免灾祛祸。[3]

---

[1] 故宫博物院明清档案部编:《清末筹备立宪档案史料》(下册),北京:中华书局,1979年,第728页。

[2] 李吉珊:《金乡县私立里仁小学概况》,中国人民政治协商会议山东省济宁市委员会文史资料研究委员会编《济宁文史资料》第三辑,1989年内部发行,第73页。

[3] 李吉珊:《金乡县私立里仁小学概况》,中国人民政治协商会议山东省济宁市委员会文史资料研究委员会编《济宁文史资料》第三辑,1989年内部发行,第76页。

在这些有一定经济基础的人看来,参与学务不仅仅可以提升其社会地位,还能借此免除被地痞流氓欺负、讹诈的灾祸,可以说他们是出于一种自我保护的心理而捐资助学。而这背后也反映出地方学务地位的提升及其在乡村百姓生活中具有的强大影响力。

尽管以上担任教员者和出资助学者都是出于自己的私利考虑而为之,但这些做法毕竟都是较为平静的参与学务方式。他们的做法并没有妨碍学校的发展,有些举动还给予学校一定支持。与此同时,还有不少利益群体加入乡村办学权的激烈争夺中。他们抢夺乡村学务权力的方式多种多样,甚至出现了争讼不休的对峙局面。下面将以黄县的两起学务诉讼为个案,分析不同利益群体对地方学务控制权的争夺。

个案一:基层官员对地方学务控制权的争夺

1934年3月15日[①],黄县第五区区立第三十五初级小学校长迟有彭控告新任乡长迟元壮联络烟鬼赌徒,组织私学,并雇本村嗜好优伶,常常与梨园弟子为伍,戏场朝会莫不厕身其中者迟德懋任充教员。他认为这是一种居心破坏教育的做法,而且官方也有一村不准设立二校的规定,于是请求县长解散以上违法成立的私塾。没过几天,第五区绛阴乡磨山迟家村的戚得发、迟元壮等十三人联名控告该区小学校长迟有彭吞蚀公款,恳请彻究。对于这两起互为原、被告的案件,县府决定派出教育委员陈云栋前往详查。

调查结果表明,第五区区立第三十五初级小学校长迟有彭并未吞蚀公款,有账簿和教员为证,而案件中私塾的设立却源于曾在该校任教员的迟德懋。1927年,迟德懋任区立第三十五初小教员并接管该校账簿,至1933年黄县税契增多,该校领得契佣国币八十余元,校长迟有彭曾言此项收入应为小学设备桌凳之用,没曾想到这笔款项后来却成为迟德懋另设新学校的经济基础。另外,迟德懋身为教师却常登台演剧,校长不时规劝其改过,而他则恼羞成怒打算离开,这也是迟德懋设学的重要原因。对于此次纠纷的处理结果是,该校长迟有彭并未侵蚀公款,免予置议。对戚德发等捏词诬控,严加申饬,以资警戒,并勒令解散迟德懋等挟嫌设立的私塾。

很显然,这是一起争夺村内办学权的学务纠纷。尽管区立第三十五初小校长迟有彭称新设的那所学校为私塾并要求取缔,但这所谓的私塾并非以讲授四

[①] 《黄县教育行政月刊》,第二卷六期,1934年6月20日,第11,13,18—21页。

书五经为主的传统学校形式,而是指未经立案的学校。这种学校在黄县并不少见。黄县县政府取缔私塾的训令中即指出,如出现"偶因学校当局,意见稍有不合,辄思独立一职,或延师设立私塾,或集资组织学校,以与已立案之学相对抗"①的情形,应将新设学校组织定位为私塾,列于取缔范围之内。这种情况在山东其他地区也很常见。20世纪30年代,研究者发现荣成也有不少类似的"私塾","这里所说的私塾,并不是指着讲授四书五经的学校言的,是未立案的学校。这种学校在荣成地面实不乏有"②。因此,以上两起诉讼中的双方并不涉及新旧教育势力之争,而是对该地区办学主导权的争夺。

从案件中涉及的各方身份看,第一起诉讼中的原告是区立初小校长迟有彭,被告是新任乡长迟元壮及原初小教师迟德懋。资料中并未标明第二起诉讼中作为首席原告的戚得发的身份,但就案情推测,他应该是新设学校的学董,按一般惯例,能够充任学董的应具有一乡士绅之身份,因此戚得发应是该村中有一定权势的人物。此外,作为原告的还有新任乡长迟元壮等十二人,而新设学校中的教师迟德懋并未加入原告之列。从案件的来龙去脉看,迟德懋未参与第二起诉讼或由于自知理亏,这一细节同时也反映出这次纠纷虽由迟德懋而起,但真正矛盾的双方是区立小学校长与新任乡长及其利益群体。新任乡长迟元壮其实是试图借教员迟德懋与校长迟有彭的不和,支持迟德懋另立新学校,从中攫取该地区的办学权。在此次纠纷的处理上,当地教育部门进行了较为充分的调查,并做出了比较公正的判决,并没有偏袒此案中相对更有权势的乡长一方。在此案例中,新任乡长为达到掌控该地学务权的目的不惜联合乡民栽赃校长,足见学务权在乡村中的重要地位以及乡村学务权力争斗的激烈性与复杂性。

个案二:地方乡绅对办学权的抢夺

纠纷发生在黄县普化乡③,该乡的郑厚本与区立普化乡初级小学已故校长郑安本宿怨甚深。郑安本曾任本村村长,1931年以欠款未交呈控郑厚本到县。1933年冬,郑厚本又以吞蚀公款呈控郑安本到省。1934年2月讼事结束,郑厚本纠合村众,扬言郑安本吸食鸦片,被省政府取消其校长资格,并鼓动乡民推选自己为校长,另办学校。乡民受其愚弄,不谙手续,立推郑厚本接办校务。郑厚本一面自行招生,先行开学,一面私自将初级小学校舍

---

① 《黄县教育行政月刊》,第三卷四期,1935年4月20日,第15页。
② 徐旭:《荣成的教育概况》,《民众周刊》,第六卷二十六期,1934年7月3日,第4页。
③ 《黄县教育行政月刊》,第二卷第十一期,1934年11月20日,第35-38页。

北屋拆除,拟加重修。此事被校长郑安本察觉,当即呈控到县,经县长审讯认定郑厚本此举事属捣乱,严令将校舍限期恢复,并不准干预校务。此后郑安本因历遭打击,病愤而死,校务无人负责。乃叔郑有盛,暂将校具收拾,召集学生十余名,维持残局。郑厚本因被县府斥责,怀怨甚深,乘旧校长已故之际,强行将校舍拆除,垫款重修,并唆使族众及学生等,为其竖碑挂匾,歌颂其办学功德。挂匾之日,竟不顾十余里的路途之遥,抬匾进城,巡行至县府门前,其嚣张气焰可见一斑。一村之中本不应设立两校,但让如此对立的两校合并,根本不可能,改委校长,又难以找到愿意赴任之人,该村学务陷入了双方对峙的僵局。

这是一起乡村劣绅抢夺村内办学权的学务诉讼案件。涉案人员的身份并不复杂,原校长郑安本、新校长郑有盛以及试图抢夺办学权的村中劣绅郑厚本。郑厚本家道富裕,且在村中有一定权势,但根据他不择手段夺取办学权的行径只能将其定位为劣绅。这场学务纠纷的发生源于郑厚本对当地学校校长一职的觊觎,为了达到目的,他想尽了种种办法,包括多次赴省起诉、借省府军法处长之令逼原校长郑安本下台,甚至强拆校舍、强办学校、强制学生出钱为其树立碑匾。尽管郑厚本自始至终未曾得到官方的支持,但从他能多次鼓动乡民为其效劳和原有学校仅剩十余名学生勉强维持残局的事实看,他在这场争斗中是一直处于强势地位的。

冲突的解决并没有因郑厚本在乡村中的强势行为而有失公允。黄县教育局专门指派县督学前往调查此案,在了解事情的前因后果之后,表明了对该案处理的基本态度:"此次郑厚本垫款修筑校舍,表面观察,似属热心教育,但从事实而论,则无异恃金钱夺得校长,藉学校作攻击郑有盛之工具。至学童及学生竖碑挂匾,与历次赴济呈控各节,亦均系一人为之主动。若不严予惩处,不但此次纠纷,永无解决之日,即全县各校,群起效尤,教育前途,实甚悲观。"①由于此案的案情较为复杂,黄县教育部门专门列出了对案件的多项处理意见,其中包括对两所学校及对郑厚本、郑安本、郑有盛等人的处理。其一,由于郑厚本所设学校未经立案,而原有立案之学校,学生人数太少,校长已故,负责无人,于是将两校一并取消,另组新校。另设之新校,由教育部门遴选合适人员充任校长。其二,将郑厚本逮捕羁押,以利将来校务之进行,并为妄兴词讼者戒;对其修筑校舍所垫四百余元,新任校长不负偿还之责,以示惩警;将其敛款所立碑匾焚毁,以昭信实。其三,郑厚本曾控诉郑安本吞蚀公款,而郑安本已病故,郑有盛又未缴验账簿,故另

---

① 《黄县教育行政月刊》,第二卷第十一期,1934年11月20日,第37页。

外专门审讯此事。果真有吞蚀事实,即令郑有胜或郑安本之子郑树芳赔补,以作整顿学校之用。

应该说,劣绅郑厚本受到了应有的惩罚,在当时有此类行为的劣绅并非仅此一例,黄县教育部门曾言:"按本县情形,各校遇有纠纷,甘愿垫款,另设学校,藉谋捣乱者,不乏其人。"①这种现象的出现有着深层次的社会原因。1905年科举制的废除从制度上中断了乡村士绅习惯已久的上升通道,他们不得不面临新的选择。随废科举而推行的新式教育为乡村士绅提供了一条获取国家权力的新渠道,一些传统时代的社区权威借此重新在公共权力体系中获取了一席之位。然而,由于新式教育自身带有城市化的特征等,大批借助此种教育适应社会变化的乡村精英不断流向城市并长期居留城市。于是,传统乡村精英的席位出现了无人继替的缺位局面。在这种情况下,大量乡村中的土豪劣绅凭借其权势霸占了这一权力真空,乡村的权力格局出现了变动。"原来应该继承绅士地位的人都纷纷离去,结果便只好听任滥竽者充数,绅士的人选品质自必随之降低,昔日的神圣威望乃日渐动摇。"②土豪劣绅占据乡村权威的地位后不断扩张其个人权力,民国时期,华北"乡村势力人物是封建官僚和地主制的产物,集经济、诉讼、荣誉、特权于一身,其势力有时甚至超过县令"③。在不断扩张权力的过程中,还有不少乡绅把原本的公共利益私利化,原本属于公益事业范畴的学务权也成为他们争相抢夺的权力之一。为了霸占学务权,有些劣绅甚至不惜以绑架学童相要挟,采取夜掷炸炮,道折辱骂的方式阻止学生入学。或许他们的野心最终并未得逞,但其恶劣行为对当地新式教育发展带来了非常不利的影响。

不同于以往乡村私塾自由设立、自主发展的状况,随着近代以来新学制的推行,出现了乡村中激烈争夺学务控制权的局面。参与学务争夺的人员身份较为复杂,有官员、士绅及其他地方权威人物。有些地方的纷争是出于对村落中一所学校办学权的争夺,也有些地区则是不同利益集团为了争夺区域内学务权力而进行的较量。如民国时期的金乡县就存在针锋相对的南北两派,主要争夺当地的教育领导大权,一旦争取到领导权,便安插他们各自的亲信,以扩大本派的势力。④ 各地

---

① 《黄县教育行政月刊》,第二卷第十一期,1934年11月20日,第37页。

② 史靖:《绅权的继替》,载吴晗、费孝通等著:《皇权与绅权》,天津:天津人民出版社,1988年,第145页。

③ 李正华:《乡村集市与近代社会——20世纪前半期华北乡村集市研究》,北京:当代中国出版社,1998年,第115页。

④ 伊人:《略谈金乡历史上的南北两派》,中国人民政治协商会议金乡县委员会文史资料研究委员会编《金乡文史资料选辑》第一辑,1987年内部发行,第205页。

学务纠纷的产生原因非常多样,很难用趋新与守旧来衡量参与者的立场,但争夺者的动机大都是通过学务权的获得提升自己在乡村权力格局中的地位,换句话说,即借助国家权力在乡村渗透的机会来壮大自己。无疑,部分地区学务场域内的过度争斗直接给当地教育的发展带来不良影响,但事实上也有部分乡村学校在学务争夺中得以发展壮大。如金乡县的南派首领周文奎为了争夺本派在该县的学务控制权,专门办了一所里仁小学。由于办学者想借此校扩大自己的势力,而社会上又有不少人欲攀附此校以确保自己的地位,所以此校办学过程中从社会上吸收了多方面的捐款,充裕的资金保障了学校的发展。① 可以说,由新学制推广所造成的乡村学务权力的重新分配带给乡村教育的影响是非常复杂的。

第三节 乡村与城市的距离:城乡教育差距的文化审视

一、中国古代教育的城乡一体特征

与西方古代严格的城乡对立不同,中国古代的城市与乡村有着多方面一体性的特征。首先从经济方面看,中国古代的经济以农业为主体,农业与家庭手工业紧密结合,城市与乡村都是建立在自然经济基础之上的。尽管从春秋战国开始,中国的城市中已经开始出现相对独立的工商业,而且从宋代开始,政府对工商业的时间与空间方面的控制都逐渐放松。然而,"从经济角度看,古代中国城市是一种农业性城市,共同的自然基础将乡村和城市、生产和消费联成一个整体"②。

其次,中国古代城乡的文化一体性。这一点已经得到了多位学者的论证,其中美国学者牟复礼先生较早撰文进行了典型性论述。在他看来,尽管中国政治上的中央集权在帝国晚期的几百年间已十分完满地实现了,却没有一座首要城市想为自己争得国内大城市的特权而独揽一些特有的都市活动,因此在中国历史上没有任何一座大城市能够单独代表中国文化,就像伦敦与巴黎分别对于英国和法国文化那样。中国文化的特殊性在于:"不是城市,而是乡村成分规定了中国的生活方式。它就像一张网,上面挂满了中国的城镇。这张网是用中国文

---

① 李吉珊:《金乡县私立里仁小学概况》,中国人民政治协商会议山东省济宁市委员会文史资料研究委员会编《济宁文史资料》第三辑,1989年内部发行,第76页。
② 徐勇:《非均衡的中国政治:城市与乡村比较》,北京:中国广播电视出版社,1992年,第41页。

明的料子织成的,中国文明支持着它,赋予它基本性质。"①牟氏的见解,得到了中外学者的广泛支持。我国台湾学者刘石吉先生从市民群体及古代城乡文化的特点等方面分析指出,在传统中国,市民群体并不构成一个特殊的阶级,也不代表一高级文化的垄断者。在文化上,传统中国没有都市优越性的观念,也一直不轻视农村和乡土的生活方式及文化,可以说几乎没有明显的都市文化或都市特性。城市与乡村之间几乎没有界限。而且,乡村还常常是学术文化中心,书院、藏书楼常在乡间,作为中国传统社会中坚人物的士绅阶级,其活动地点也常在乡间。再者,居城者与其农村之家族还有着不可分割的血缘纽带。②我国学者徐勇先生则从城乡文化基础统一性的角度加以论证,他认为:"以父权为中心的个体农民家庭作为社会细胞组织,为维系家族伦理秩序和差序格局的儒家文化提供了良好的生存土壤,使儒家文化得以深深地渗透到乡村社会。而城市则是担负传递作为官方文化的儒家文化的中心。……共同的儒家文化基础将城市和乡村联为一个精神整体。"③可以说,中国传统的城市与乡村所具有的相同文化基础、同等文化地位等因素决定了城乡文化的一致性,这种一致性特征在中国古代历史上长期存在。

再次,城乡的行政一体性。"关于城乡行政一体性,是指城市在行政系统中不是独立的实体,而是与相关乡村处于同一行政机构管辖之下。"④与欧洲的古代城市不同,中国的传统城市不曾具有独立的自治权力。城市是国家与地方权力机构的所在地,却并不拥有特别的权力,而是同周围的乡村一样由地方官员一并统辖。

尽管城墙分隔出了城市和乡村两类不同的空间,但在整个中国古代社会,这两类空间却有着高度的一致性。正如周锡瑞所概括的那样:"在近代以前的中国,城乡之间没有截然的区分,它们仅是一个渐进的统一体。"⑤处于城市与乡村中的教育同样没有明显差别。古代的官办学校大都设在府州县行政机构所在地,在乡村中同样也有大量官办的社学与义学,除官办学校外,城乡之中皆有为数众多的私塾担当起了启蒙教育的任务,普通城乡子弟的受教育机会大致均等。

---

① [美]牟复礼:《元末明初时期南京的变迁》,载[美]施坚雅主编:《中华帝国晚期的城市》,北京:中华书局,2000年,第113,117页。
② 刘石吉:《传统文化的据点——城市抑或乡村》,载姜义华等编:《港台及海外学者论中国文化》(上册),上海:上海人民出版社,1988年,第181页。
③ 徐勇:《非均衡的中国政治:城市与乡村比较》,北京:中国广播电视出版社,1992年,第42页。
④ 熊月之:《中国传统城市特质的变易与延续》,载《学术月刊》,2009年10期。
⑤ 周锡瑞:《华北城市的近代化——对近年来国外研究的思考》,载《城市史研究》第21辑,天津:天津社会科学院出版社,2002年,第13-14页。

在科举教育之下,城乡学子们学习着同样的经典,通过同样的科举考试获取功名,可以说城乡学校在教学内容和教学目标上都有着高度一致性。从科考及第者的地域分布看,城乡之间也并不存在太大差距。费孝通与潘光旦两位先生曾共同分析了915本从清康熙至宣统年间中榜的贡生、举人和进士的朱墨卷。从朱墨卷上显示的信息可以看出,这些科举及第人士中有52.5%来自城市,41.16%出身乡村,另有6.34%出自介于城乡之间的市镇①。仅就这一数据而言,或可以说,清代城市居民在上升性社会流动方面比乡村居民更占优势,但如果分地域来看,各地的具体情形却并非如此。以各省份来分析,在材料较多的直、苏、浙、鲁、皖、晋、豫七省中,乡村百分比超过城镇的省份就有鲁、皖、晋、豫四省。其中,山东一省中城、镇、乡科举及第者所占的百分比分别为39.56%、4.4%和56.04%②,出身乡村者远远高于城市。

可以说,在中国古代历史发展进程中,城市与乡村在多个方面都有着一致性特征,城乡教育资源分配也不存在明显差异。正如罗兹曼所言,"清代中国相对来说具有一个现代学校体制结构的平衡基础"③。然而,近代以来城乡教育格局却出现了重大变化,城乡教育之间开始出现差距并呈日渐扩大的趋势。这一现象是由多种因素造成的,其中很大程度上与近代学制更易相关。

二、近代教育变革与城乡教育差距的出现

新的教育制度实施以后,学堂的教学目标、教学内容、学制年限等各方面都发生了巨大变化。从清末至民国,学制内容虽屡经变易,但以工业化国家为蓝本的学校制度在步入以农业为主的乡村社会时还是遇到了种种不适。新学制下的学校对学生所能承担的经济能力、闲暇时间等方面都有着比传统私塾更高的要求,学校的教学内容也大都源于都市而远离乡村。正是由于以上种种原因,乡民更愿意固守传统私塾教育,新式学校在乡村很难得到发展。与此形成鲜明对比的是,在近代以来兴起的城市中,教育得到快速发展。

20世纪30年代,国民政府教育部发现:"我国初等教育之最近状况:乡村校数较少,学额又多不足;而繁盛都市,则以就学者众,学校虽较乡村为多,仍不能容纳多数之学龄儿童,适与乡村情形相反。"④为了解决以上问题,1931年教育部

---

① 费孝通、潘光旦:《科举与社会流动》,《费孝通文集》(第五卷),北京:群言出版社,1999年,第446页。
② 费孝通、潘光旦:《科举与社会流动》,《费孝通文集》(第五卷),北京:群言出版社,1999年,第447页。
③ [美]吉尔伯特·罗兹曼主编,国家社会科学基金"比较现代化"课题组译:《中国的现代化》,南京:江苏人民出版社,2010年,第187页。
④ 《青岛教育》,第二期,1931年9月,第107页。

特别颁定了《乡村小学充实学额办法》及《繁盛都市推广小学教育办法》。其中，前者旨在充实乡村小学的学额，达到每一教室不少于二十五人的标准。为了实现这一目标，制定了多方面的努力措施。在招生方面，除要求乡村小学的校长教员应主动劝导附近乡民送学龄儿童入学外，还倡议校长商请校外热心教育人士组成本校义务招生委员会，调查本校周围一公里内的学龄儿童，并督促其入学。义务教育委员会颇像廖泰初所描写的私塾中的"邀东"①，他们十分了解乡民的子女及其家庭经济状况，并负责说服乡民送子女入私塾读书，只不过与邀东不同的是，招生委员会是新式学校的支持者。这一办法的运用可看作基于对乡村社会习俗的了解，亦可以说是对于私塾招生传统的延续；在学时安排方面，规定应考虑农时需要，减缩暑假或年假，酌放农忙假；在学费方面，为使更多贫苦儿童能够入学，建议多设免费学额，并酌发书籍用品。此外，还包括对私塾的限制和乡村学校间的相互调整。根据规定，乡村学校学额不足时，周围一公里内不准设立私塾招收学生，如两所相邻的乡村学校都面临此情形则可酌情合并②。以上办法的制定反映了国家层面对乡村教育问题的关注，各地亦适应乡村实情对乡村学校做出了多方面的调整。1932年，青岛市教育局在以上办法的基础上制定出《青岛市教育局乡区小学充实学额暂行办法》（以下简称《青岛办法》）。在《青岛办法》中，乡村小学学额的推广与乡村建设紧密联系在一起，各乡区小学由该区的建设办事处管理，各乡区建设办事处全体职员于每学年开学后一周内赴本区调查各小学出、缺席人数及教室容纳人数，根据调查结果统计需补充的学额，并通令各村长及学务委员逐户劝令入学。倘劝说无效，则报告乡区建设办事处，办事处将会处学生家长以一定罚金，如果此后听劝入学，可将罚金退回。另外，为了保障学生的就学时间，还对入学年限做出了严格规定："凡学龄儿童入学后非经初级小学毕业不得无故退学。"③这一办法是青岛市教育局根据当地情况对教育部制定办法的地方化和具体化。从以上规定中可以看出，在乡村建设运动中应运而生的乡区建设办事处成为管理青岛乡区学校事务的职能部门，该部门不仅有劝学的义务，还拥有处罚的权力，这就在很大程度上促进了充实乡区学额目

---

① 邀东是山东汶上私塾组织中的重要人物，廖泰初在书中这样描写他们："这些多是地方的'老土地'，最熟识左近的情形，他知道某家有某孩子，某家有几亩地，年中出多少麦子高粱，除养活一家几口外，还剩下几个钱，这样他就知道你那孩子每年应交多少学费，买什么样的书籍纸张，学生们的家境状况都在他的脑子里，哪种调查都没有他清楚；……只要你家里有个像样的孩子，还剩下几个钱，没有不叫他说得口应心服，把孩子赶紧送到私塾的。"（廖泰初：《动变中的中国农村教育——山东省汶上县教育研究》，燕京大学社会学系油印本1936年版，第35页）
② 《青岛教育》，第二期，1931年9月，第108页。
③ 《青岛教育》，第一卷二期，1933年5月16日，第1页。

标的实现。《青岛办法》的制定反映出山东部分地区为推动乡村教育发展而做出的努力,从一定意义上也可以说是为缩减城乡交易差距而进行的改革尝试。

民国时期,国家和地方层面都为缩小城乡教育之间的差距做出了一定努力,然而这些努力却犹如杯水车薪,无力改变城乡教育差距不断扩大的趋势。就山东而言,城乡教育差距主要表现在以下几方面:

其一,学校多设于城市,城乡居民受教育机会不均等。时人对此多有论述,正如王培祚所指出的那样,中国是一个农业国,然而教育制度却是适于工业国家的,这种结果,自然是教育都市化;国人的注意点当然集中在读书方面,所以学校的设立,无论是小学中学大学,差不多都是都市比乡村为多,例如北平一个地方,便有四个国立大学,济南一个小的城市便有八个省立中学(职业师范均在内),此外还有两个省立实验小学,其经费的比率,也不亚于一所中学,其余的省立学校,差不多也都在城市,真正在乡村中的,绝无仅有。① 不仅省立学校几乎没有设于乡村中的,各县的完全小学也仅是零星分布于乡村之中,如泰安县城中"有七个完全小学,四关乡各有县立的初小,又有一个职业补习学校,三个中学,一个县师讲。而设在乡村的完全小学,全县只有二十二处,可见精华集中城市了。站到'教育机会均等'上来说话,实在是便宜了城市,亏死了乡村"②。可以说,大部分中等以上学校都集中到了都市,已有完全小学的数量也不能满足乡村适龄儿童的需要。历城县的部分乡村甚至出现了"初等小学校儿童本已毕业期限,因附近无相当学校升学乃将所读课本重读一遍"③的现象。如若这一状况出现在一般乡村尚不难理解,或可以说反映出乡村学校资源的严重不足。然而此现象出现在历城县则显然有悖常理,因为这座紧邻山东首府的县城本应独具多方面的优势,在教育方面亦应处于领先地位。但事实却完全不是此,正如1931年省督学杨书田在《视察历城县教育报告》中所言:"按该县交通若斯之便利,土质若斯之肥沃,人口若斯之众多,居民若斯之殷富,环境优良,理应教育发达,民智开通,文化为全省冠,然而事实恰得其反。论学校教育,其数量与实质比邻近各县均有逊色。全县有庄村900余,而学校仅有356处,约三村共有一校。""而大部分教师学识不足,学生程度低下,更为该县教育显著之缺点。"④可以说,历城县的教育状况与其发达的经济和优良的环境无法匹配。历城现象的根源在于发达的城

---

① 王培祚:《乡村社会与今后之乡村教育》,载《山东民众教育月刊》,第五卷三期,1934年4月25日,第37页。
② 牧我:《泰安的教育概况》,载《民众周刊》,第六卷二十五期,1934年6月26日,第6页。
③ 孙宝生编:《历城县乡土调查录》,1928年历城县实业局印行,第172页。
④ 历城区教育志编纂办公室编:《济南市历城区教育志》,1988年内部发行,第2页。

市教育对周围乡村教育的无形削夺。正是由于历城县距省城较近,当地居民对城乡间的教育差距更为熟知,为省城教育多方面的优质资源所吸引,大量教学者及办学者纷纷流向省城,而且距离上的优势也为该地的城乡流动提供了较大的便利。因此,城乡学校不仅在地域分布上不均衡,而且这种分布还引导了乡村师资及生源向都市的单向流动。长此以往,乡村学校的师资、教学、设备等方面将会日益趋于弱势,对于乡村教育的发展非常不利。

其二,城乡教育经费配置中的差异。从传统学校的经费来源来看,除皇亲贵胄学校和少量的官学由官府提供长久的经费支持外,其他城乡学校的经费来源主要靠民间自行筹备,政府并不担当筹办经费的任务。在这样的经费筹集模式中,没有出现明显的城乡差异。随着近代教育改革的推行,教育经费筹集模式开始发生改变。一方面,西方的义务教育经费配置模式被清末改革者所借鉴,政府开始主动为地方的各类学校提供资助;另一方面,根据义务教育的要求,初等学校担负着所有适龄儿童的教学任务,且新式学校在师资、教学设备等各方面比传统学校要求更高,这就需要政府能够提供相应支持。因此,从清末开始,中央和省级政府已经开始参与补助地方教育,然而就实际执行情况看,清末时期省级政府对地方教育机构的资助缺乏系统性,覆盖范围也仅及个别小学。① 民国时期,乡村教育经费的补助范围逐渐扩展并渐趋制度化,如1915年教育部颁布的《国民学校令》中即规定,县财力不足时,应由省或特别区域补助国民学校经费。② 各省教育厅也出台了相应的经费补助措施,如山东省教育厅除设法保证各省立学校经费外,还筹款补助部分地区的私立学校。③ 然而,教育补助是从中央到地方层层下拨的,各学校常会因其所属的层次不同而领到高低不同的经费,如冠县的县立学校每月可以在教育局领经费六七元至七八元,而区立学校每月仅能领到补助四元余。④ 即使是同属县立学校,经费也会因为学校所处的城乡地理位置不同而有所差异,如临沂县立学校的经费是靠县拨给的,其中又因城乡而有异:驻县城的县立小学经费完全靠县拨款;在农村的县立小学经费除有一部分县拨款外,有的还兼有区立学校经费来源形式(学田地租、集市、庙会的捐税等)。⑤

---

① 田正平,肖朗主编:《世纪之理想——中国近代义务教育研究》,杭州:浙江教育出版社,2000年,第489-494页。
② 《国民学校令》,载舒新城编:《中国近代教育史资料》(中册),北京:人民教育出版社,1981年,第464页。
③ 《维持省立各校经费纪要》,载陆兴焕编:《山东省政府教育厅第一次工作报告》(自民国十七年六月至民国十八年十月),海口:海南书局印刷,1929年,第85-102页。
④ 《民众周刊》,第六卷十九期,1934年5月15日,第8页。
⑤ 临沂市教育志编辑委员会编:《临沂市教育志》,1988年内部发行,第66页。

相对而言,处于最基层的乡村学校得到的补助费用常远远低于城市中的同等学校,有些学校甚至连最基本的经费补助都无法得到。因此,当时的一些乡村教师发出感慨:

> 一般人多赞美城市学校蔑视邻村学校,其实城市学校所以能办得好,是由于他们的经费充足;乡村小学反是。……即如本校除教师薪金外,办公费是分文无有的,平日不过仅靠学生缴纳几个学费维持下去,经费既已无着,还敢妄想设备完善吗?设备既简陋,结果是免不了影响教学上感受极大的困难,如教授课程,最需要的便是标本仪器;最低限度也应准备标本挂图,以助理解。但我们因困于经济,不惟标本仪器谈不到,就是挂图也不容易办得到。①

经费困窘的状况在山东乡村学校中普遍存在,位于鲁西潘家店的三处小学,每处的基本金也不过是来源于二三十亩学田的租金,除教员薪金与学董们的消耗之外,所余无几。经费不足直接影响了学校的生存和发展,"一方面教员的薪金,每年只有三百多吊钱,合现在洋钱三十元的样子,没有好的教员愿干这种苦事。一方面没有充足的设备费,连个挂图也买不起,因此学生即使是天才也没有多少被造就的可能"②。经费的短缺从多个方面限制了乡村学校的发展,由此也带来了城乡教育差距的进一步扩大。

其三,师资及教学方面的城乡差距。乡村学校由于经费窘迫等原因往往很难聘请到高水平的教员,有时只能请城市学校中的淘汰者勉强充任。正如龚鸾所记录的潘家店区立小学的情形,"这个学校有三个教员,一位校长,这些人物虽然是从乡村里选出来的精粹人物,都正是从都市里淘汰下来的残余人物,他们不会有什么学问,更谈不上什么改进与研究。或者他们本身除了在课本上可以勉强瞒过小学生之外,连一点事情也不懂,连报纸都不会看"③。如此的师资水平,教学效果自然可想而知。不惟城乡的师资水平有高下之分,城乡教育改革的推展进度也有先后之别。1934年调查发现,山东部分地区只有县城一带及大村庄的学校,才能按照最新课程标准,采用新编教材,正式教学,从而带来了这些地区

---

① 周庆浩:《乡村教师的生活》,《民众周刊》,第六卷三十六期,1934年10月2日,第7页。
② 龚鸾:《潘家店——鲁西农村中小镇店的典型》(下),载《乡村建设半月刊》第六卷二期,1936年9月1日,第2页。
③ 龚鸾:《潘家店——鲁西农村中小镇店的典型》(下),载《乡村建设半月刊》第六卷二期,1936年9月1日,第2页。

教育文化和人才成绩的蔚然可观。"至于离城较远的地方,僻陋的乡村,教育委员,或竟年不一到,或全年不暇到。因此,这些学校里:有念新式国语的,有念旧式国语的,有念共和国文的,有念三字经、百家姓、四书、诗经的,花花杂杂,形形色色,胡闹一通,不一而足。结果,这些学校的学生对于'学堂'的高尚,既是望尘莫及;对于'私塾'不合时宜的长处,也是丝毫没有。"①

从已有史料中可以看出,直到 20 世纪 30 年代山东部分地区仍无法统一城乡学校的课程,至于教学及管理等方面的改革情形更是很难尽如人意。这一方面源于部分乡民对新式教育的拒斥,另一方面也由于教育委员不能在乡村中尽职尽责地完成其本职工作。

近代教育改革的推行打破了古代城乡教育一体的格局,随着城乡教育资源的重新分配,越来越多的优质教育资源集中于城市,而乡村学校只能在有限的资源条件下缓慢发展,城乡教育间的差距不断扩大。

第四节　以国民之母的名义:乡村女子教育与新女性培养

一、走出家门,入学读书:近代以来的女子教育变革

女子教育是近代以来才出现的概念。尽管中国古代社会有"女学"之说,且汉代时即出现了专门为女子编订的《女诫》《列女传》,此后又有《女论语》《女孝经》《女范》《女四书》《女学》等教材。然而,这所谓教育大都属于道德教化的范畴,正如郑观应所云:"所惜者,朝野上下间,拘于'无才便是德'之俗谚,女子独不就学,妇功亦无专师。其贤者稍讲求女红、中馈之间而已。"②尽管有少量古代知识女性的作品流传于后世,然而她们大都出身富裕家庭,绝大多数平民女子是被排除于学校教育制度之外的,很难有机会接受正规教育。直到近代,中国的普通女子才有机会进入学校读书。在中华大地上相继出现过教会女学、国人自办女学和女子留学教育这三类长期并存的教育形式,下面将简要分述其变革历程。

鸦片战争后,西方列强取得了在中国传教的合法地位,他们把创建教会学校作为传教的辅助手段之一。为了培养女传教士,并通过她们把福音传播到其所在的中国家庭,传教士们开始了兴办教会女学的历程。一般认为,1844 年,英国

---

① 乔星街:《十年来我们乡村的变化》,载《民众周刊》,第六卷二十五期,1934 年 6 月 26 日,第 2-3 页。
② 郑观应:《女教》,载夏东元编:《郑观应集》(上册),上海:上海人民出版社,1982 年,第 287 页。

"东方女子教育协进社"派遣阿尔德赛女士在宁波开办的女塾为中国近代第一所女子学校。此后,教会女学在中国通商口岸纷纷设立,并从沿海、沿江深入中国内地,出现了"教会所至,女塾接轨"①的局面。据1925年统计,在各类教会女校中就学的学生人数达116 251人。② 教会女学的兴办,在事实上打破了两千多年来传统教育把女子排除于学校之外的局面,使女子第一次有机会走出闺房,步入学校,开启了中国近代女子入学受教的历史,同时也为中国传统教育向近代转型提供了良好的示范与启迪。

近代以来的严重民族危机引起了一些有识之士的深刻反思,他们经过中西比较后认为,女子教育是强国的一个重要因素。如梁启超所言:"女学最盛者,其国最强。不战而屈人之兵,美是也;女学次盛者,其国次强,英、法、德、日本是也。"③因此,他们决定从兴办女学、培养国民之母着手,为挽救民族危亡贡献力量。另外,教会女学的纷纷设立也刺激了国人筹设女学的意识,不少知识分子认为在中国领土上只有教会女学而没有自办的女子学校,是一种莫大的耻辱。康同薇曾言:"西人在我通商之地,分割之境,皆设学校教堂,以教我女子,我有民焉,而俟教于人,彼所以示辱我也,无志甚矣。"④1897年,经元善、梁启超、康广仁、郑观应等有识之士开始酝酿创办女子学堂。经过多方筹备,中国近代第一所国人自办女学——经正女学堂于1898年5月31日在上海城南举行开学典礼。这所学校的设立,开启了国人自办女学的新篇章,标志着中国女子社会化教育从无到有的历史性变革。经过社会各界的努力,清末女子教育得到了迅速发展。据统计,1909年,全国除教会女学外,自办女子学堂达308所,有女学生14 054人。⑤

与教会女学和国人自办女学相伴生的还有女子留学教育。中国最早的女子留学生源自教会学校。1881年,金雅妹在美国北长老会医师麦嘉缔的安排下,赴纽约女子医科大学学医,1885年以优异的成绩毕业,成为中国第一位获得大学毕业证书的女性。随后,何金英于1884年,康爱德和石美玉于1892年赴美国学习医学。她们四位是中国近代最早的女留学生,尽管人数甚少,但她们的异域求学之行有着开风气之先之效,为稍后的女子留学热潮创造了良好的开端并提

---

① 梁启超:《倡设女学堂启》,载梁启超:《饮冰室合集》(文集之2),北京:中华书局,1989年,第19页。
② 舒新城:《收回教育权运动》,北京:中华书局,1927年,第39页。
③ 梁启超:《论女学》,载梁启超:《饮冰室合集》(文集之1),北京:中华书局,1989年,第43页。
④ 康同薇:《女学利弊说》,载朱有瓛主编:《中国近代学制史料》(第一辑)下册,上海:华东师范大学出版社,1986年,第879页。
⑤ 陈翊林:《最近三十年中国教育史》,上海:太平洋书店,1930年,第100页。

供了成功的范例。中国女子留学生的大量派遣开始于甲午战争之后,当时留学的主要去向是日本。1912年前后,随着庚款留学的推行,留学方向转而趋于美国。与此同时,还有不少女性克服经费难题,积极参加赴法勤工俭学活动。

近代以来,各类女子教育的出现为中国女子提供了入校读书的机会。在城市女学设立的同时,乡村女子学校也渐渐开始创设并发展起来。

二、起步较早,步履维艰:山东乡村女子教育的发展与挑战

近代山东的女子学校同样是起源于教会所办的女学。随着烟台等通商口岸的开放,传教士首先在山东沿海地区开办了女子学校。1862年,美国传教士倪维思夫妇在登州观音堂收养了两名贫困女孩,办起一所免费提供衣食的寄宿女义塾,这是山东最早的女子学校,同时也是全国开办较早的女学。1868年,倪维思将这所女子义塾与狄考文妻妹邦姑娘办的女学合并,成立了女子文会馆。随着教会布道活动在山东内地的深入和教会学校的不断开办,教会女校也开始在山东内地纷纷设立。1886年,随着传教士博恒理的到来,恩县庞庄建立了一所学校。同年,博恒理的胞妹博美瑞来到庞庄任教。从此,该校开始招收女生,后来在此基础上办起了一所女子学校,即卫氏女校。[1] 1883年美国基督教长老会牧师狄乐播,在潍县创办乐道院,院内设中学叫"文化馆"。第二年,招收10余名男生。1895年又设专招女生的"文美书院",开山东女子中学教育之先河。[2] 尽管传教士设立教会女校的目的是培养女性传教士以进一步深入民间传教,清末教会女学的教学内容也大多是四书五经和教会经典,但女校在传播新知识方面毕竟要比传统私塾更胜一筹,其办学经验也为以后的国人自办女学提供了可资借鉴的模本。

山东省内由国人自办的女学出现于20世纪初年。1904年,历城县令王伯安,在济南南关后营坊设立女学。该校学额30人,开设课程有识字、书法、讲解、修身、历史、算学等科,办学经费来自各方面的捐款。[3] 同年,历城士绅何志霄在西关药王庙开办了一所女学,招收学生近百人。该校聘请了美国瑞德女士教授西文、算学、体操等课,中文教习则由官绅夫人担任。[4] 由于这所学校的办学成效显著,1907年改为"省城第一公立女子学堂",成为山东省第一所公办的女子

---

[1] 李庆华整理:《山东德州博文中学简史》,中国人民政治协商会议山东省德州市委员会文史资料委员会编《德州文史》第六辑,1988年内部发行,第57页。

[2] 山东省潍坊市教育史志编纂办公室编:《潍坊市教育志》(1840—1985),1988年内部发行,第99页。

[3] 《东方杂志》,1904年3期,教育,第71页。

[4] 《东方杂志》,1904年10期,教育,第235-236页。

小学。这两所设于山东首县的女子小学开启了近代山东乡村女子教育的先河。此后,女子小学慢慢在全省各地铺展开来。1905 年,临朐县于蒙养院招收女徒20 名,聘年高学优者讲授家庭教育之意①。同年,栖霞牟梅孙妇人崔氏创办了一所女学并亲自教诲,所有学生一律免收学费②。另外,还有登州学界公立东牟女学堂禀府立案开办③。1910 年,高唐县知名人士杜友菜先生创办了三清观女子学校④。除地方官、士绅、民众积极参与办学外,1906 年又开始有山东同盟会的会员加入办学行列。他们将学校作为掩护革命活动和造就革命人才的阵地,在山东省内共办有 30 多所学校,其中就有几所女子学校。包括 1906 年徐镜心、徐镜古在黄县创办的坤元女子学堂,马秋仪在烟台创设的端本女学,1907 年刘树声和李咸升在潍县设立的坤明女子学校⑤。另外,1906 年,陈纪元在家族支持下设立了潍县肇基女学堂(后改名为陈氏志成女学堂),陈氏本人也是同盟会员⑥。尽管清末时已经在山东的部分县城中开设了女子小学,然而从官方的统计数据看,至 1909 年,全省也只有 3 所女学,在校学生共 111 人⑦。目前,有限的资料难以证实这一数据是否确切,但清末年间山东女子学校的数量无疑是屈指可数的。

　　民国时期,山东乡村的女子小学比此前有了明显增多。其中,不少县一级的女子学校创设于民国初年,如福山最早的女子小学——端华女校、日照县的女子国民初等小学、滕县的私立女子初等小学校、桓台县绅耿懋褆以自己的书房开办的女校等。除了民间利用当地教育资源积极设立女学外,一些地方还选派当地女性赴济南培训后回乡办理女子小学。1917 年,李玉娥被昌邑县选派到济南女子师范保姆讲习所培训,毕业后被委任回乡创办辛置女子小学,并担任了该学校的校长兼教师,从此开启了当地女孩入学受教育的历史。⑧ 另外,为了培养女子学校的教师,潍县等地还专门设有女子师范讲习所。

---

① 《顺天时报》光绪三十一年 3 月 25 日。转引自张玉法:《中国现代化的区域研究——山东省(1860—1916)》,台北:中研院近代史研究所,1982 年,第 418 页。
② 《东方杂志》,1905 年 6 期,教育,第 158 页。
③ 《东方杂志》,1906 年 10 期,教育,第 277 页。
④ 谢清芳:《忆三清观女子小学》,政协高唐县委员会编《高唐文史资料》第四辑,1989 年内部发行,第 88 页。
⑤ 山东省政协文史资料委员会编:《同盟会在山东》,济南:山东人民出版社,1991 年,第 59 - 62 页。
⑥ 陈耀庭供稿,谭先民整理:《潍县第一所女子小学创办人——先父陈纪元事略》,中国人民政治协商会议山东省潍坊市潍城区文史资料委员会编《潍城文史资料》第九辑,1994 年内部发行,第 154 页。
⑦ 山东省地方志编纂委员会编:《山东省志·教育志》,济南:山东人民出版社,2003 年,第 73 页。
⑧ 魏云卓:《辛置小学沿革》,载中国人民政治协商会议昌邑县委员会文史资料研究委员会编《昌邑文史资料》第九辑,1999 年内部发行,第 155 页。

从地域推进来看,山东早期的女子学校大都分布在省会、沿海通商口岸及商业较发达之地,随后才逐步向内地乡村拓展。如深居鲁西南地区的汶上县直至民国十年(1921)才由开明士绅梁协中创建了第一所县立女子初级小学①。经过民国前十年的发展,1922—1923年间,山东初等小学的女生总数为15 797人,高等小学的入学人数为1 807人②。与清末相比,女生数量有了很大增长,但很显然,山东省初等学校中女生人数的绝对数量并不多,适龄女童的入学率依然较低。在此后的军阀混战中,山东教育整体上受到了极大摧残,女子教育的发展也陷入困境。直至20世纪30年代初,女子教育才开始有所恢复。据统计,1930年,山东各省市小学中共计有男生669 881人,女生167 471人③,女生人数占在校学生总数的20%左右。

目前很难统计到山东乡村适龄女童整体入学情况,只能从部分县的统计数据窥探1937年以前山东乡村女童入学状况之一斑。据时人回忆,到全面抗战爆发,高唐县在校女生达1 822名,占到适龄女童的22%,巩固率占60%。④ 然而,根据1935年吴顾毓编写的《邹平实验县户口调查报告》结果统计,邹平全县仅有1 107名女性受过教育,不到全县女性人口总数的2%,而且她们当中还包括了受益于20世纪30年代乡村建设运动的700多名12岁以下女童。⑤ 两个县的女童入学状况虽有一定差距,但总体上仍处于较低水平。尽管从时间上看山东地区的教会女学和国人自办女学的出现时间都比较早,但从清末到1937年,乡村女子教育发展之路非常坎坷。同乡村男童教育的最初推展之路一样,女子教育的发展也面临着经费困难、师资短缺等问题。相对于男子教育而言,女子教育还面临着更为严重的传统观念束缚。

山东为儒家思想的发源地,"男女授受不亲"等传统观念根深蒂固,不少人认为让女子上洋学堂,抛头露面,是有伤风化之事。这些来自各方面的阻碍首先为女子学校的创办者们所感知,如潍县第一所女学堂的创始人陈纪元在筹设学校

---

① 教育史志办编:《汶上县女子小学》,中国人民政治协商会议山东省泗水县委员会文史资料研究委员会编《汶上文史资料》第三辑,1989年内部发行,第68页。
② 俞庆棠:《三十五年来中国之女子教育》,载庄俞等编《最近三十五年之中国教育》,商务印书馆1931年版,第184-185页。
③ 教育部中国教育年鉴编审委员会编:《第一次中国教育年鉴》,上海:开明书店,1934年,丙编,第465页。
④ 谢清芳:《忆三清观女子小学》,政协高唐县委员会编《高唐文史资料》第四辑,1989年内部发行,第93页。
⑤ 吴顾毓:《邹平实验县户口调查报告》,北京:中华书局,1935年,第409页;[丹麦]曹诗弟著,倪安儒译:《文化县——从山东邹平的乡村学校看二十世纪的中国》,济南:山东大学出版社,2005年,第89页。

时就遭到了来自家族的反对。陈氏家族中封建思想严重的族长，认为陈纪元开办女学堂的做法是大逆不道，甚至要打开家庙大门，在庙堂前打他的躺棍，所幸族中有思想维新的知名人士在中间调停才免去他的皮肉之苦。① 与男性办学者相比，女性办学者遭受的各方面阻力更大。巨野县农村妇女朱瑞云自1910年起就打算在家乡办女学。她首先晋谒当时的知县，知县在言谈中虽表示支持，但见朱瑞云是农村妇女，怕办不成事，便叫她到议事会接洽。议员接见朱瑞云，同样是不予支持。她又去谒见西隅隅总兼管公款的孟广业及其他隅总，再次遭到婉言谢绝。朱氏并没有放弃，她转而与城内其他士绅商谈，得到的依然是空言敷衍。直到民国元年（1912）五月，新任县知事田懿到任，朱瑞云的办学愿望才得到支持。她购买校基建立学校后，又面临招生难题，半月的时间竟没招到一个学生。朱瑞云异常坚定地反复去各家劝学，虽遭尽了恶言冷语，但在两个月后终于招到了二十多名学生并办起了学校②。从朱瑞云办学的曲折经历中可以看出，清末民初女性办学的处境十分艰难，这其中有官员与士绅的不支持，也更有当地民众的不接受。

不仅筹办学校和招生异常艰难，实行男女同校也并非易事。尽管1912年学制中就已规定初等小学可以男女同校，但直到1930年文登县依然是男女独立设校。当文登县教育局局长孙子玉提出要将男女学校合并时，遭到了当地顽固势力的强烈反对，他被视为伤风败俗的罪魁而被撤去县教育局局长一职。③ 可见，山东部分地区的传统势力较为强大，不仅长期禁锢着女子教育的发展，甚至因此而左右教育行政长官的去留。最初入校读书的女学生们也承受着来自乡村社区的舆论压力，她们大都裹着小脚，梳着大辫子，匆匆行路，甚至连头都不敢抬。不难看出，源于传统观念的种种藩篱严重束缚了女子教育的发展。

除了要面对比男子学校更重的传统观念阻隔之外，女子学校还要经受同一地区中其他男子学校的竞争。一方面，招收男童的国民学校在数量上占据绝对优势，而女校则屈指可数。如1917年，省视学孙房视察广饶学务状况时发现，全县立案学校中有国民学校203所，而女子国民学校只有11所④。另一方面，当

---

① 陈耀庭供稿，谭先民整理：《潍县第一所女子小学创办人——先父陈纪元事略》，中国人民政治协商会议山东省潍坊市潍城区文史资料委员会编《潍城文史资料》第九辑，1994年内部发行，第155页。
② 姚西峰：《朱瑞云创办女子学校艰难经过》，政协巨野县委员会文史资料委员会编《巨野文史资料》第三辑，1989年内部发行，第164-168页。
③ 毕西田：《忆孙子玉先生》，中国人民政治协商会议文登市委员会文史资料研究委员会编《文登文史资料》第四辑，1989年内部发行，第100-101页。
④ 李月恒：《民国时期省教育厅视察广饶县教育述略》，中国人民政治协商会议广饶县委员会文史资料委员会编《广饶文史资料选辑》第七辑，1988年内部发行，第185页。

时有些女子学校的师生还会受到其他男子学校的轻视。如高唐县城中有三清观女子学校和文庙小学,两校的隶属、学制、课程、师资、学生素质等基本上都相同,但文庙小学总是感觉高人一等,看不起三清观女子学校①。女子学校不仅在数量上处于劣势,在社会地位上也不如男子学校。正是由于以上多方面的原因,1937年前山东女子教育的发展可谓步履蹒跚。

三、自由、独立与平等:女子教育与乡村社会文明程度的提升

尽管山东乡村女子教育的发展之路遭遇了多重挫折,但还是在此过程中实现了女子教育从无到有的变革。这一变革在很大程度上改变了乡村女性的生存状况,推动了女性自由、独立与平等的实现,有着深远的社会意义。

首先,女子学校的设立促进了缠足陋俗的废除,为女性身体自由的实现奠定了基础。缠足是一种残害妇女身体的陋俗,曾经在中国历史上长期存在。破除缠足恶习,几乎成了近代以来中国妇女走出家门,走向社会的前提条件之一。最初倡行放足的是外国传教士,他们从宗教的"天赋人权"、男女平等及博爱等观念出发,强烈反对妇女缠足。早在19世纪60年代,就有部分女校将不缠足列为招生的条件之一,1886年在山东恩县设立的卫氏女校也将招生的唯一条件定为:"凡是来上学的女孩子,必须恢复天足"②,此项规定开启了学校层面的废缠足行动。

清末知识分子同样把缠足与女学看作有着密切联系的两件事情,且认为缠足之举是女学发展的极大阻力,不少当时的著作与文章每每把二者合在一起论述。仁人志士反对缠足的理论被直接吸收进女学堂章程中,中国女学堂初次公布的招选学生章程即声明:"缠足为中国妇女陋习,既讲求学问,中人亟宜互相劝改;惟创办之始,风气未开,兹暂拟有志来学者,无论已缠足未缠足,一律俱收,待数年以后,始划定界限,凡缠足者皆不收入学。"③

不仅城市女学积极推行废缠足活动,乡村女校也以其实际行动来改变这一恶俗。山东地区的很多乡村女校中成立了"放足委员会",一边宣传放足的好处,一边带动学生放脚。女子学校作为一个传播新思想的阵地,在发动女同学放足方面具有得天独厚的优势。遇有个别同学思想不通,周围同学也常常一起做思想工作并动手帮她放脚。除了积极在校内推行放脚行动外,不少学校还采取多

---

① 谢清芳:《忆三清观女子小学》,政协高唐县委员会编《高唐文史资料》第四辑,1989年内部发行,第92页。

② 李庆华整理:《山东德州博文中学简史》,中国人民政治协商会议山东省德州市委员会文史资料委员会编《德州文史》第六辑,1988年内部发行,第57页。

③ 《上海女学堂试办略章》,载陈学恂编《中国近代教育史教学参考资料》(上册),北京:人民教育出版社,1986年,第323页。

种方式鼓动乡村民众废除缠足陋习,如有的学校编了顺口溜:"缠足苦,缠足苦,一步走不了二寸五;脚大好,脚大好,下雨阴天跌不倒;放足好,放足好,放了便是女英豪,操作多便利,痛苦无丝毫。"①女学的这些宣传举措得到了乡村民众的认可和赞同,十分有助于缠足恶习在乡村的废除。

  缠足恶俗在中国绵延数千年,在近代社会转型的背景下已行将就木,而女子教育作为近代以来的一种新生事物,有着欣欣向荣的发展之势。缠足与女学本无直接联系,但作为妇女身心解放和社会文明程度提升的重要组成部分,二者自然而然结合了起来。无论是早期的传教士、清末民初的男性知识分子,还是接受过新式教育的女性知识分子,都认识到了二者之间的密切关系,并积极通过女子教育的实施来推动缠足陋习的废除。处于传统观念深重之区的乡村女子学校,更是在废除妇女缠足陋习,使女性得以重获身体自由方面发挥了更为重要的作用。

  其次,很多女性通过接受教育获得了婚姻自由的思想,有助于男女婚姻自由的实现。不少乡村女子学校在进行文化知识传授的同时,还通过课堂讲授、歌舞表演等形式向学生们传播婚姻自由、男女平等的思想。越来越多受过新式教育的女性开始大声呼吁婚姻自由,并以实际行动向传统的婚姻制度提出挑战。如出身士绅之家的郭隆真求学后见多识广,思想开放,面对自己被包办的婚姻和两家人的逼婚,假装同意结婚,一身学生装上了花轿并一路大开轿门。到夫家后,径直走到宾客面前,大声宣讲婚姻须自主、男女当平等的道理,然后款款离去,重返天津女师继续求学。② 郭隆真智慧抗婚的故事一时被传为美谈,她也是"五四"时期知识女性反抗传统婚姻、追求婚姻自由的典型代表。婚姻自由是人类的一项基本权利,在中国传统社会,青年男女的这一权利却被长期剥夺,而且女性所受的限制更多于男性。近代女子教育的出现,大大促进了自由恋爱、夫妻平等观念的传播,使越来越多的女性开始反思长期受制于男性的角色与地位,进而产生了追求婚姻自由的意识。同时,对现代知识的学习和各项技能的掌握,也使女性有能力自主寻求幸福的婚姻生活。因此,不少知识女性勇敢地解除违背自己意愿的婚约,或大胆提出离婚以结束不幸的婚姻生活。

  再次,女子学校培养了女性的职业技能,使她们有能力实现经济上的独立。随着女学的兴起,特别是各类职业学校的设立,越来越多的乡村女性获得了相应的职业技能。她们通过就业获得了经济上的独立,从而打破了长期以来仰赖男

---

  ① 谢清芳:《忆三清观女子小学》,政协高唐县委员会编《高唐文史资料》第四辑,1989年内部发行,第91页。
  ② 郭汾阳:《女界旧踪》,南昌:江西教育出版社,2000年,第78-79页。

子而生活的传统。正所谓"女子不能自立,不操职业,惟仰赖男子以生活,此数千年之积弊也。近自女学兴起,风气为之一变"①。近代女子学校的设立,不仅培养了大批女性知识分子,而且改变了数千年来女性依赖男性生活的局面,为女性拥有独立的职业并真正实现自立奠定了基础。

最后,女子教育有利于男女权利平等的实现。自从人类进入父系氏族社会以后,女性的地位日渐降低,进而形成了男尊女卑的传统。近代以来,随着女性意识的觉醒,她们开始争取与男性同等的权利。其中,男女受教育权的平等是男女平等的标志之一,而且此项权利的取得对于女性,尤其是乡村女性有着更为积极的意义。一方面,女子教育的推行为女性提供了与男子同等的受教育机会,使她们有可能接受到现代教育。另一方面,新知识的掌握也促进了女性自我意识的觉醒,为女性争取其他方面的应有权利奠定了基础。

在肯定女子教育的同时,或许也不应忽视另一面:"女子学校教育实现了'零'的突破,但对女性群体潜在智能资源的开发和利用,却并不是有了女校就一切大功告成。"②在中国,乡村女子学校的发展水平要远远落后于城市。然而,不可否认乡村女子教育在近代社会转型的过程中,担当起了时代所赋予的多项使命,推动了乡村社会文明的进程。

---

① 阳光:《女界自立之先声》,载李又宁,张玉法编:《近代中国女权运动史料》,台北:龙文出版社股份有限公司,1995年,第1309页。

② 罗苏文:《女性近代中国社会》,上海:上海人民出版社,1996年,第528页。

第五章

以学校为乡村改造之中心：乡村建设运动中的山东乡村教育

自鸦片战争开始，中国逐步陷入内忧外患的困境。至 20 世纪 20 年代，中国最基层的乡村民众处在外国资本主义经济侵略和国内统治者双重剥削的沉重压力之下，此外又有天灾人祸的不期而至，如此接连不断的打击使得农村经济濒临破产，农民生活日益穷苦，整个农村都陷入严重的危机之中。随着农村问题的凸显，众多学者和社会团体开始将目光转向乡村，并深入开展调查、研究与实验，试图为居住着全国 80% 以上人口的乡村寻找出路。据南京国民政府实业部统计，20 世纪 30 年代全国参与乡村建设工作的团体和机构有 600 多个，先后设立的各种实验区有 1 000 多处，由此，出现了一场轰轰烈烈的乡村建设运动。这一时期，山东省内亦有不少机构、团体及个人积极加入运动之中，建立了多个实验区。其中包括梁漱溟等人在邹平主持的乡村建设实验、省立民众教育馆民众教育实验、青岛李村实验、华北农村建设学会与济宁专员公署合作成立的五大学济宁实习区、齐鲁大学的乡村建设实验等。本章将以山东乡村建设研究院、省教育厅主持的乡村教育实验、乡村师范学校的乡建实验为例进行探讨。试图分析乡村学校在乡村建设运动中承担了哪些社会责任，对其自身发展带来了什么样的影响？

第一节 山东乡村建设研究院的理论与实践——以邹平为中心

一、梁漱溟的乡村建设理论

山东乡村建设研究院以邹平为中心进行的乡建实验不仅是 20 世纪二三十年代乡村建设运动中比较著名的实验，而且实验中所形成的"邹平模式"也被视为乡村建设运动中极有代表性的模式之一。这一实验的指导思想源于梁漱溟的乡村建设理论。

梁漱溟首先从认识中国问题着手进行分析。他不同意时人所提出的中国问题的症结在于"帝国主义与军阀"以及中国存在"贫、愚、弱、私"四大问题等看法。在他看来,"宇宙间最要紧的是那些关系,而不是一一具体事物;人类社会尤其是这样;不从抽象关系注意,而徒为一二具体东西牵住自己视线,是抓不到问题"[①]。他认为:"中国问题并不是什么旁的问题,就是文化失调——极严重的文化失调,其表现出来的就是社会构造的崩溃,政治上的无办法。"[②]

对于如何解决这一问题,梁漱溟认为应先了解中国传统社会的构造。他将中国社会的特征总结为"伦理本位、职业分立"。其中"伦理本位"与西方的"个人本位"相对立,是指中国社会以道德为本位,每个人都处在"君君、臣臣、父父、子子"的伦理关系中,在人际关系中表现出互相以对方为重的特点。"职业分立"是针对西洋始终是阶级对立的社会而言的,梁漱溟认为,中国农民、工人等生产者各有不同职业,自行生产,并没有二元对立的阶级。"在此社会中,非无贫富、贵贱之差,但升沉不定,流转相通,对立之势不成"[③]。传统中国在这种"伦理本位、职业分立"的状态下建立起了一种超稳定的社会结构,并绵延了数千年之久。近代以来,随着西洋风气的输入,中国传统社会结构遭到破坏,因此需要建立起新秩序及新组织构造。在梁漱溟看来,这种新秩序的建立应从乡村入手,因为"中国原来是一个大的农业社会。在它的境内见到的无非是些乡村;即有些城市(如县城之类)亦多数只算大乡村,说得上都市的很少。就从这点上说,中国的建设问题便应当是'乡村建设'"[④]。而且,"只有乡村安定,乃可以安辑流亡;只有乡村产业兴起,可以广收过剩的劳力;只有农产增加,可以增进国富;只有乡村自治当真树立,中国政治才算有基础;只有乡村一般的文化能提高,才算中国社会有进步。总之,只有乡村有办法,中国才算有办法,无论在经济上、政治上、教育上都是如此"[⑤]。

[①] 梁漱溟:《乡村建设理论》,载中国文化书院学术委员会编:《梁漱溟全集》第二卷,济南:山东人民出版社,1990年,第161-162页。

[②] 梁漱溟:《乡村建设理论》,载中国文化书院学术委员会编:《梁漱溟全集》第二卷,济南:山东人民出版社,1990年,第164页。

[③] 梁漱溟:《乡村建设理论》,载中国文化书院学术委员会编:《梁漱溟全集》第二卷,济南:山东人民出版社,1990年,第171页。

[④] 梁漱溟:《山东乡村建设研究院设立旨趣及办法概要》,载中国文化书院学术委员会编:《梁漱溟全集》第五卷,济南:山东人民出版社,2005年,第222页。

[⑤] 梁漱溟:《山东乡村建设研究院设立旨趣及办法概要》,载中国文化书院学术委员会编:《梁漱溟全集》第五卷,济南:山东人民出版社,2005年,第225页。

因此,他断言:"中国新社会组织的苗芽一定要生长于乡村。"①关于进行乡村建设应包括的内容,他曾言:"所谓乡村建设,事项虽多,要可类归为三大方面:经济一面,政治一面,教育或文化一面。虽分三面,实际不出乡村生活的一回事;故建设从何方入手,均可达于其他两面。"梁漱溟从文化传统的角度对近代中国问题进行深入分析之后,提出了通过复兴农村来完成对整个社会重新改造的乡村建设理论。这一分析视角颇为独特,在此基础上提出的乡村建设理论同样别具一格。可以说,在梁氏的理论中,乡村教育是乡村建设工作的一个重要方面,而且与其他方面有着密切的联系。

二、乡学村学的设置与运行

1931年,在韩复榘的支持下,梁漱溟与河南村治学院的同仁赴山东邹平创办山东乡村建设研究院。梁漱溟及其同仁一方面在乡村建设研究院继续进行乡村建设研究,另一方面通过研究院培养乡村建设人才,筹划和指导实验区的乡农教育工作,将其乡村建设理论应用于实践。同年,邹平即开始作为实验县进行乡村建设的前期实验。1933年7月,山东省政府将邹平、菏泽两县划为县政建设实验区。1934年,又增划济宁专区14县为乡村建设实验区。梁漱溟在山东的乡村建设实验活动,由邹平一县扩展到鲁西南的大片地区。乡村实验计划施行之初,乡村建设研究院采取了设立乡农学校的办法对基层行政机构进行改革,此后又进行了村学、乡学实验,二者的性质大致相同②。村学、乡学制度是梁漱溟在吸收古代乡约中的相关要素基础上设计出来的,其四大纲领"德业相劝、过失相规,礼俗相交,患难相恤"集中体现了传统儒家的人伦道德精神。从组织上看,以村学代替村公所,以乡学取代乡公所,作为乡村建设实验的中心。从功能上看,村学、乡学可视作一种基层自治组织,在负责区内行政事务的同时还肩负着以教育方法训练民众的责任。就人员构成而言,村学、乡学均由学长、学董、辅导员、教员以及学众等成员组成。学长由学董会推举乡村之中年高德劭、有威望的长者充任,他们具有监督执行的权力。学董由乡村中年富力强且有一定权威的人组成,负责乡农学校的筹设与管理等工作。辅导员是乡农学校的主要辅导者,不仅对学众起教育作用,而且还对学董、学长起辅导作用;乡学辅导员由乡村建设研究院研究部的毕业生担任,村学辅导员由训练部的毕业生或乡师毕业生担

---

① 梁漱溟:《乡村建设理论》,载中国文化书院学术委员会编:《梁漱溟全集》第二卷,济南:山东人民出版社,1990年,第314页。
② 参见观海:《现阶段的山东乡村建设运动》,载《乡村建设半月刊》,第六卷十九期,1937年6月16日,第3页。

第五章 以学校为乡村改造之中心：乡村建设运动中的山东乡村教育

任。教员是村学或乡学的教师及乡村运动实施者，由学董根据乡农学校的需要聘请，大都曾在乡村建设研究院接受过培训。学众包括一村中或一乡中的男女老幼所有人等，他们是受教育的对象。乡学村学在有些地方还称为乡农学校或民众学校，虽在不同地区的名称有所不同，其性质却相类似。乡学村学的设立是将政治系统教育机关化的做法，通过学校系统的组织形式将乡村的政、教、养、卫等多个方面统括起来管理，并试图把政治上的统治与被统治关系，纳入村学、乡学的师生关系之中，建立起一种具有"师统政治"特征的组织。

乡学村学的组织者初到乡间时，由于他们首先接近的多是村庄领袖，所以一般民众大都不了解他们的目的。有的认为是传教，有的以为是要招兵打日本。因为他们穿着黑色的制服，有些人便以为他们是"兵"一类的人，因而常呼他们以"老总"，呼他们所住的地方为"局子"，甚至有人以为他们是洋鬼子。曾有人问道："研究院是洋鬼子吗？如不是洋鬼子，为什么却穿洋鬼子的衣服呢？"①在以上心理的影响下，一般民众最初多踟蹰不前，不敢接近乡学村学。经过一段时间的接触，民众渐渐了解乡校的宗旨之后，才开始信任并支持乡农学校。如当时邹平有一位宋香圃先生，在了解到乡校的意义后，非常赞许，还很慷慨地捐上了八十五本平民千字课以支持当地乡校的发展。②

乡农学校在成立之初，一般会先成立校董会。然后，由校董会公聘校长及教员。接下来是招生，按最初的理论设想，应将全村民众编入小学部、妇女部、成年部、高级部等不同的部门进行教育，但实际上很难做到。因此，最初多招收村中的成年人，其他愿入学者随时欢迎。学校的课程包括两大类，一类是各乡学村学同有的功课，如识字、唱歌、精神讲话等。其中，精神讲话是较为重要的课程，目的在于解决乡村的精神破产问题，为经受了接连不断天灾人祸打击的民众提供精神动力。这门课的具体安排上，"大概起初要先顺着他的心理，以稳定他的意志，将中国的旧道理巩固他们的自信力。……然后再输入新的知识道理来改革从前不适用的一切，以适应现在的世界"③。此类课程的讲授目的在于使农民能够理解改革的必要性，并振作起来共同推动乡村改造。另一类是各校不必相同的课程，即各乡学村学根据自身所处环境的需要而设置的课程。例如有匪患的地方，即发动农民成立自卫组织，进行自卫训练，维护地方治安；在产棉区为农民

---

① 马资固等：《特别区印台乡农学校工作报告》，载《乡村建设旬刊》，第一卷二十一期乡农学校专号，1932年7月21日，第161页。
② 宋傅周：《第七区花沟乡农学校报告书》，载《乡村建设旬刊》，第一卷二十一期乡农学校专号，1932年7月21日，第123页。
③ 梁漱溟：《乡农学校的办法及其意义》，载中国文化书院学术委员会编：《梁漱溟全集》第五卷，济南：山东人民出版社，2005年，第350页。

提供选种、种植方面的技术指导,并组织他们成立运销合作社。通过以上课程的设立解决农民生活中的实际问题,以更好地进行乡村建设。

  乡学村学的学生大部分是成人,本身要承担很多家务和农活,只能从繁忙的劳作活动中挤出一些时间上乡农学校,如教学不能引起他们的兴趣,他们则很容易选择逃离。如何根据民众的心理特点引起其学习兴趣是乡农学校的教员们共同思考的问题。山东乡村建设研究院虽为各乡农学校发了一部分教学材料,但具体教学内容还需乡校教师自己整理。为了激发民众的学习动机,乡校教师们在实际教学中各显神通,如当时的乡校教员在工作报告中写道:"崔家庄于上课之前,则先鸣锣鼓为号以广召集,亦引起兴趣之一种也,兴趣引起之后,则慢慢和他们间谈故事,或就当地实际情况说起以引起他们的动机;……我们谈故事亦不是突如其来的,如李家庄姓韩的是大户,我们便从韩家的老祖宗说起,如韩信受胯下之辱,韩伯愈泣杖,韩蕲王湖上骑驴等。"①还有些学校通过教唱歌曲进行爱国主义教育、普及农业知识等等。

  乡农学校成立后,不仅在很大程度上促进了乡村大众教育的普及,而且在改变当地风俗方面也发挥了积极作用,邹平县第六区乡农学校工作报告中记录道:"据各村一般老者言,每年至农暇时,尤其是冬季,村内之青年农民,多偷闲饮酒聚赌,结果则耗费钱财,败坏风俗,一切纠纷冲突,多由此而生。自乡校成立后,一般闲暇农民,无业青年,率多入校就学,既无时间可乘,复受到相当教育,交相沽酒聚赌者,已极少见云。"②乡学村学除了通过学校教育发挥其教化乡民的作用外,有时还会凭借省政府赋予的政治力量在取缔赌博等方面做出贡献。如荣成县的赌博之风盛行,虽政府多次颁布禁令,但许多土豪劣绅仍聚赌如故,崖头乾太号掌柜张某即是其中之一。乡农学校在查清了张某开设赌局、聚众赌博的事实后,立即派军事教练率领学员当场逮捕张某,捣毁赌局,送县府惩处。此事在当时引起很大轰动,民众大都拍手称快,此后又经过一系列措施,使当地治安大有好转。③ 除了以上所举事例,乡农学校还在废缠足、禁鸦片、戒早婚等方面发挥了积极作用,大大改善了乡村社会风俗。

  一位济宁地区的乡农学校校长在为毕业生作的《同学录序》中写道:"乡农学校是一个政教合一的机关,想用教育的力量,唤起奄奄待毙的乡村民众,创造合

---

  ① 马资固等:《特别区印台乡农学校工作报告》,载《乡村建设旬刊》,第一卷二十一期乡农学校专号,1932年7月21日,第160页。

  ② 于鲁溪,高赞非:《第六区乡农学校工作报告》,载《乡村建设旬刊》,第一卷二十一期乡农学校专号,1932年7月21日,第94页。

  ③ 褚子正等供稿,吴德永整理:《第五乡农学校始末》,中国人民政治协商会议荣成县委员会文史资料研究委员会编《荣成文史资料》第三辑,1991年内部发行,第165页。

第五章　以学校为乡村改造之中心：乡村建设运动中的山东乡村教育

理的正常文化。论历史在山东仅有数年，但邹平因乡校教育而经济得有极大的进步；菏泽因乡校，纵横数省的刘桂棠竟不敢入境。此无他，盖乡校之任务，即为组织乡村领导民众耳。"[1]可以说，这是时人给予乡农学校的公允评价。

三、致力于普及贫苦儿童教育的共学处

为了能在经费有限的情况下解决广大没有经济能力和闲暇时间的贫苦儿童受教育的问题，邹平实验县仿照陶行知先生创设的"小先生制"在当地设立了共学处（又称共学团）。所谓共学处，即一种由在学的优等学生利用空闲时间来教邹平当地失学儿童学习基础知识的教育组织。自1935年，邹平县凡设有小学的村庄都有这种组织的设立。尽管共学处的导友与学友皆是儿童，但共学处是直接附属于全体师生组织系统之下的，其各项工作的开展也是有一定程序的。首先，从乡村小学中选出一些优秀的学生进行培训作为先锋小先生，亦即导友，其他同学则为准备小先生。另外，还需从先锋小先生中选出巡回小先生，在各共学处间巡回，了解各处的进展情况，并负责每天课后向导师报告，以便遇到问题及时指导。巡回小先生同时还负责寻找学友和教学地点方面的工作。找学友包括两种方式，一是导友自己找学友，因为他是本村人，很多失学儿童，都是他天天在一块玩的朋友，所以就很容易招呼两三人来就学；二是小学教师召开庄间邻长会议，说明共学处的意义，请他们催促失学的儿童到共学处就学。[2]各地的小先生们在招生上下了一番功夫。邹平县十一乡第五共学处的小先生抓住了当地的孩子王，收到了事半功倍的招生效果，每天午饭后孩子王都会带领一群孩子早早地静候上课。有的小先生则发挥家长的作用，请自己的大娘做校长，每到学习时间，他的大娘都会在街头巷口叫："小狗子，二妮子，快来上学！"通过这种办法为共学处招呼学友。

找到学友后，导友和学友一起寻找合适的教学地点，大门前、大树下、墙角边、场屋内都有可能成为他们的教学之地。接下来是进行教学，共学处并没有统一的教材，一般由导师根据各地情况自行编写。如周文山曾根据当地生活环境为邹平第十二乡共学处的小先生编写过教材，每编写一课，让小先生们抄写一课。课文的内容简单易懂，贴近儿童生活，例如第一课《棉花白》，内容为："棉花白，真正好，摘下来，做棉袄。"第二课《朋友多》："学校里，朋友多，大家来认字，大

---

[1] 黄茂琳，刘瑞明：《乡村建设派在济宁》，中国人民政治协商会议山东省济宁市委员会文史资料研究委员会编《济宁文史资料》第三辑，1987年内部发行，第82页。
[2] 鞠子政，雍慕农：《共学处在邹平十一乡的实验》，载《乡村建设半月刊》，第六卷六期，1936年11月1日，第25—26页。

家来唱歌,大家讲个故事,笑呵呵!"①为便于儿童记诵,编者还为每篇课文谱了曲。导师则不仅教小先生如何讲解,还教他们如何唱,小先生学会之后再传授给学友。在教学过程中,不同共学处的小先生们还常常互相观摩学习,相互切磋教学方法。邹平十一乡共学处即成立了教学法研究会和导友制研究会,定期集会研讨教学事宜,以提升教学水平。为了更好地把握教学进度和保障教学质量,一些地区还会对共学处小先生们进行定期考核。

共学处在实际推行中并非一帆风顺,初办之时即遇到了不少困难,如成人不信任小孩能教人;导友的家长,怕耽误功课,不愿意自己的孩子出来教人;所招的学友亦不能固定,今天来,明天不来,或今天到第一处,明天到第二处,类似于游学。面对以上种种情况,共学处通过加强对小先生的组织与训练等措施树立了乡民对其教学的信任。在导师的指导下,小先生们大都乐意胜任这份工作,而且态度认真、勤恳努力,所以很快就赢得了学友的好评。从他们以幼稚的笔触记录下的日记中可见一斑:

"我给我的朋友抄了许多课文,他一见就高兴起来,他一连读了五课,我讲了一遍,他便会讲了,我唱了一遍,他也会了,那许多字他都能默写下来。他并且说:'我的高兴并不是这一时的高兴,你每天给我抄的课文多了,我便常常的高兴。'他说到这里我真是快乐极了!"②

经过导师和小先生们的共同努力,共学处取得了良好的教学效果。"考查学生的程度,实在不下于初小三年级整天在学的学生,近来我们的共学处,每一处仿佛一般初级小学一般,他们能读能写能唱歌"③。因此,乡民也逐渐认可了共学处的教学工作,并积极参与其中,如孙家镇村有八个共学处,"每处正式学友二三十人,旁观者无数,一到午后,歌声盈耳,到处是学校,全村子里充盈了蓬勃的活气"④。随着生源的不断增多,共学处的数量也有了快速增长。如邹平县十二乡最初仅试办了十余处,不久就增加到近百处⑤。不仅儿童入共学处读书,当地的妇女们和青年们也都积极加入其中。

除了共学处外,邹平部分村落还办有"贫儿夜校"招收连共学处也不能上的

---

① 周文山:《小先生在邹平办共学处》,载《生活教育》,第二卷四期,1935年4月16日,第175页。
② 周文山:《小先生在邹平办共学处》,载《生活教育》,第二卷四期,1935年4月16日,第177页。
③ 鞠子政、雍慕农:《共学处在邹平十一乡的实验》,载《乡村建设半月刊》,第六卷六期,1936年11月1日,第30页。
④ 李甲林:《孙家镇工作漫谈》,载《乡村建设半月刊》,第六卷第五期,1936年10月16日,第5页。
⑤ 周文山:《小先生在邹平办共学处》,载《生活教育》,第二卷四期,1935年4月16日,第176页。

贫苦失学儿童。由于学生们白天要饭讨食,所以上课时间一般安排在晚饭后,每次二节课,一节国语,一节算术。尽管时间紧张,但这些学生的学习积极性却很高。① 据统计,截至1937年,邹平共设有约五百个共学处②。或可以说,共学处的设立是在经济拮据的状况下采取的因陋就简的穷办法,但这种教学组织与当地的乡村小学共同发挥了促进邹平乡村教育普及的作用。

四、旨在培养乡村建设人才的乡村建设师范学校

乡村建设人才的培养是乡村建设运动的一项重要工作,各地在推行乡村建设时皆设有专门的机构以培养所需人力资源。山东乡村建设研究院在实验过程中,也成立了一种专门的师范学校——乡村建设师范学校。这类师范学校的雏形可追溯至梁漱溟等人在河南办村治学院时设置的农村师范部及农村组织部。在邹平成立山东乡村建设研究院后,设立了研究部和训练部,分别培养乡村建设所需的高层和基层人才。其中,研究部的招收对象是接受过高等教育且有志于乡村建设事业的青年,由梁漱溟亲授乡村建设的相关理论。学习时间二年,类似于研究生教育。研究部的学生结业后,大都委以重要职务,如担任实验县政府的科长、师范学校的校长或乡学辅导员等。训练部则主要招收初中毕业生,重在培养乡村建设工作的基层干部。培训时间一年,学生结业后,大都担任乡农学校的教师或乡学辅导员,负责乡村建设运动在基层的推展。历经数年,乡村建设研究院培养了大量推广乡村建设的人才。然而,随着县政改革的推行,乡农学校在全省广泛设立,数量近千,所需教职员则多达数千③,研究院训练部的毕业生明显供不应求。为了解决乡农学校的师资问题,1936年,山东省政府将山东十二处师范学校的毕业生,提前至三月份毕业,分别集中在山东乡村建设研究院和济宁乡村服务人员训练处两地加以训练,十二月份结业后分配到各地筹办乡农学校。由于乡村服务人员训练处的设立仍不能完全解决教师短缺之问题,这一年,山东省乡村建设研究院在借鉴乡村师范学校经验的基础上设立了两处乡村建设师范学校。其中,第一乡村建设师范学校设于邹平,第二乡村建设师范学校设于菏泽。

---

① 卢资平:《山东乡村建设研究院及邹平实验县片断回议》,政协邹平县委员会文史资料办公室编《邹平文史资料选辑》第一辑下,1984年内部发行,第126页。

② [美]艾恺著,郑大华等译:《最后一个儒家:梁漱溟与现代中国的困境》,长沙:湖南人民出版社,1988年,第261页。

③ 季良:《新兴的一种师范教育——乡村建设师范学校》,载《乡村建设半月刊》,第六卷十二期,1937年3月1日,第3页。

乡村建设师范学校"是以培养乡农学校的健全师资,推进乡村建设为其标题的"①。这一办学主旨决定了乡村建设师范学校与乡村师范学校的不同,后者一般仅限于研究乡村小学教育,或以小学为中心附带做乡村改造,前者则重在对民众教育的钻研与乡村一切问题的解决。具体而言,乡村建设师范学校的培养目标包括三点:"其一,乡村服务之精神陶炼;其二,各种实际问题之认识及其解决途径之了解;其三,解决各种实际问题知能之指授。"②为实现以上目标,学校共分三个部门进行师资培养,即师范部、简易乡师部和特别师范部。其中,前两个部门在学制上的规定与后期师范及简易乡村师范类似。特别师范部则为一种新创造,该部内又分为两种不同的种类:甲种招收高级中学或同等学校毕业学生,修业年限一年;乙种招收初级中学毕业,并曾在社会服务二年者,修业年限二年。从学制上看,甲种部类的教育已延伸至高等教育阶段,乙种则属于中等教育的范畴。尽管不同部门的学生所受的教育分属于学制中的不同阶段,所学知识的难易程度及内容各有不同,但其培养乡建人才的最终目标却是一致的。

乡村建设师范学校从开办到结束只有两年左右的时间,由于办学时间短,培养出的学生数量较为有限,而且随着乡村建设活动的中止,已培养的乡建人才也没能真正发挥其专长。尽管如此,乡村建设师范学校的设立仍可谓乡村建设运动时期人才培养模式上的一项创举,反映了山东乡村建设研究院大力发展乡村建设事业的决心。

梁漱溟进行乡村建设的目标是试图将乡村的政治、经济、军事、教育、卫生等各项事务纳入乡农学校中,希望通过各级具有政治功能的乡农学校的设立来对中国乡村进行改造,进而推动整个社会改造事业的完成。在他和同仁的共同努力下,乡村建设实验在山东大片地区中铺展开来。与同一时期其他地方的乡村建设实验相比,山东乡村建设研究院推行乡建实验的特色集中体现在其采用的精神训练方法。一般"先对农人作一番精神的训练,施以礼教的陶冶,使农村社会成为有教化、有精神的社会,然后使有精神的农人自动地组织起来作事。"③梁漱溟及其同仁深入民间开展乡村建设、改善乡民生活的理想是美好的,但在现实中,他们的改造计划却很难取得民众的理解和支持,出现了"乡村运动而乡村不动"的局面。正如梁漱溟所言:"本来最理想的乡村运动,是乡下人动,我们帮他

---

① 季良:《新兴的一种师范教育——乡村建设师范学校》,载《乡村建设半月刊》,第六卷十二期,1937年3月1日,第2页。
② 季良:《新兴的一种师范教育——乡村建设师范学校》,载《乡村建设半月刊》,第六卷十二期,1937年3月1日,第4页。
③ 梅思平:《中国五个实验县的比较》,载《乡村建设旬刊》,第四卷十二期,1934年11月21日,第10页。

呐喊。退一步说,也应当是他想动,而我们领着他动。现在完全不是这样。现在是我们动,他们不动;他们不惟不动,甚且因为我们动,反来和他们闹得很不合适,几乎让我们作不下去。"①显然,梁氏理想中的乡村运动是建立在乡民本身即具有乡村建设的内驱力的基础上的,面对毫无变革动力的乡民,即使在邹平县,乡校的运行情况也并不尽如人意。据时人回忆,当时全县村学工作的开展,很不平衡,靠近县城的几个乡,开展得好一些;距城远的一些乡,工作开展得差一些;有的乡因没派去村学教员,连村学区都没划定,工作根本没有开展;有的村学,虽然有村学教员,也确定了学长、理事等,但仅是挂名而已,不从事实际工作,因而工作也开展不起来。所以乡村建设理论中的"农村组织",几年来在邹平的实验并未起什么作用,得出的结论是"此路行不通"。②

尽管在乡村运动中不少乡民没能积极行动,然而这场运动在地方自治、农业改良、风俗改善、教育普及等方面还是起到了一定的积极作用。从乡村建设运动与乡村教育发展的关系看,乡村建设运动时期乡村教育与社会改造紧密地联系起来,正如时人所言:"'乡村建设'只是从运动开始以至于达到最后目的——社会改造完成——的过程中所必须做的一些具体的工作事项;'乡村教育'却是来供给完成这些工作事项所需要的一种工夫或方法。而这些工作事项和工作方法的最终目标都是为达到社会改造的。"③或可以说,乡村建设运动试图"重新诠释教学过程的本质,把大部分人口纳入了教育活动之中,并且尝试着通过教育的手段实现对乡村政治、社会和经济结构的根本性重建"④。

虽从最后的结果看,教育并没有完成社会改造的目标,然而在这一过程中,乡村教育获得了一次发展的历史契机。比如在开展乡村建设运动之前,菏泽的乡村教育比较落后,全县只有小学十二处。其中,东平乡陈天官集一带,八九十个村庄,仅有单级小学一处。乡农学校设立后,积极推动当地乡村小学教育。一方面,在部分乡农学校设立高级部,培养小学师资;另一方面,东平乡农学校划分了十八个村学区,在各学区中利用破旧庙宇建立单级小学或多级完小,共十八处,每个村学区都有一处小学或完小。为了便于学生购买书籍,还专门与菏泽

---

① 梁漱溟:《我们的两大难处》,载中国文化书院学术委员会编:《梁漱溟全集》第二卷,济南:山东人民出版社,1990年,第575页。
② 贾巨川:《山东乡村建设研究院在邹平的实验情况》,载山东省淄博市政协文史资料研究委员会编《淄博文史资料选辑》第二辑,1984年内部发行,第71—72页。
③ 朱宝昌:《从对中国过去教育之批判说到今后乡师范教育之使命及前途(续)》,载《乡村建设半月刊》第六卷第八期,1936年12月1日,第5页。
④ [丹麦]曹诗弟著,倪安儒译:《文化县——从山东邹平的乡村学校看二十世纪的中国》,济南:山东大学出版社,2005年,第109页。

"世界书局"联系,在东平乡开设"东光书社"一处。这些举措在很大程度上促动了该地乡村教育的发展。① 乡农学校在推动乡村学校教育发展的同时,还广泛设立乡农夜校或成立农民识字班,利用农闲或晚上时间教他们识字明理。可以说,乡村建设实验的开展促进了乡村学校教育的发展,同时也大大推动了民众教育的普及。

第二节 民众教育实验区及乡村教育实验区

一、山东省立民众教育实验区——以祝甸乡为中心

1932年山东省教育厅为了实验普及民众教育的方法,特委托山东省民众教育馆主持兴办民众教育实验区。该馆于当年在历城县第二区成立了祝甸乡乡村实验区办事处,并在此进行了一场乡村民众教育实验。

祝甸乡实验区,面积约三十六方里,北有胶济铁路,交通较为便利。区内共辖六个村庄,七百二十七户,人口三千八百三十名。生计方式上,全区居民皆以农业为生。综合其所处的地理位置、交通状况等各方面看,可以说这是一处进行乡村民众教育实验的理想之地。

省立民众教育实验区的宗旨源于民众教育馆对其工作的认识,他们基于"中国民众如果永远不能办理自己的事,中国民族便永远打不开一条出路"的信念,做出了"民众教育之最大的成功,是民众能自己起来办教育"②的推断。那么,民众如何才能自己起来办教育？民众教育馆认为需要实现地方自治,因为只有实现地方自治尤其是乡村自治以后,一般民众才有掌握农村政权的机会与能力,才能办他们自己真正需要的教育。"放大来说,也只有这样才真正彻底地建立自治或民治的基础,才真能改造中国政治制度和社会一切组织,从此才走上中国民族的新路。"③为了实现民众教育的普及并通过民众教育找出一条民族自救的道路,民众教育馆将其实验区的宗旨确定为普及乡民教育、增进农业生产、完成地方自治、改善乡村风俗。在此宗旨指导下还制定了一个为期五年的实验计划。

---

① 付理轩口述,沙德廷整理:《回忆乡农学校》,中国人民政治协商会议菏泽市文史资料研究委员会编《菏泽文史资料》第一辑,1988年内部发行,第112-113页。
② 屈凌汉:《一年来的祝甸乡实验区》,载《山东民众教育月刊》第四卷六期,1933年8月15日,第5页。
③ 屈凌汉:《一年来的祝甸乡实验区》,载《山东民众教育月刊》第四卷六期,1933年8月15日,第6页。

第五章 以学校为乡村改造之中心：乡村建设运动中的山东乡村教育

该计划分三期进行：第一期（一至二年），从事树立信仰，调查社会，扫除文盲，卫生防疫等工作；第二期（一至二年），从事培养领袖，训练民权，改良交通，实施自卫，完成自治等工作；第三期（二至三年），从事以科学方法，改善农家副业，增进土地生产，发展合作事业，消弭主佃冲突等工作。五年实验期满，即将一切事业交还地方。① 在具体推行中，祝甸乡实验区的工作将语文教育作为出发点，并试图通过语文、康乐、政治、生计四方面教育的推行来最终完成地方自治的实现。将语文教育作为民众实验的起点是民众教育馆结合自身的工作特点、乡村的现实需求等因素而做出的选择。尽管实验区的民众学校是从语文教育出发开展工作的，"但其语文教育之实施，并不单纯在教民众认识简单文字符号与夫提高所谓教育程度。重要的在于将教育看成进行事业上之一种步骤，利用语文上之种种实施，掌握学生，组织农友，以推进乡村自治"②。

民众教育实验区的各项工作是以民众学校为基础来发动的，从1932年开始，实验区所辖各乡陆续组织起校董会，并由校董组织招收当地学生办起了民众学校。民众学校根据学生的程度及年龄，分为初级、高级两班教学。两班所设课程大致相同，包括读法、算艺、唱歌、谈话四种，只是程度不同。教学中特别注意学生自学能力的培养。民众学校规定学生毕业后需担负起招收新生的责任，通过这种办法来扩大民众学校在乡民中的影响及民众教育事业的推行。

虽然设立民众学校的重要目的是改善民众生活，然而学校在设立之初并没有为民众所接受。有民众传言，"上当啊，这时不要钱，将来是要钱的，说不定把我们骗去当兵，讨便宜是上当的后门，小心点吧……"③在这些言论的影响下，不少人对民众学校持观望态度，直到第一班民校学生毕业后，民众的看法才开始有所转变。再加上一些毕业生也积极以自己的经历现身说法，"我是要到小铺讲讲去，……骗我们几个钱去，骗我们几个人走了，小子今天毕了业了，念完了四本书，识字一大堆，有什么当上……"④之后，民众学校的教学渐渐深入人心。

根据最初的设想，实验区五年期满之后，所有教育事业，交由本区人民自行办理。为了培养出能够推行此项教育的人才，民众教育馆专门于1933年12月设立了祝甸乡简易师范班。该班的"招生资格限于本区十八岁以上四十岁以下

---

① 许莹涟等编：《全国乡村建设运动概况》第一辑下册，南京：正中书局，1936年，第797—798页。
② 许莹涟等编：《全国乡村建设运动概况》第一辑下册，南京：正中书局，1936年，第803页。
③ 樊月培：《下乡回味录》，载《山东民众教育月刊》，第五卷六期，1934年8月25日，第102页。
④ 樊月培：《下乡回味录》，载《山东民众教育月刊》，第五卷六期，1934年8月25日，第102页。

之塾师,中等学校肄业者、高校及高级民校毕业者,男女兼收"①。学生经过考试后入班学习,学习时间为半年。在读期间无须缴纳学费,文具书籍亦由民众教育馆供给,毕业后成绩优秀者,分派各民众学校担任教师。可以说,这是一种招收已有一定文化基础者进行培训,以达到能够推广民众教育目标的速成师范教育。据当时统计,入班时共有男生十九名,女生五名,迄毕业时,仅有男生十六名。②根据此项统计,可以说祝甸乡简易师范班所培养的人才较为有限。尽管如此,仍可以看出民众教育馆为推动民众教育的长远发展所做出的努力。除通过设立民众学校以推广民众教育外,祝甸乡民众教育实验区还在全乡各村成立了少年团,发动各类学校及私塾中的小学生参与推行识字教育。

在民众教育实验中,乡村小学成为改造社会的中心机关,小学生也成为改造社会的生力军。为了使儿童能够在参与乡村社会实践中培养自己的能力,祝甸乡的各庄小学中均附设有一种少年儿童组织——少年团。这一组织是由最初仅限于读书讲演活动的读书会改组而成,其目的在于使儿童通过扫盲教学工作的开展逐渐养成团体生活习惯、培植服务精神、锻炼强健体魄、陶冶良好德性。除教学工作外,少年团还会组织一些讲演、壁报、武术、服务等能够增进儿童发展的活动。尽管少年团的成员皆是小学生或私塾生童,但这一团体有着严密的组织与制度。

少年团成立初期采取委员制,每庄都有一个执行委员会,自行组织各庄的工作。随着各项工作的逐步推广,少年团组织者渐渐意识到,以庄为单位的工作将少年团团员局限在一个他们已十分熟悉的狭小范围内,很难与更广阔的社会和人群接触。因此,自第三年工作开始,实验区即着手对少年团进行改革,将组织单位扩大至整个乡。改组之后,原来分散于各庄的委员会被取消,而改为总队长负责制。各庄根据人数情况分成若干小队,从各小队中推选出一名总队长负责指导与监督该庄的教学、武术、服务等各项工作,并规定每两个星期开一次总队长会议,每月召开一次全体团员大会。其中,团员大会为最高机关,在团员大会开幕以后,总队长会议便是少年团最高的执行机关。

为宣布新的少年团组织办法并扩大该团的影响力,民众教育馆专门于1934年10月31日召开了祝甸乡少年团第一次全体大会,并函告在私塾读书的儿童参加。会议上,主席向大家报告了工作情形及该组织的意义与办法,经过表决,全票通过。接下来各庄执行委员分别做了工作报告并改选了各队总队长。此外,为了渐渐将民众教育委员指导转变为由当地小学教师指导,特规定每两星期

---

① 许莹涟等编:《全国乡村建设运动概况》第一辑下册,南京:正中书局,1936年,第804页。
② 许莹涟等编:《全国乡村建设运动概况》第一辑下册,南京:正中书局,1936年,第805页。

第五章　以学校为乡村改造之中心：乡村建设运动中的山东乡村教育

开少年团指导委员会一次。同时，还规定每两星期开总队长会议一次，以锻炼儿童的能力并最终实现儿童自动起来办少年团的目标。其所做的各项工作表明，少年团是一个有领导、有组织的民众教育推广团体。

祝甸乡少年团经历了一个从建立到不断发展完善的过程。首先从其所覆盖的区域及团员数量看，1933年，只有三个村庄中设有少年团组织，团员仅有一百多名。至1934年，少年团已覆盖了祝甸乡全部村庄，团员人数也有很大增加。从团员成分看，少年团的团员最初由小学生组成，后来，私塾及短期小学的学生以及文盲也源源不断地加入。从少年团的领导者看，在成立之初，每庄少年团的执行委员差不多都是由年龄最大的男性团员担任，经过一段时间的发展，队长的年龄逐渐趋于年轻化，而且出现了不少女队长。据统计，至1935年，女性队长人数占到了少年团队长总数的三分之一①。

少年团团员的日常工作主要是担任小先生，教育自己的父母家人及邻居等。伴随着祝甸乡少年团自身的不断发展与完善，少年团的教学方法也在逐渐改进，还特别制定出识字卡片等简单教学工具，这不仅可以辅导更多的学生，也使他们的学习兴趣不断增强。如第一总队第二队男团员王中海常常利用闲暇时间教自家扛活的农人识字。这位农民已有四十多岁，学习起来却极为认真，为了练习写字还专门从自己微薄的工资中抽出一部分钱，买了一支在当时十分昂贵的活动铅笔。又如，第六总队第十七队女团员刘凤考积极教自己的母亲识字。最初她母亲不愿学，后来经她和她父亲的婉劝才勉强来学。念了几天卡片便对此产生了兴趣。而且她女儿还说："我妈等小孩睡着了，自己还要念一会呢。"②从以上两个事例中可以看出民众渐渐对读书识字有了浓厚的兴趣，这也反映出小先生们对此所做出的努力及少年团推广扫盲教育工作中所取得的成效。随着脱盲乡村民众的增多，读课外读物的人数也在日见增多，甚至连他们的谈话技巧都有了显著进步③。可以说，少年团通过识字教学的推广带动了当时整个乡村面貌的改变。

与此同时，小先生们也在参与少年团各项工作的过程中得到成长。工作上，他们慢慢能够自己组织开会并讨论各种事情，所办的壁报也写得更加流畅。生活中，在加入少年团之后，他们"在行为上显著地起了一种变化，比较以前守规

---

①　俞汝朋：《扩大组织后的祝甸乡少年团》，载《山东民众教育月刊》，第六卷第八期，1935年10月25日，第149页。
②　俞汝朋：《扩大组织后的祝甸乡少年团》，载《山东民众教育月刊》，第六卷第八期，1935年10月25日，第149-151页。
③　俞汝朋：《扩大组织后的祝甸乡少年团》，载《山东民众教育月刊》，第六卷第八期，1935年10月25日，第151页。

矩,懂事多了"①。可以说,少年团成员在各项工作中受到了良好的训练,他们自身也得到了更加全面的发展。

在对祝甸乡的识字率进行调查时,民众教育馆发现该乡有一半左右的识字者是在私塾接受教育的,全乡教育文化重心是建筑在私塾教育上面的②。即使到了20世纪30年代,私塾依旧是当地的重要教育机构。因此,民众教育馆在祝甸乡实验区成立之初即着手对该乡的私塾教学状况进行摸底调查,并积极从事私塾改良方面的工作,希图通过发挥私塾在乡间已有的影响力来更好地推展民众教育实验。在亲自拜访各塾师后,实验区工作人员组织成立了塾师教学讨论会,函请各塾师参加,并规定每半个月在祝甸乡办事处举行一次会议对各种教学方法进行讨论。私塾改良中所需的新式教科书及其他教学设备皆由实验区办事处代为筹备。

尽管民众教育馆从教学理论及教材方面为私塾改良做好了准备,但祝甸乡的塾师们难以在短时间内将其习以为常的传统教学转变为新式教学。面对转型难题,民众教育馆想出了按时派人到各塾去试教的办法。每教完一课,随即跟塾师讨论如何具体运用现代教学法进行教学。如实验区工作人员在祝甸庄王先生开办的学塾试教之后,即跟该塾师一起研究教学法,包括"怎样进行教学过程,怎样引起动机,怎样联络,何处应当多发问,何处应当多应用,……一条条解说一遍。夫子喟然叹曰,我才豁然贯通,的确比我们儒书入则孝,出则悌,好懂得多哩"③!塾师对新式教学法的真正理解与主动应用是私塾改良取得成功的前提。在对各塾进行几次试教之后,塾师们大都可以自行采用新式教学法教学,民教馆则不时派人到各塾视导,或者代教,并随时通过塾师教学调查表记下塾师改良的进度。1934年,民众教育馆还曾函请行政机关协助取缔毫未改进之私塾。④

经过一段时间的努力,祝甸乡民众实验区的私塾改良工作取得了不小的成效。除了少部分年纪太高、学识太旧的塾师难以完成改良工作外,大部分塾师非常赞同并自觉运用新式教法进行教学。塾师们不仅准时出席民众教育实验区组织的塾师教学讨论会,积极参与讨论教法改良问题,而且还借该讨论会同全区教师进行联络,发动学生参加区里组织的运动会、演讲竞赛会、读书会

---

① 俞汝朋:《扩大组织后的祝甸乡少年团》,载《山东民众教育月刊》,第六卷第八期,1935年10月25日,第145页。
② 《馆区工作报告》,载《山东民众教育月刊》,第五卷第八期,1934年10月25日,第10页。
③ 屈凌汉:《一年来的祝甸乡实验区》,载《山东民众教育月刊》,第四卷六期,1933年8月15日,第42页。
④ 许莹涟等编:《全国乡村建设运动概况》第一辑下册,南京:正中书局,1936年,第805页。

等。有几位塾师还专门开设了兵式体操课,学生们也通过这些体育锻炼变得精神焕发。

在祝甸乡民众实验区的工作进行了三年之后,奉省教育厅之令,该实验区于1934年7月移交济南乡村师范学校接办义务教育实验区,民众教育馆则转而进行民众教育辅导方面的工作。尽管民众教育馆没能完成其最初制订的五年计划,但毕竟在祝甸乡开始了其第一次下乡工作的尝试,并在实验过程中受到了良好的训练。正如一位民众教育工作者所言:"在这里,我们自己得到不少的基本训练。概括说来,提高我们对于农村事业的兴趣,坚定我们对于农村服务的志愿,获得我们对于农村工作应有的态度与应备的技能,都是三年来在祝甸训练成功的。我们在这里算是受到了一段较可满意的初等教育。"[1]在祝甸乡民众教育实验工作中所掌握的技能与总结出的经验,同时也为民教馆此后进行的民众教育辅导工作打下了坚实的基础。

二、乡村教育辅导委员会之乡村教育实验区

山东省教育厅鉴于乡村经济破产、文化低落的状况,在何思源提出的求生教育理论基础上制定了推动乡村学校教育与社会教育并行发展的方案。根据求生教育理论,教育的真正作用包括两个方面,一是发展生活能力,二是扩大生活范围。前者重在培养增厚受教育者的生活能力,使其有能力参加各项团体事务;后者在于使受教育者能够担当起提升家庭、邻里、国家民族,乃至于全体人类生活能力的责任。[2] 根据这一理论,要使教育的作用得到真正发挥,则需"从下层作起,从农民子弟之初级教育和民间的民众教育作起"[3],"其目标在改良整个民众生活,而以乡村教育为推动中心;其方法,则取小学教育与民众教育打成一片,以期双轨并进,同时发展"[4]。由此,乡村小学需担当起学校教育与民众教育的双重责任,而要实现这一理想,应先成立专门负责全省乡村教育之设计辅导机关。于是,1934年3月,山东省教育厅呈准山东省政府成立了山东省乡村教育辅导委员会,由教育厅厅长何思源兼任委员长。该会制定了《山东省乡村教育实验区

---

[1] 屈凌汉:《祝甸乡实验区第三年》,载江问渔、梁漱溟编:《乡村建设实验》第三集,上海:中华书局,1937年,第333页。

[2] 何思源:《什么是求生教育》,载马亮宽编《何思源文集》(第二卷),北京:北京出版社,2006年,第765—766页。

[3] 何思源:《什么是求生教育》,载马亮宽编《何思源文集》(第二卷)北京:北京出版社,2006年,第767页。

[4] 何思源:《山东省乡村教育辅导委员会工作报告》,载章元善、许仕廉编《乡村建设实验》(第二集),上海:中华书局,1935年,第447页。

办法大纲》，规定每县择定一乡村学区为乡教实验区，以期示范推广。山东省乡村教育辅导委员会主要负责制定全省乡村教育实施方案，以辅导全省乡村教育之进行。实施方案的制定需要建立在教育实践的基础上，为此，教育厅规定由各县先择定一乡村学区，划为实验区，设计实验，此后将实验区计划分期推行，并试图在三年时间内推行于全省。

第一期首先择定了历城、长清、章丘、肥城、泰安、禹城、莱阳、棲霞、即墨、平度、临沂、沂水、峄县、莒县、滋阳、济宁、郓城、宁阳、曹县、单县等二十县，各划实验区。由教育厅下令委派山东教育服务人员训练班毕业学员为各实验区主任，到县勘定实验区，成立县乡村教育辅导委员会。县乡村教育辅导委员会联合该县民众教育馆第五科，及区内各小学之人力财力，负责计划实施，辅导推行等一切责任。当时划定的二十县中，除即墨、宁阳、峄县等三县因经费艰窘暂缓实验外，其他各县之实验区，均已呈报划定。除以上按计划实施实验的十七县外，其后自动请准试办者又有济阳、齐河、清平、商河、惠民、阳信、乐陵、蒲台、博山、郯城、邹县、朝城、青城等十三县，计前后共划定三十县。1935年4月，山东县政建设实验区行政长官公署成立，划定鲁西十四县为县政建设实验区，济宁、郓城、单县、曹县等四县均在区内。为统一事权便于行政起见，特将以上四县乡村教育实验区移归长官公署统筹办理，此后，真正设立乡村教育实验区的县份有二十六县。

省教育厅设立乡村教育实验区的初衷在于使学校教育与社会教育双轨并进，同时发展。各县实验区内的工作人员主要包括办事处人员及中心小学区内各小学的教职员。其具体工作的实施，则以乡区中心小学为推动机关，带动其他各乡区小学，以谋共同完成教育实验中的学校教育与社会活动工作。各实验区的实施计划及具体推进工作虽各有不同，但一般会分语文教育、生计教育、公民教育、康乐教育四大部分进行。同民众教育实验区类似，乡村教育实验区同样是从语文教育入手进行实验，并且认为如果可以通过此项工作得到农民的信仰，与农民融合，则非常有利于日后其他各项实验事业的顺利推行，并最终实现对乡村的改造。

承担实验任务的各乡区小学为推广乡区教育做了多方面的工作，如平度县乡村教育实验区店子完全小学成立后即对该村周围二十平方公里内的各村私塾进行改良，废除"四书""五经"等传统教学内容，统统改换为国语、算术、常识等初级小学课本。各科的课程表和作息时间表，也都规范统一。① 此外还十分注重实验区内的成人教育，一方面，利用中午或晚上的农闲时段组织村落里的中、青

---

① 王子和：《省立平度县乡村教育实验区店子小学始末》，载政协平度市文史资料研究委员会编《平度文史资料》第五辑，1989年内部发行，第191页。

年男女学习;另一方面,学校常常组织新剧,节假日期间赴农村演出,这些活动深受乡民欢迎,学校也渐渐声名远扬,四方学子纷纷慕名前来求学①。实验区中心小学在推行实验过程中不仅带来了自身知名度的提升,促进了学校的进一步发展,而且也带动了周围乡村学校的发展,周围一些尚未推行现代乡村教育的地区在此影响下渐渐成立了乡村小学。

乡村教育实验的特点在于将乡村小学变成乡村一切事业活动的中心,小学教师在其中担负着领导者的重任,他们不仅要教育学校内的儿童,还须领导乡村民众改良其生活,举办合作社、巡回书库、阅报所、通俗讲演、演剧等活动。乡村教育实验的产生是时代的产物,在大多数民众皆须补课且民众生活亟待改良之时,乡村学校自然成为实施民众教育最便利的机关。因此,1930年召开的全国第二次教育会议上,即决定"办理民众教育以乡村小学为中心"②。在当时,乡村小学办理民众教育被认为是一种两全其美的选择,一方面,乡村小学办理民众学校有着天然的便利,乡村民众大都较为信仰乡村学校,乡村教师较易深入乡村并教育民众,而且乡村小学现有的教师、校舍、设备等可以方便地为民众教育所利用;另一方面,乡村小学本身也可以因此得到发展,通过办民众教育,乡村学校与学生家长联系更为密切,十分有利于家校合作,提升教学质量。同时,家长素质的提高也有利于形成良好的家庭教育环境,从而有利于学生的成长。可以说,乡村教育实验区的设立是一种寻求乡村学校教育与民众教育之间互动发展的尝试。然而,同民众教育实验类似,乡村教育实验同样是试图通过教育来改造社会。那么,教育能否担当起改造社会的重任呢?民众教育实验进行不久,工作人员即意识到"此种工作,在以纯教育为立场,及如此狭小的工作区域与工作组织,照计划作起来,到底有克服不了的障碍"③。于是,他们选择放弃原有的理论计划,在尊重现实情况的基础上对其具体工作进行调整。在民众教育实验区工作者看来,原有的理论计划,优点在于指示了工作目标,缺点在于偏于理想。即以消弭主佃冲突而论,实现不了耕者有其田的办法,主佃冲突终于无法避免。耕者有其田是我国绝大的社会问题,想用教育的力量,零零碎碎地去解决,不能不说有点近于痴人说梦。④ 正如以上分析,通过乡村学校来完成乡村社会

---

① 王子和:《省立平度县乡村教育实验区店子小学始末》,载政协平度市文史资料研究委员会编《平度文史资料》第五辑,1989年内部发行,第196页。

② 梁容若:《乡村小学与民众教育》,载《山东民众教育月刊》,第二卷二期,1931年9月25日,第8页。

③ 屈凌汉:《祝甸乡实验区第三年》,载江问渔、梁漱溟编:《乡村建设实验》第三集,上海:中华书局,1937年,第318页。

④ 屈凌汉:《祝甸乡实验区第三年》,载江问渔、梁漱溟编:《乡村建设实验》第三集,上海:中华书局,1937年,第318-319页。

改造的理想是美好的,但在根本改造乡村社会方面,教育所能发挥的作用是有限的。

第三节 乡村师范学校的乡村建设实验

一、乡村师范学校义务教育实验区的设立

乡村师范学校是自20世纪20年代开始出现的一种专门培养乡村师资的学校,这类学校被时人认为是发展乡村教育的入手点,并对其寄予了厚望。如山东省教育厅长何思源认为:

> 提倡乡村教育,尤非先着手筹办乡村师范学校不可,如果能以多多造就乡村教育的师资,分散到农村里去办学校,一方面,可以发达义务教育,使儿童达到学龄以后,都有求学的机会,一方面,可扩充补习教育,使成年失学的人,有时间可以读书识字,补习些相当的知识,同时,还有一层,更值得我们注意的,就是乡村副作业之提倡,合作事业之指导,和乡村自治基础之培植。①

由此可见,何思源不仅十分看重乡村师范学校培养的乡村教师在普及义务教育和推广民众教育方面发挥的作用,而且还将倡导乡村自治视为乡村师范学校日常工作的重要组成部分。所以,在培养乡村师资的同时,山东的多所乡村师范学校担当起了进行社会教育和乡村改造的重任,这一任务是通过设立义务教育实验区来实现的。另外,从义务教育推广的角度看,设立实验区也是其发展的必然趋势,"实施义务教育,就表面观之,事属简单;但如学龄儿童之调查,教材之变更,学校之设备等事,非有确切之经验,骤谋大规模之推行,深虞扞格难通。故须先作小规模之试验,以其所得,本之推行,庶乎事半功倍"②。根据山东省第二次教育行政会议决案,从1931年开始先就省立乡村师范所在地之县,各设义务教育试验区一处,以作为推行义务教育之基础。

---

① 何思源:《乡村教育之重要》,载马亮宽编《何思源文集》(第二卷),北京:北京出版社,2006年,第760—761页。

② 《本会工作纪要》,载山东省义务教育委员会编辑:《山东省义务教育委员会十九年度下期工作概况》,济南:五三美术印刷社,1931年,第13页。

第五章 以学校为乡村改造之中心：乡村建设运动中的山东乡村教育

为了能够切实推行义务教育实验，山东省教育厅特别下令各乡村师范校长会同所在地教育局局长，积极筹谋，并拟具计划，呈厅审核，以便督促指导。1931年5月，山东省立第一乡村师范学校即会同济南市教育局，划定接近该校的向鹤庄等十九个庄村为试验区，将以前办理之民众学校，由试验区小学代办，改为补习学校。① 试图通过乡村义务教育实验培养乡村师范生接近民众的兴趣，锻炼其办学教学的技能，最终实现教育的普及化、民众化。又如，1933年9月，临沂乡村师范学校呈准划埠前乡为义务教育实验区，该校不仅通过此实验区的设立培养师范生普及乡村教育的技能，还试图训练他们通过乡村教育改进民众生活的方法及促进地方自治的办法。② 尽管各乡村师范学校设立义务教育实验区的具体方案各有不同，但通过乡村教育的推广以改进民众教育的宗旨是相同的。从这个角度看，乡村师范学校所办义务教育实验区与上文中讨论的乡村教育实验区有着异曲同工之妙。正如临沂乡村师范学校校长曹兰珍所言，该校实验区"不过名义上是义教实验区，我们却照乡教实验区去办的"③。关于乡村师范学校义务实验区的具体推广实施，下面将以滋阳乡村师范学校为例来分析。

二、一个乡师的义务教育实验——以滋阳乡师为例

滋阳乡师，初名山东省立第四乡村师范学校，1930年11月开始筹办，当年12月招收第一批学生。1934年，该校改称为"山东省立滋阳简易乡村师范学校"。1937年前，该校共招生九级，有数百名学生前来就读。在20世纪30年代乡村建设运动的影响下，滋阳乡师自觉担当起了推行乡村义务教育实验的重任。该校对于推行乡村教育实验有着独到的见解，在他们看来，当时作为中国社会基础的农村，因经济的崩溃，酿成农村文化衰落的危机。乡村师范的设立，就在救治这一危机。所以，乡村师范的性质，是多元的，所造就的学生，除了教育乡村儿童外，还有辅导农民，增进生产提高文化的责任。④ 他们坚信教育是推动社会发展的一股主要动力，将乡师视为改造农村的中心，将学生毕业后所服务之学校看

---

① 山东省立第一乡村出版委员会，山东省立第一乡村师范编：《山东省立第一乡村师范一览》，1932年内部发行，第21页。
② 曹兰珍：《山东省立临沂简易乡村师范学校义务教育实验区概述》，载《乡村教育半月刊》，第一期，1934年5月31日，第4页。
③ 曹兰珍：《山东省立临沂简易乡村师范学校义务教育实验区概述》，载《乡村教育半月刊》，第一期，1934年5月31日，第4页。
④ 山东省立第四乡村师范学校编辑委员会编：《一个乡师的试验：山东省立第四乡村师范学校概况》，济南：大东书局印刷所发行，1933年，弁言第3页。

作分中心。中心与分中心的系属,有似树的根枝关系。乡师学生毕业后仍需与学校保持联系,学校会设法解除毕业学生读书与服务的各种困难,而学生要将自己从经验获得的材料供给学校,通过双方的共同讨论来寻求如何"做"的方法。如此连续推广,试图对于农村改造做出一定贡献。① 可以说,该校自觉担当起了改造乡村的重任,并尝试建立起乡村师范学校与其毕业生所服务之乡村小学间的互动关系。乡师在传授知识技能的同时为毕业生提供就业渠道,毕业生则在具体工作中将积累的乡村改造经验反馈给母校,以求通过双方的共同努力来推动乡村教育实验的顺利展开。

为了培养出能够推行乡村教育实验的人才,滋阳乡师专门制定了一套有针对性的教学计划大纲。

第一,明确了具体的培养目标。主要包括以下三点内容:其一,要培养乡村小学的师资人才,他不仅要具有教育儿童的知识,而且还要有创办乡村小学的技能;其二,要训练能指导农村生产的人才,他要有服务农村的决心,要有劳动的身手,而并不是简单做一个小学教员,或准备做一个乡绅;其三,要养成提高乡村文化、教导农民的人才,他要有乡村生活的经验,要有从穷苦中寻出路的习惯和方法。只有养成这样的人才,才能够适应乡村的需要,也只有这样的人才,才能救治农村的危机,使中国的农村变为崭新的农村。② 从以上对培养目标的阐述中可以看出,滋阳乡师要求该校的在读学生除应能够担当乡村小学的教师和承担办学重任外,还应该能够担负起教育乡民,指导乡民生产和进行乡村改造的重任。在此培养目标的指导下,乡师在教材选择、各科教学原则和教学法等方面都做出了相应规定。

第二,在教材选择上,特别规定要与乡村社会发生联系。并指出:"这是最主要的原则,选择教材如若不注意这一原则,则失却了乡村师范教学的特殊性质与目的。"③例如,对化学这门课的教学,应特别注意与乡村社会有密切关联的应用化学,对于理论化学虽不应忽视,但在教材中,仅需作为帮助理解应用化学的工具。除此项原则外,还规定量的方面只求足用,而质的方面要力求熟习,侧重技能的训练,要求能够实习与应用。可以说,滋阳乡师在进行教材选择时,更侧重于与乡村社会密切相关的内容,并强调对学生实用技能的培养。教材方面的这

---

① 山东省立第四乡村师范学校编辑委员会编:《一个乡师的试验:山东省立第四乡村师范学校概况》,济南:大东书局印刷所发行,1933年,弁言第14—15页。
② 山东省立第四乡村师范学校编辑委员会编:《一个乡师的试验:山东省立第四乡村师范学校概况》,济南:大东书局印刷所发行,1933年,弁言第2页。
③ 山东省立第四乡村师范学校编辑委员会编:《一个乡师的试验:山东省立第四乡村师范学校概况》,济南:大东书局印刷所发行,1933年,弁言第7页。

些原则规定了乡村师范学校教学的基本导向。

第三，从学科设置看，滋阳乡师不仅开设了师范类的各科主修课程，而且还设立了与乡村有关的农业概要、农场管理与实施等农业类课程，以及农村组织、农村社会等农村研究类辅助课程。并且还对各科的教学原则做出了具体规定，如国文的教学原则包括适合于乡村社会的应用和帮助学生正确认识乡村等内容，因为在他们看来，"乡师学生未来的使命，便是领导农民，改造乡村。为了完成这种使命，我们要多多选授与乡村社会有关系的文章，例如：讨论农民问题的论文，及发生在乡村实际生活的小说、诗歌、戏剧等，以期能够帮助学生正确认识乡村"①。教育学科的教学原则中则强调要适应乡村教育的特殊需要，在当时的复兴运动与改造运动中，乡村小学乃是中心机关，小学教师，乃是领导人员。乡村师范既然是小学教师的作育场所，因此特别提出要注意健康教育、民众教育及义务教育之实施，以期适用乡村教育的特殊需要。② 这些与乡村社会密切相关之课程的设立以及对于各科教学原则的规定，皆为此后实验区乡村推广事业的实施奠定了较为坚实的知识基础。

第四，推出"三做生活"的教学方法。"三做"，即"做""学着做""领导着做"。根据其理论，只有建立在"做"上，推广事业才可能真正得到施行；只有建立在"学着做"上，推广事业才不会成为固定的没有进步的事；只有建立在"领导着做"上，才能发挥以乡校为中心的领导作用。③ 这一教学方法的提出是为了完成乡村师范学校所肩负的改造乡民生活的目标，同时也是为了使乡师毕业生能够自动走上乡村推广工作的岗位，因为"乡师的学生刚从小学毕业，若只照普通师范或中学的课程和训练方法去教他们，结果，他们所获得的与推广事业毫无关涉"④。"三做生活"教学方法的实行培养了乡村师范学校学生服务乡村社会的意识、能力与方法。

滋阳乡师奉省教育厅设立实验区之令后，与当地教育局局长协商将滋阳县第五自治区规划为该校义务教育实验区，并设立了辅导部以推广各项活动。该实验区位于滋阳县西偏，计长约三十里，宽约十五里，面积四百五十方里。实验

---

① 山东省立第四乡村师范学校编辑委员会编：《一个乡师的试验：山东省立第四乡村师范学校概况》，济南：大东书局印刷所发行，1933年，课程第5页。
② 山东省立第四乡村师范学校编辑委员会编：《一个乡师的试验：山东省立第四乡村师范学校概况》，济南：大东书局印刷所发行，1933年，课程第39页。
③ 赵励斋：《山东省立滋阳乡师的推广事业》，载《山东民众教育月刊》，第五卷四期，1934年6月25日，第138页。
④ 赵励斋：《山东省立滋阳乡师的推广事业》，载《山东民众教育月刊》，第五卷四期，1934年6月25日，第139页。

区内有村庄九十个,居民五千六百七十三户,已设立乡村小学二十六所,共有学童七百八十名。男女学龄儿童总数计有三千零三十二人,其中,失学儿童在二千四百五十名以上。当地居民简朴诚实,知识较为落后,很适合作为乡村活动的对象。① 虽名为义务教育实验区,真正实施的工作并不仅仅限于义务教育,乡师学生还积极参与到乡村改造的多项活动中。

根据滋阳乡师的最初设想,义务教育实验区的一切活动均以乡村学校为中心,其余各项活动均由中心放射出去。由于整个试验区的面积较为广阔,为便于工作,乡村师范学校将试验区划分为五个分区,以接近县城、人口最集中的第一分区为中心区。在中心区内建立一所中间学校,主要进行协办乡村小学、创办民众学校和民教学友会、举行通俗讲演等活动。而且,以此中间学校作为其他乡校的模范,发动所有乡村学校共同努力将乡村实验活动推展于全地区。滋阳乡师试图用五年时间分三个阶段最终完成这一乡村实验计划。

乡村实验区地域面积广阔,工作任务较为艰巨,成立相应的组织机关成为进行各项事业的首要步骤。滋阳乡师特邀请实验区内的地方负责人员,及热心公共事业的乡民,联同本校校长、辅导主任,组织了辅导委员会,并以此为推动乡村活动的机关。辅导委员会以辅导试验区内的办学人员、发展乡教、办理民教、指导农民生活为宗旨。该会委员分为当然委员和聘任委员二种。当然委员由校长、辅导主任、附小主任、滋阳县县长、第五科科长、县督学充任。聘任委员则由校长聘请校内外热心乡运、富有学识经验者充任之。委员会的具体任务包括解决实验区内乡校的经费审查、经费增加、乡校民校扩充、乡校教员去取、乡村公民训练、乡村纠纷仲裁等与乡村活动有关的各种问题。

实验区的很多具体工作是由滋阳乡师的在读学生承担的,该校规定学生自第四学年,由辅导部领导,开始进行乡村活动,他们因此也多了一种称呼——"协教生"。协教生的中心任务自然是开展乡村教育,另外,还须将工作范围推广至创办民校、改良生产、促进文化、普及卫生、乡村社会调查、编辑壁报、研究教材等多个领域。在协教生赴乡村工作期间,聘请各区的优良教员,为乡村活动视导员,分期视察当地乡村活动之进行,以收观摩之益。同时,辅导委员会也会派员轮流视察辅导。此外,滋阳乡师还组织了乡村活动研究会,对复兴农村的理论和乡村活动的实施路径进行研究。

滋阳乡师在具体实践中自觉担当起了救治乡村文化衰落的重任,在他们看来,"乡村师范的性质,是多元的,所造就的学生,除了教育乡村儿童外,还有辅导

---

① 山东省立第四乡村师范学校编辑委员会编:《一个乡师的试验:山东省立第四乡村师范学校概况》,济南:大东书局印刷所发行,1933年,乡村活动概况第4页。

农民,增进生产提高文化的责任。"①因此,该校自成立起就着手筹备了义务教育实验区的各项活动,并在具体实践过程中逐步形成了从人才培养、组织推广、具体实施到理论研究等多个环节较为完善的乡村教育体系。至1933年,该校总共设有民众学校六处,义务教育短期小学一处,从城内到西关外,均有该校民众学校之设立。② 以上各类乡村学校的设立,大大推动了当地乡村教育的发展。

三、学与做:乡村师范与教育推广

至20世纪30年代,山东的省立乡村师范学校大都划定了乡村教育实验区或义务教育实验区,在原有的农事部基础上,又组织增设推广部,并聘请义务教育实验区指导委员或乡村活动指导员负责推广乡村改造的各项工作,使乡村师范与乡村社会打成一片。这些做法打破了此前关起门来办学的弊端,而且由乡村师范学校设立的义务教育实验区也确实在很大程度上推动了当地教育的发展。如临沂乡村师范学校义务教育实验区内的西朱汪第二实验小学校址,原为校董刘殿仪教"子曰"的塾校,最初很勉强地把私塾取消而改为学校。两月以后,当地绅董及民众不但热心赞助学校,而且还大唱特唱打倒私塾的口号。③ 这些情形的出现反映出义务教育实验区的工作逐渐深入人心,实验区通过其工作对当地乡村教育转型做出了很大贡献。实验区的影响有时甚至还会波及临近地区,如临沂乡师实验区创办后,激起了郯境毗连各小学教师的研究兴趣,他们还自动组织乡村教育研究会对当地教育进行研究。④ 然而,乡村师范学校作为一种培养人才的教育机构,毕竟不同于专门负责推广教育的省立民众教育馆,也不同于集中推广乡村建设的山东乡村建设研究院。乡村师范学校需要考虑乡师学生推进乡村改造与其学业有何关系,乡村师范在发动其学生实施推广教育时应把握什么样的原则等一系列问题。

乡村师范学校以培养乡村教师为目标,不仅要进行知识传授与技能培养,还应使学生能够在乡村社会中灵活运用所掌握的知识与技能。而乡村师范学校所设立的义务教育实验区正为学生提供了良好的实践机会,使学生们能够在参与

---

① 山东省立第四乡村师范学校编辑委员会编:《一个乡师的试验:山东省立第四乡村师范学校概况》,济南:大东书局印刷所发行,1933年,弁言第2页。
② 赵励斋:《山东省立滋阳乡师的推广事业》,载《山东民众教育月刊》,第五卷四期,1934年6月25日,第141页。
③ 曹兰珍:《山东省立临沂简易乡村师范学校义务教育实验区概述》,载《乡村教育半月刊》,第一期,1934年5月31日,第11页。
④ 曹兰珍:《山东省立临沂简易乡村师范学校义务教育实验区概述》,载《乡村教育半月刊》,第一期,1934年5月31日,第11页。

实验区活动的过程中,为以后的教学及教育推广工作积累下丰富经验,体现了"教学做合一"的原则。从这个角度说,让乡师学生参与乡村教育实验的做法是值得肯定的。然而,乡村师范与教育行政机关的推广教育目的不同,其核心目标在于造就师范生,在此基础上进一步将师范生的课内知识学习与课外工作能力培养结合起来。"乡师的推广教育,不仅在教育民众,训练民众,还在教育其师范生训练其师范生"①。目的既不相同,所投入的时间及要求亦有所不同。其他教育机构可将全部精力用于乡村教育和乡村改造中,而乡村师范学校不应如此。乡师招收的主要是小学毕业生,且修业年限仅仅四年,假如再划出其很大的时间专门在"做"上用功夫,这样固然习得的知识比较切合实用,但用于学习的时间势必更为有限,能够学习到的基础知识也将大打折扣。因此,在如何处理学与做的问题上,时人即已意识到,乡村师范在尽量避免轻做重知弊端的同时也不应忽视轻知重做的缺陷。应在并不宽裕的四年时间内合理安排学生读书与实践的时间,力求实现学与做的平衡。就推广教育的目标而言,乡村师范应以训练本校学生为主体,使学生在推广教育过程中得到训练,重历程而不苛求结果,重质而不奢望量的发展。②

  无论是以山东乡村建设研究院为代表的社会教育机构,还是以省教育厅及民众教育馆为代表的教育部门,以及各乡村师范学校,都不约而同地于20世纪30年代热情投入于乡村建设事业的大潮中。这些乡村建设实验的组织者们虽来自不同的部门,有着各不相同的乡村建设理念,却都有着强烈的社会责任感,抱着以乡村教育引领社会发展的信念试图将教育的社会功能发挥到极致。正如省立第四乡师义务教育实验区的组织者所言:"我们不是教育万能主义者,但确信教育是推动社会的一部主要动力。我们既然来办负有改造农村责任的乡村师范,我们就要尽量利用这种机能。"③这批参与乡村建设的知识分子们皆有着改造社会的宏伟志向并做出了巨大的努力,无疑,从最终的结果看,乡村建设实验并没有达到他们最初设想的目标。或可以说,仅仅从教育子系统出发是很难对复杂的社会系统进行整体改造的。如果从乡村教育变革的角度来看,在轰轰烈烈的乡村建设实验的推动下,各地乡村教育却得到了一次难得的转型与发展契机。

---

  ① 佚名:《推广教育与乡村师范》,载《乡村教育半月刊》,第二期,1934年6月15日,第10页。
  ② 佚名:《推广教育与乡村师范》,载《乡村教育半月刊》,第二期,1934年6月15日,第9—11页。
  ③ 山东省立第四乡村师范学校编辑委员会编:《一个乡师的试验:山东省立第四乡村师范学校概况》,济南:大东书局印刷所发行,1933年,弁言第14页。

结　语

二十世纪初,随着科举制度的废除与新学制的推广,中国的教育领域内进行了一场自上而下的变革。在此过程中,乡村教育开始了其早期现代化的历程。本书以1901至1937年间的山东乡村教育为研究对象,对这一时段内山东乡村教育的发展历程、办学主体、教育与乡村社会的互动关系等方面进行研究。本书在关注地方教育逐渐国家化的同时,还从国家与地方社会互动关系的视角分析了由教育变革所引起的乡村社会的种种矛盾与冲突。那么,作为一个有着深厚传统文化积淀的省份,山东的乡村教育现代化之路有何自身特点,近代教育变革与当地的兴学传统如何关系,乡村教育转型与地方社会间的互动关系怎样?本部分将在上文研究基础上对以上问题进行分析。

一、山东近代乡村教育变革之表征

(一)新旧相间

自二十世纪初年至1937年的近四十年间,山东乡村教育无论在数量上还是质量上都取得了可观的成绩。从数量上看,1936年山东全省高、初两等小学堂的数量已达到了42 555所,在校人数高达1 968 208人。[1] 新式学校在乡村的广泛设立从整体上改变了私塾与书院遍布乡间的传统教育格局。各级教育行政与监督机构的建立为乡村学校的发展提供了制度保障,逐渐完善的师资培训与检定制度在很大程度上保证了乡村教学质量。在乡村学校内部,各种新式课程的开设日益完备,新式课堂教学方法也逐渐得到应用。

尽管新式学校在官方的强力推动下不断嵌入乡村,但私塾并没有因为新学的长驱直入而退缩不前,反而在民间人士的鼎力支持下长存于乡野中。虽然各级政府曾先后多次出台取缔私塾的禁令,但事实上未能真正挤压私塾的已有生存空间。私塾不仅在数量上多于乡村学校,而且还长期居于乡村的文化中心地位,甚至有一些乡村学校因无法维系而改为私塾。从文化层面上讲,乡民对私塾

---

[1] 山东省地方史志编纂委员会编:《山东省志·教育志》,济南:山东人民出版社,2003年,第77页。

的拥护,其实也是对私塾所代表的中国传统文化的认同,而代表着西方工业文明的学校在很大程度上正是由于乡民的拒斥而处于弱势地位。新学与私塾间的各种冲突可视为中西文化间冲突的反映,这类争斗时而激烈,时而和缓,一直伴随于乡村教育的早期现代化过程。

私塾与学校在乡间的并存首先表现在新旧二元教育形式的并立,如汶上县"九区马村小学与一私塾同在该村阎氏家祠授课,西屋为小学,东北屋归私塾,一方高诵'猫儿叫狗儿说',一方高诵'孔子曰,孟子说',短刀相接,互争雄长"①。不仅形式上如此,一些乡村学校内部也显现出新旧杂糅的特征。如彭视学视察莒县时发现"齐家店子沟头庄、黑石沟庄等处均系私塾办法,不惟手工、图画、体操各科尚未讲授,即算术、修身亦属乌有,学生所学功课犹系三字经及四子书"②。很多乡村学校不仅没能开设新式教育所要求的相关科目,甚至已设课程也延续着传统私塾的教学内容。无可否认,近代乡村教育转型初期,新学师资与办学经费的严重不足是造成以上问题的主因。新式的学校与陈旧的教学内容构成了近代乡村教育新旧相间的一景。与此同时,很多乡村私塾为了谋得生存的一席之地也积极从组织管理、教学内容、教学方法等方面进行了改造。正如杨懋春先生对自己家乡的回忆:"在各农村中,那些传统式的村塾或族塾,大多自行改造,成为半新半旧的村小学。说它半新半旧,是因为其中多数是原来的塾师,到县城去接受半到一年的师范教育讲习,能使用阿拉伯数字,教极简单的算术,又能使用'国文教学准备'教初级的国文课本,就可获得县教育局认可,回到本村原来的学校,做唯一的老师,做原有的教书工作。"③传统塾师主动对私塾进行趋新改造,可谓乡村教育新旧并存的另外一景。

新旧并存是任何改革初期均难以跨越的过渡性阶段,近代乡村教育同样如此。然而,由于传统私塾势力过于强大、新学不能取得乡民认同、社会动荡不安等因素长期存在,新学与私塾的并立局面直至中华人民共和国成立后才真正得以改变。处于儒家文化发源之区的山东省,由于其传统文化观念的根深蒂固,乡村私塾与新式学堂的竞争也更加长久且激烈。

(二)地域差异与城乡差异并存

山东省内的经济类型较为多样,既有半岛海洋经济、半岛丘陵经济,又有内

---

① 廖泰初:《动变中的中国农村教育——山东省汶上县教育研究》,北京:燕京大学社会学系,1936年铅印本,第35页。
② 《彭视学视察莒县报告》,载《民国教育公报汇编》(122册),北京:国家图书馆出版社,2009年,第355页。
③ 杨懋春:《近代中国农村社会之演变》,台北:巨流图书公司,1984年,第90页。

结　语

陆平原经济,不同地区的经济发展水平有着很大差距。随着近代通商口岸的开辟和胶济铁路的修筑,沿海及铁路沿线地区经济得以迅速发展,并以青岛、烟台、威海卫为中心,且联结铁路沿线的潍县、周村间的半岛腹地农村市场而形成了商业贸易网络。然而,这一网络"向内地农村的延伸是相当缓慢的,并未使市场结构发生根本性转变,偏僻农村地区的市场仍保留着传统的特征"[①]。山东经济发展水平的这种地域差异在很大程度上影响到了各地教育经费的配置。

近代山东乡村的教育经费配置有县、区之分。县教育经费每年度岁入、岁出各款项,均编入各县教育经费预算。而区教育经费,则是由各区自行筹措,具体筹款方法,各地皆根据当地实情而自成传统。受各地经济发展水平所限,山东不同地区的教育经费筹集状况各有其特点。位于鲁东地区的各县地方较为富裕,县教育经费,仅用以办理县立中等学校、县立完全小学及民众教育事业。至各区乡村学校,完全由地方自筹。其有地方公产公款,可资划拨者,即归所在地之学校,充作经费。设无此类公产公款可筹者,则由地方民众摊派,或由学生缴纳学费。鲁北各县,区教育经费情形,与鲁东大致略同。鲁西鲁南所属县份,全县学校大都仰给学款,而各区自筹经费,设立学校者寥若晨星。县教育经费虽巨,而学校数量并不见多,教育比较落后。[②] 可以说,经济较为发达的鲁东和鲁北地区,开办乡村学校所需经费可由民间自行解决。民间自行筹资设学不仅减轻了地方政府的负担,更重要的是激发了民间的办学活力。相对而言,深处鲁西、鲁南的内陆乡村则由于经济发展水平有限,难以由民间筹足办学经费,而不得不仰赖县级教育行政部门拨款以维系乡村教育的存续。虽也有部分负责任的地方官极力支持地方教育发展,但常常难以调动民众参与兴学的积极性,致使山东内陆乡村新学发展缓慢。经济发展状况决定了教育经费的配置,进而影响了教育的发展水平。总体而言,山东沿海及铁路沿线地区凭借着得天独厚的经济优势取得了乡村教育发展的领先地位,而其他地区的乡村教育转型速度较为缓慢。

与地域差异并存的还有鲜明的城乡差异,山东各地乡村学校在设学数量、经费配置、师资水平、学校层次等方面皆与城市教育不可同日而语,即使是同一县域中的城镇与乡村,教育发展水平上亦存有很大差距。城乡教育差距的拉大是随着二十世纪以来近代教育改革而出现的,一个多世纪过去了,这一问题依然没有得到根本解决。教育均衡发展的实现过程是十分艰难的,但我们期待着这一起源于近代教育变革过程中的均衡问题,能够早日得到有效解决。

[①] 张佩国:《地权分配·农家经济·村落社区:1900—1945年的山东农村》,济南:齐鲁书社,2000年,第237页。

[②] 《黄县教育行政月刊》,第二卷八期,1934年8月20日,第12页。

二、乡村教育变革中的文化传承

近代教育变革是在多方面力量的共同推动下完成的,在强大的新兴动力不断助推的同时,传统因素也发挥着自身独有的影响力。20 世纪 30 年代,费孝通在其著作中写道:"强调传统力量与新的动力具有同等重要性是必要的,因为中国经济生活变迁的真正过程,既不是从西方社会制度直接转渡的过程,也不仅是传统的平衡受到了干扰而已。目前形势中发生的问题是这两种力量相互作用的结果。"①他强调了传统力量与新兴动力在中国近代经济变迁过程中所发挥的同等重要作用,在教育变革中,同样也是如此。不可否认,近代以来西方列强的入侵与救亡图存的历史使命是乡村教育变革的直接外在动力。在此新兴动力的作用下,中国从西方引进了"先进"的教育制度并由国家层面发起了旨在培养新人才的教育变革,这一改革自上而下层层推进,直达中国社会最基层的乡村。此外,近代教育变革的新动力还来源于商品经济发展对新式教育发展的支撑,这一点在山东沿海经济发达地区表现得十分突出。在关注近代教育变革新兴动力的同时,乡村传统的因素亦不应忽视。下面将分析近代乡村教育变革过程中的传统因素及影响。

(一) 梁漱溟领导的乡村建设运动对儒家文化的继承

面对乡村破产的社会问题,梁漱溟从文化的角度进行了分析并寻求解决之路。他认为,"原来中国社会是以乡村为基础,并以乡村为主体的;所有文化,多半是从乡村而来,又为乡村而设"②。梁氏指明了中国传统文化的乡村底色,并认为近代以来,中国乡村的文化传统惨遭破坏。"在近百年中,帝国主义的侵略,固然直接间接都在破坏乡村,即中国人所作所为,一切维新革命民族自救,也无非是破坏乡村。所以中国近百年史,可以说是一部乡村破坏史。"③就破坏原因而言,梁漱溟认为,种种破坏是由他毁和自毁两种因素共同造成的。其中,他毁,即"被动地为外力所破坏",是指外交、军事和国际经济竞争上的失败④。国人"自觉地破坏"则是指"为外力破坏所引起之几十年来的民族自救运动。这里面

---

① 费孝通:《江村经济》,上海:上海世纪出版集团,2007 年,第 13 页。
② 梁漱溟:《乡村建设理论》,载中国文化书院学术委员会编:《梁漱溟全集》第二卷,济南:山东人民出版社,2005 年,第 150 页。
③ 梁漱溟:《乡村建设理论》,载中国文化书院学术委员会编:《梁漱溟全集》第二卷,济南:山东人民出版社,2005 年,第 150 页。
④ 梁漱溟:《乡村建设理论》,载中国文化书院学术委员会编:《梁漱溟全集》第二卷,济南:山东人民出版社,2005 年,第 197 页。

包含对于西洋的模仿追趋和对固有文化的厌弃反抗"①。对于近代以来的种种自救努力,梁氏认为"这厌弃与反抗,是中国社会崩溃的真因。引起这厌弃反抗的自身缺欠,是中国文化的真失败点"②。就两种破坏的影响而言,"外力之破坏乡村尚属有限,我们感受外面刺激而起反应,自动的破坏乡村,殆十倍之不止"③。基于此,梁漱溟指出扭转乡村的局面也必须从中国文化入手寻找出路,正所谓"乡村组织要以中国的老道理为根本精神"。立足于近代社会,梁氏并没有仅仅简单承袭中国传统文化,而是在吸收中西方文化优长的基础上进行创新,让中国文化"老树发出新芽"。为了基于中国传统文化重建乡村,梁漱溟借鉴传统乡约,构建了一套独特的乡村组织系统,即乡学村学或乡农学校。

乡学村学是借鉴古代乡约制度设计出来的,明代《图书编》里对乡约的职责有此界定:"乡约之法,人知足以息争讼也,而不知孝顺忠敬之教行,则民自相率以为善。"④由此可见,乡约是主导乡村治理的道德规约。乡学村学的设立显然是对于中国传统儒学教化形式的继承。正如梁漱溟所言:"把中国向来年高硕德表率群伦的伦理教化思想,装在村学、乡学组织里,积极发挥去。"⑤从乡学村学开设的课程来看,首先是精神陶炼,一般"讲述古代名人传记或格言,以启发民族之自信力为主旨,间有关于个人修养,陶冶性情者"⑥。精神训练在很大程度上是借中国历史的讲述来增强民众的文化自信。为辅助精神训练,一些乡农学校还专门开设国学课程,例如邹平二区乡农学校教授本课程时除用院内所编国学教材外,还杂以时文或短篇古文等,令学生抄读,每日还选一点经书进行讲授。一些学校在教授识字课程时也是重点选择古代经典。例如,章丘县第八区民众学校在进行识字教学时根据学生的不同程度分两班教授,"曾在高学毕业或读几年经书者,授古文孟子尺牍,……目不识丁或略识字者,授三民主义千字课与庄农杂字"⑦。该民

---

① 梁漱溟:《乡村建设理论》,载中国文化书院学术委员会编:《梁漱溟全集》第二卷,济南:山东人民出版社,2005年,第198页。
② 梁漱溟:《乡村建设理论》,载中国文化书院学术委员会编:《梁漱溟全集》第二卷,济南:山东人民出版社,2005年,第200-201页。
③ 梁漱溟:《乡村建设理论》,载中国文化书院学术委员会编:《梁漱溟全集》第二卷,济南:山东人民出版社,2005年,第151页。
④ 杨开道:《中国乡约制度》,山东省乡村服务人员训练处印,1936年,第23页。
⑤ 梁漱溟:《我的一段心事》,载中国文化书院学术委员会编:《梁漱溟全集》第五卷,济南:山东人民出版社,2005年,第539页。
⑥ 张实舫:邹平二区乡农学校报告,载《乡村建设旬刊》,第二卷,第十七十八期合刊,1933年1月21日,第34页。
⑦ 刘清沫:章丘县第八区民众学校进行概况,载《乡村建设旬刊》,第三卷,第二期,1933年8月11日,第26页。

众学校虽有三民主义等现代内容,但更多还是古代的启蒙教材与经典。无论是国学课程,还是识字课程,在具体教学过程中均以古文和经书为主。乡农学校开设传统课程的做法并非为了迎合乡民的喜好,而是为了寻求新式教育与乡村社会的契合点,在继承传统文化教育因素的基础上谋求变革。

在近代乡村建设运动中,梁漱溟先生从理论层面思考了近代社会变革与传统文化之间的关系。他注重发挥传统文化的力量,延续中国古代道德教化的形式,试图激发乡民变革的内驱力,实现乡村重建。其出发点与努力方向都是值得肯定的,但在当时经济贫乏以及社会动荡的情况下,仅仅依靠传统文化实现乡村变革的蓝图无疑缺乏现实土壤,难以取得成功。尽管如此,梁漱溟先生为我们留下了诸多宝贵的乡村建设经验,他重视和主动传承中国传统文化的精神亦值得我们接续传承。从乡村学校教育变革的角度而言,"以整个社会作学校,全体民众作学生"的乡学村学虽是政教合一的机构,但同时也是众多乡民和小学生接触新式教育的窗口,在新学并未获得民众认可的时代,传统文化内容的引入更有助于弥合传统与现代的差距,使乡民更易于接受这场教育变革。

(二)山东民间助学传统的延续

从近代乡村变革的具体推动者来看,参与兴办山东乡村新式学校的人员非常多样,既有代表国家意志的地方官,又有沟通国家与地方社会的乡绅,还有普通民众以及接受过现代教育培训的师范生。以上办学者各有其不同的身份与知识背景,但不宜简单地对他们的办学之举贴上传统或现代的标签。随着社会变革的整体推进,处在近代转型期的人们经历着多种新式思潮的洗礼,他们支持兴办新学的具体原因是十分多元和复杂的。大部分民间人士对乡村新学的支持在很大程度上受到了这一地区捐资助学传统的熏染。

山东作为"孔孟桑梓之邦",有着深厚的崇儒重教传统。晚清时期,武训行乞兴学的事迹在各级官方的大力倡扬下已经被人们广为传诵并深入人心。从学校的性质及培养目标可以看出,武训所办的学校属于传统教育范畴,然而,从某种意义上说,武训兴学其实是代表了山东地区传统的捐资助学精神。到了二十世纪初,"武训"依然是捐资办学者的楷模和典范,无论是地方官对积极兴学者的嘉奖,还是民间对捐资助学者的称颂,都习惯于对办学者或助学者冠以"武训"的称呼,甚至有一些热心兴学者直接以武训精神作为自己行动的精神指引。以上事实表明,"武训"已经成为山东地区积极兴学者的代名词,武训兴学的精神已经融入该地区的地方性知识体系中。细分之,武训先生办的是私塾,而教育改革时期的兴学者办的是新式学堂,二者属于两种不同的学校类型。但事实上,无论是办学主体本人,还是称颂其事迹的官员与民众,都没有明确区分二者的实际差异。

结 语

由此可以说明,在人们心目中,武训已经被认同为一种积极兴学的独特文化符号,诸多办学者积极兴新学之举与山东地区的捐资助学传统是一脉相承的,他们的做法是对民间助学传统的自觉延续。

罗志田指出:"变动和中断的一面或许更能体现中国近代史发展演化的特色,但其与不变和传承的一面又相互紧密关联,两者并行而共存是更通常的状态。只有在较全面深入地了解变与不变和断裂与传承的两面之后,才能更充分地认识近代中国。"[1]近代乡村教育变革的历程同样也是如此,不仅仅有私塾与学堂两种学校形式长期并存,就变革的动力而言,与国家层面大刀阔斧的改革措施相伴的,还有民间长期承续的捐资助学传统。同国家的强势植入相比,民间的力量或显微弱,但他们所做出的各种积极努力依然是助推区域教育现代化的重要内驱力。

中国的乡村教育自近代以来发生了巨大的变革,在关注各方面急剧变化的同时亦应注重其继往开来的一面,这样才能接续中国教育历史发展,并助推当今乡村教育改革在已有的基础上更好地前行。

三、乡村教育与地方社会间的复杂互动

教育最直接的社会功能体现在对人的培养方面,英格尔斯通过研究认为:"大规模的复杂社会中,没有任何一种个人属性能比他所受到的教育更能一贯地、强有力地预言他的态度、价值和行为。"[2]可以说,教育对人的影响是深层次的、长效的和潜移默化的。现代教育主要通过培养具有现代素养的国民而对乡村社会现代化发挥积极作用。其影响一方面表现在开启民智,传播新思想、新文化上,另一方面体现在培养推动乡村社会各方面变革的人才上。例如在烟台福山,教师们通过语文、历史教学,修改学生作文等方式对学生进行爱国主义教育。当地不少乡村学校的讲授内容十分注重实用,以求培养学生的基本职业技能,使他们能够创造出更多的社会价值[3]。乡村学校在新文化熏陶、新知识传授、新技能培养等方面都发挥了重要作用,不仅促进了新式人才的培养,还加速了整个乡村文化氛围与社会风尚的革新。如果加入性别的分析视角,近代乡村教育改革对于女性及乡村社会都有着特别的意义,正是在教育早期现代化的历程中实现

---

[1] 罗志田:《裂变中的传承:二十世纪前期的中国文化与学术》,北京:中华书局,2009年,自序第2页。

[2] 英格尔斯等著,顾昕译:《从传统人到现代人:六个发展中国家中的个人变化》,北京:中国人民大学出版社,1992年,第197页。

[3] 烟台市福山区政协文史资料委员会编:《福山文史资料专辑》第5辑,1989年内部发行,第11、35页。

了女子教育从无到有的变革,同时也在一定程度上促进了乡村社会文明程度的提升。所以,近代乡村教育变革是一股乡村社会整体转型的重要推动力。

就一省而言,乡村教育的变革虽是由省级教育部门统一推行于地方,但各地进行改革的效果各有不同,这与乡村学校所处的地方社会所能提供的经济等多方面支持有很大关系。位于沿海地区的黄县,经济发展迅速,发达的经济同时也刺激了民众的求学欲,该县"因交通与商业关系,一般人民识字要求迫切"[①]。因而,该县的乡村学校覆盖率及乡民入学率均较高。全县共有三百五十八乡二十六镇,设有完全小学四十三处,初级小学四百二十七处,平均每乡皆有学校设立。黄县不识字的人只有十分之三,且其中大部分是妇女。至于黄县学校的设备,因为大家捐款一百、二百不算回事,所以特别好。时人即已指出:"恐怕遍国内乡村小学能有黄县形式设备的还不易见。"[②]由黄县的事例可以看出,发达的经济容易与乡村教育发展之间形成一种良性互动关系。一方面,商品经济的发展引发了民众对新知识的需求,从而也就触动了新式乡村学校的大量设立与民众识字率的提升,而且富庶的经济也为学校的设立提供了良好保障;另一方面,乡村新学的发展以及新知识、新技能的传授又在很大程度上促进了乡村经济的发展。应该说,乡村社会的变革为乡村教育的变革提供了十分重要的外部条件,以黄县为代表的沿海地区,由于地理位置优越、经济开放较早、人们接受新教育的意识较为强烈,现代乡村教育的推进步伐较快,而其他内陆地区的乡村教育发展之路相对艰难。

乡民是乡村社会中的主体,也是教育改革的广大受众,他们对于新式学校的态度直接影响了教育变革的进程。因此在探讨乡村教育变革与乡村社会的互动时,必须考虑的一个重要因素是乡村民众。不难发现,无论是在新式学校推行于乡村社会的进程中,还是在以复兴乡村为使命的乡村教育运动进行过程中,新式教育都面临着民众难以认同的困境。乡民们轻则散布有关新学的负面舆论,重则引发毁学风潮。田正平先生专门针对乡村教育冲突问题进行了系统研究,并统计出清末在各地发生的毁学事件170起。[③] 近代山东乡村地区的毁学事件亦不鲜见。相对而言,类似毁学的暴力事件毕竟是少数,更多乡民则表现出对新学的漠视与对传统私塾的支持。引发诸种不合作现象的具体原因极为复杂,或由

---

① 《山东黄县二十二年度上期教育视察报告》,载《黄县教育行政月刊》,第二卷五期,1934年5月20日,第51页。
② 《鲁东见闻杂记》,载《民众周刊》,1933年5卷48期,第7页。
③ 田正平,陈胜:《中国教育早期现代化问题研究——以清末民初乡村教育冲突为中心的考察》,杭州:浙江教育出版社,2009年,第291—298页。

于改革者的经验不足,推行方式不当,或由于乡民的认识局限和参与意识的缺乏等等。然而,此类问题的发生却反映出国家教育发展的宏观规划与社会底层需求的不和谐。在乡村教育的早期现代化过程中,教育改革并没能与乡民之间形成良好的互动,民众对新式学堂认同感的缺失,在很大程度上影响了教育改革的成效。

区域教育改革是整个近代社会变革的重要组成部分,其改革的实施不仅与国家层面的改革措施有很大关系,同时还与地方社会之间有着复杂互动。地方社会经济的整体发展水平直接决定了实施教育变革所拥有的外在条件,地方民众对新学的认识程度影响了教育改革进程的顺利与否。乡村新学虽然培养出了能够推动乡村社会变革的新式知识分子,在一定程度上提升了乡村经济发展水平,但与此同时也出现了难以逆转的乡村精英离乡趋势,乡村学子对乡村的反哺远远不足。无疑,在整个社会城乡差距不断扩大的前提下,单纯寄希望于通过乡村教育的力量改造乡村是不现实的。乡村教育现代化过程中各种问题的解决有赖于整个社会现代化转型的完成。

至今,一百年前即出现的乡村优秀学子单向流向城市的问题与城乡教育差距过大的问题仍然没能从根本上得到解决。近年来,随着城镇化进程的加快,乡村学校发展过程中又涌现出了诸如农村小学数量急剧减少、新生代乡村教师难以融入乡村等新问题。在寻求以上问题的解决道路时,需要回首前人进行的可贵探索,思考他们在种种尝试与努力的过程中形成了哪些优秀的传统值得我们继承。

主要参考文献

一、文献资料

（一）档案

1. (清)托津等奉敕纂:《钦定大清会典事例》(嘉庆朝),《近代中国史料丛刊》三编,第 67 辑,台北:文海出版社,1991 年。
2. (清)索尔纳等纂修:《钦定学政全书》,《近代中国史料丛刊》,第 30 辑,台北:文海出版社,1987 年。
3. 故宫博物院明清档案部编:《清末筹备立宪档案史料》(下册),北京:中华书局,1979 年。
4. 《文渊阁四库全书电子书:钦定续文献通考》卷五十,学校考,香港:迪志文化出版有限公司,2001 年。
5. 朱寿朋编:《光绪朝东华录》,北京:中华书局,1958 年。
6. 中国第二历史档案馆编:《中华民国史档案资料汇编》,第 3 辑,南京:江苏古籍出版社,1991 年。
7. 青岛市李村乡区建设办事处:《李村乡区建设纪要》,青岛:青岛市政府出版,1933 年。
8. 山东省立第四乡村师范学校编辑委员会编:《一个乡师的试验:山东省立第四乡村师范学校概况》,济南:大东书局印刷所发行,1933 年。
9. 山东省教育厅编:《山东省教育厅教育行政纲要》,1928 年铅印本。
10. 山东省政府教育厅编:《山东省政府教育厅第一次工作报告》,海口:海南书局,1929 年。
11. 山东省义务教育委员会编:《山东省义务教育委员会工作纪要》,1930 年铅印本。
12. 山东省教育厅编:《山东省政府教育厅视察报告》(第一、二集),济南:成章印务公司,1930 年铅印本。
13. 山东省义务教育委员会编:《山东省义务教育委员会十九年度下期工作概况》,济南:五三美术印刷社,1931 年铅印本。
14. 山东省政府教育厅编:《山东省政府教育厅第二次工作报告》,1931 年铅印本。
15. 山东省教育厅编:《山东省地方教育讨论会会议记录》,1932 年铅印本。
16. 山东省教育厅:《山东各县市 19 年度教育年报》,1932 年铅印本。
17. 山东省第一乡村师范编:《山东省第一乡村师范一览》,山东省图书馆藏,1932 年铅印本。
18. 山东省教育厅:《山东省 21 年度教育统计》,1933 年铅印本。
19. 民国山东省教育厅编印:《山东省检定小学教员委员会第一次工作报告》,山东省图书馆藏铅印本,1931 年。

(二) 地方志

20. 安丘县教育志编纂办公室编:《安丘县教育志》,内部发行,1987年。
21. 昌乐县教育志编写组:《昌乐县教育志》(1840—1985),内部发行,1986年。
22. 德州地区教育局教育志办公室编:《德州地区教育史志资料》,内部发行,1987年。
23. 张志熙修,刘靖宇纂:《民国东平县志》,1936年铅印本,载《中国地方志集成·山东府县志辑》66册,南京:凤凰出版社,2004年。
24. 菏泽地区教育局教育志办公室编纂:《菏泽地区教育志》(1840—1985),内部发行,1992年。
25. 阎容德撰:《续修惠民县志原稿》,山东省图书馆藏,1934年。
26. 卢永祥等修,王嗣鋆纂:《民国济阳县志》,1918年石印本,载《中国地方志集成·山东府县志辑》14册,南京:凤凰出版社,2004年。
27. 叶钟英修,匡超纂:《民国增修胶志》,1931年铅印本,载《中国地方志集成·山东府县志辑》30册,南京:凤凰出版社,2004年。
28. 李传煦等修纂:《民国乐安县志》,1918年石印本,载《中国地方志集成·山东府县志辑》30册,南京:凤凰出版社,2004年。
29. 历城区教育志编纂办公室编:《济南市历城区教育志》,内部发行,1988年。
30. 临沂市教育志委会编:《临沂市教育志》,内部发行,1988年。
31. 临淄区教育志编写办公室编:《临淄区教育志资料汇编》(第一辑),内部发行,1984年。
32. 平邑县教育局《教育志》编纂委员会编:《平邑县教育志》(1840—1985),内部发行,1987年。
33. 曹梦九修,赵祥俊等纂:《民国续修平原县志》,1936年铅印本,载《中国地方志集成·山东府县志辑》16册,南京:凤凰出版社,2004年。
34. 梁钟亭等修,张树梅等纂:《民国清平县志》,1936年铅印本,载《中国地方志集成·山东府县志辑》89册,南京:凤凰出版社,2004年。
35. 孙永汉修,李经野等纂:《民国续修曲阜县志》,1934年铅印本,载《中国地方志集成·山东府县志辑》74册,南京:凤凰出版社,2004年。
36. 曲阜教育志编写组编:《曲阜教育志》,内部发行,1987年。
37. 寿光县教育局教育志编辑组编:《寿光县教育志》(1840—1985),内部发行,1987年。
38. 滕州市教育志编辑委员会编:《滕州市教育志》(1840—1999),内部发行,2000年。
39. 黄泽苍:《分省地志·山东》,北京:中华书局,1935年。
40. 《民国山东通志》编辑委员会编:《民国山东通志》,山东文献杂志社,2002年。
41. 刘秋增总纂:《山东省志·自然地理志》,济南:山东人民出版社,1996年。
42. 山东省地方史志编纂委员会编:《山东省志·农业志》,济南:山东人民出版社,2000年。
43. 山东省地方史志编纂委员会编:《山东省志·教育志》,济南:山东人民出版社,2003年。
44. 常之英修,刘祖幹纂:《民国潍县志稿》,1941年铅印本,载《中国地方志集成·山东府县志辑》40册,南京:凤凰出版社,2004年。
45. 山东省潍坊市教育史志编纂办公室编:《潍坊市教育志》(1840—1985),内部发行,

1988年。
46. 沂源县教育局编志领导小组编:《沂源县教育志》,内部发行,1987年。
47. 禹城县教育志编写组编:《禹城县教育志》(1903—1985),内部发行,1991年。
48. 沾化县教育局编:《沾化县教育志》(1840—1937),内部发行,1992年。
49. 章丘市教育志编纂委员会编:《章丘教育志》(1840—1995),内部发行,1997年。
50. 枣庄市教育志办公室编:《枣庄市教育志》(1840—1985),内部发行,1988年。
51. 淄博市志编纂委员会编:《淄博市志》(下册),北京:中华书局,1995年。
52. 淄博市周村区教育志办公室编:《周村区教育志》(1840—1985),内部发行,1987年。
53. 诸城县教育志编纂办公室编:《诸城县教育志》(1840—1985),内部发行,1985年。
54. 王元德,刘玉峰:《文会馆志》,潍县广文学校印刷所,1913年。

(三) 资料汇编

55. 陈学恂编:《中国近代教育史教学参考资料》(上册),北京:人民教育出版社,1986年。
56. 陈学恂,田正平编:《中国近代教育史资料汇编·留学教育》,上海:上海教育出版社,1991年。
57. 教育部:《各省市实施义务教育办法选辑》初辑,1937年。
58. 李桂林,戚名秀,钱曼倩编:《中国近代教育史资料汇编·普通教育》,上海:上海教育出版社,1995年。
59. 李又宁,张玉法:《近代中国女权运动史料》,台北:龙文出版社股份有限公司,1995年。
60. 璩鑫圭,唐良炎编:《中国近代教育史资料汇编·学制演变》,上海:上海教育出版社,1991年。
61. 璩鑫圭,童富勇编:《中国近代教育史资料汇编·教育思想》,上海:上海教育出版社,1997年。
62. [日]多贺秋五郎:《近代中国教育史资料·民国编》,台北:文海出版社,1976年。
63. 江问渔,梁漱溟编:《乡村建设实验》(第三集),北京:中华书局,1937年。
64. 山东师范大学历史系编:《清实录山东史料选》,济南:齐鲁书社,1984年。
65. 山东省地方志编委会编:《山东史志资料》,济南:山东人民出版社,1982—1986年。
66. 山东教育史编纂委员会办公室编印:《山东教育史志资料》(内部刊物),1983—1990年。
67. 舒新城编:《中国近代教育资料》(上、中、下),北京:人民出版社,1962年。
68. 许莹涟等编:《全国乡村建设运动概况》第一辑下册,南京:正中书局,1936年。
69. 杨子惠主编:《中国历代人口统计资料研究》,北京:改革出版社,1996年。
70. 殷梦霞,李强选:《民国教育公报汇编》,北京:国家图书馆出版社,2009年。
71. 于建嵘主编:《中国农民问题研究资料汇编》,北京:中国农业出版社,2007年。
72. 张明主编:《武训研究资料大全》,济南:山东大学出版社,1991年。
73. 章有义编:《中国近代农业史资料》(第一、二辑),北京:三联书店,1957年。
74. 章元善,许仕廉编:《乡村建设实验》第二集,北京:中华书局,1935年。
75. 中华续行委办会调查特委会编:《中华归主》(中),北京:中国社会科学院世界宗教研究所,1985年。

76. 朱有瓛主编:《中国近代学制史料》,上海:华东师范大学出版社,1986、1987、1990年。
77. 朱有瓛等编:《中国近代教育史资料汇编·教育行政机构及教育团体》,上海:上海教育出版社,1993年。

(四)统计、年鉴、调查报告

78. 李文海主编:《民国时期社会调查丛编》(文教事业卷),福州:福建教育出版社,2003年。
79. 李文海主编:《民国时期社会调查丛编》(乡村社会卷),福州:福建教育出版社,2009年。
80. 林修竹,陈名予编:《山东各县乡土调查录》(4卷),1908年铅印本。
81. 教育部中国教育年鉴编审委员会编:《第一次中国教育年鉴》,上海:开明书店,1934年。
82. 教育部教育年鉴编纂委员会编:《第二次中国教育年鉴》,上海:商务印书馆,1948年。
83. 孙宝生编:《历城县乡土调查录》,历城:历城县实业局印行,1928年。
84. 山东省立民众教育馆编:《山东歌谣集》第一集,1933年铅印本。
85. 山东省立民众教育馆编:《山东庙会调查》第一集,1933年铅印本。
86. 吴顾毓编:《邹平实验县户口调查报告》,北京:中华书局,1937年。
87. 中华教育改进社编:《中国教育统计概览》,上海:商务印书馆,1924年。

(五)日记、书信、文集

88. 包笑天:《钏影楼回忆录》,北京:中国大百科全书出版社,2009年。
89. 费孝通:《费孝通文集》,北京:群众出版社,2000年。
90. 华中师范大学教育科学研究所主编:《陶行知全集》(第一卷),长沙:湖南教育出版社,1984年。
91. 黄克剑,王欣编:《梁漱溟集》,北京:群言出版社,1993年。
92. 济南师范学校编:《王尽美日记与研究文集》,北京:中共党史出版社,2009年。
93. 梁启超:《饮冰室合集》,北京:中华书局,1989年。
94. 梁漱溟:《梁漱溟全集》(第1～8卷),济南:山东人民出版社,1989—1993年。
95. 梁漱溟:《梁漱溟学术论著自选集》,北京:北京师范大学出版社,1992年。
96. (清)柳堂:《宰惠纪略》,光绪二十七年(1901)刻本,山东省图书馆藏书。
97. (清)柳堂:《牧东纪略》,光绪三十二年(1906)刻本,山东省图书馆藏书。
98. (清)柳堂:《宰德小记》,光绪三十二年(1906)刻本,山东省图书馆藏书。
99. (清)柳堂:《续书札记事》,稿本山东省图书馆藏书。
100. 刘大鹏遗著,乔志强标注:《退想斋日记》,太原:山西人民出版社,1990年。
101. 马亮宽编:《何思源文集》,北京:北京出版社,2006年。
102. 马亮宽,王强选编:《何思源选集》,北京:北京出版社,1996年。
103. 马秋帆编:《梁漱溟教育论著选》,北京:人民教育出版社,1994年。
104. 宋恩荣编:《梁漱溟教育文集》,南京:江苏教育出版社,1987年。
105. 夏东元编:《郑观应集》,上海:上海人民出版社,1982年。
106. 虞和平编:《经元善集》,武汉:华中师范大学出版社,1988年。
107. 余家菊:《余家菊景陶先生回忆录》,台北:慧炬出版社,1994年。
108. 朱峙三:《朱峙三日记》,中南地区辛亥革命史研究会、武昌辛亥革命研究中心编:《辛亥革命史丛刊》,第10、11辑,武汉:湖北人民出版社,1998、2002年。

（六）报纸、期刊

109. 《大公报》
110. 《东方杂志》
111. 《广益丛报》
112. 《黄县教育行政月刊》
113. 《教育与民众》
114. 《教育杂志》
115. 《民众周刊》
116. 《青岛教育》
117. 《山东教育报》
118. 《山东教育行政周报》
119. 《山东教育月刊》
120. 《山东民众教育月刊》
121. 《山东文献》
122. 《申报》
123. 《乡村教育半月刊》
124. 《乡村建设半月刊》《乡村建设旬刊》
125. 《生活教育》
126. 《直隶教育官报》
127. 《中华教育界》

（七）文史资料

128. 中国人民政治协商会议山东省安丘县委员会编:《安丘文史资料》,第七、八辑,内部发行,1990、1991年。
129. 中国人民政治协商会议昌邑县委员会文史资料研究委员会编:《昌邑文史资料》,第九辑,内部发行,1999年。
130. 政协茌平县文史委员会编:《茌平文史资料》,第三辑,内部发行,1995年。
131. 中国人民政治协商会议山东省德州市委员会文史资料委员会编:《德州文史》,第六辑,内部发行,1988年。
132. 潍坊市坊子区政协文史资料研究委员会编:《坊子区文史资料》,第二辑,内部发行,1987年。
133. 烟台市福山区政协文史资料委员会编:《福山文史资料专辑》,第五辑,内部发行,1989年。
134. 政协高唐县委员会编:《高唐文史资料》,第四辑,内部发行,1989年。
135. 中国人民政治协商会议广饶县委员会文史资料委员会编:《广饶文史资料选辑》,第七辑,内部发行,1988年。
136. 中国人民政治协商会议山东省济南市委员会文史资料委员会,《济南文史资料选辑》,第九、十辑,内部发行,1991、1992年。

137. 中国人民政治协商会议山东省济宁市委员会文史资料研究委员会编:《济宁文史资料》,第三辑,内部发行,1987年。
138. 中国人民政治协商会议山东省泗水县委员会文史资料研究委员会编:《济宁郊区文史资料》,第三辑,内部发行,1988年。
139. 济阳县政协文史资料委员会编:《济阳文史资料》(第八辑),内部发行,1995年。
140. 中国人民政治协商会议胶州市委员会文史资料委员会办公室编:《胶州文史资料》,第十五、二十辑,内部发行,2002、2006年。
141. 中国人民政治协商会议金乡县委员会文史资料研究委员会编:《金乡文史资料选辑》,第一辑,内部发行,1987年。
142. 政协莒县委员会编:《莒县文史资料》,第二、三辑,内部发行,1984、1986年。
143. 政协巨野县委员会文史资料委员会编:《巨野文史资料》,第三、四辑,内部发行,1989、1990年。
144. 中国人民政治协商会议利津县委员会文史资料研究委员会编:《利津文史资料》,第三辑,内部发行,1989年。
145. 中国人民政治协商会议山东省临清市委员会文史资料研究委员会编:《临清文史》,第三辑,内部发行,1988年。
146. 淄博市临淄区政协文史资料委员会编:《临淄文史资料选辑》,第六辑,内部发行,1991年。
147. 牟平县政协文史资料委员会编:《牟平文史资料选编》,第二辑,内部发行,1988年。
148. 政协烟台市牟平区文史资料委员会编:《牟平文史资料》,第十辑,内部发行,2002年。
149. 蓬莱县政协文史委员会编:《蓬莱文史资料》第三、七辑,内部发行,1987、1992年。
150. 政协平度市文史资料研究委员会编:《平度文史资料》,第五辑,内部发行,1989年。
151. 中国人民政治协商会议青岛市委员会文史资料研究委员会编:《青岛文史资料》,第九辑,内部发行,1992年。
152. 青州市政协文史资料委员会编:《青州文史资料》(选本),济南:山东人民出版社,1991年。
153. 政协曲阜县文史资料研究委员会编:《曲阜文史》第二、三辑,内部发行,1982、1984年。
154. 日照市政协文史资料办公室编:《日照文史》,第一辑,内部发行,1985年。
155. 中国人民政治协商会议荣成县委员会文史资料研究委员会:《荣成文史资料》,第二、三、五辑,内部发行,1988、1991年。
156. 政协泗水县委员会文史资料委员会编:《泗水文史资料》,第六辑,内部发行,1993年。
157. 山东省政协文史资料委员会编:《山东文史集萃》(教育卷),济南:山东人民出版社,1993年。
158. 山东省民族志宗教志编纂工作办公室编:《山东省宗教志资料选编》(第一辑),内部发行,1987年。
159. 泰安市郊区政协文史研究委员会编:《泰安市郊区文史资料选辑》,第四辑,内部发行,1984年。

183

160. 政协郯城县文史资料委员会编:《郯城文史资料》,第四辑,内部发行,1987年。
161. 中国人民政治协商会议山东省汶上县委员会文史资料研究委员会编:《汶上文史资料》,第二、三辑,内部发行,1988、1989年。
162. 中国人民政治协商会议山东省潍坊市潍城区文史资料委员会编:《潍城文史资料》,第七、九辑,内部发行,1992、1994年。
163. 中国人民政治协商会议山东省微山县委员会文史资料委员会编:《微山文史资料》,第三辑,内部发行,1992年。
164. 中国人民政治协商会议文登市委员会文史资料研究委员会编:《文登文史资料》,第四辑,内部发行,1989年。
165. 烟台市政协文史资料委员会《烟台文史资料》编辑部编:《烟台文史资料》,第十五辑,内部发行,1991年。
166. 李印元,郑清铭编:《阳谷文史集刊》(上),聊城:山东省聊城市新闻出版局,1999年。
167. 山东省阳信县政协文史委员会文史资料科:《阳信文史资料》,第五辑,内部发行,1990年。
168. 中国人民政治协商会议枣庄市峄城区文史资料委员会编:《峄城文史资料》,第三辑,内部发行,1991年。
169. 中国人民政治协商会议山东省沂水县委员会文史资料工作委员会编:《沂水县文史资料》第十辑,内部发行,1999年。
170. 政协沾化县委员会文史资料研究委员会编:《沾化文史资料》,第一辑,内部发行,1987年。
171. 中国人民政治协商会议枣庄市市中区委员会文史资料委员会编:《枣庄市中区文史》,第一辑,内部发行,1991年。
172. 政协枣庄市峄城区文史资料委员会编:《峄城文史资料》,第五辑,内部发行,1992年。
173. 山东省淄博市政协文史资料研究委员会编:《淄博文史资料选辑》,第二辑,内部发行,1984年。
174. 政协邹平县委员会文史资料办公室编:《邹平文史资料选辑》第一、七辑,内部发行,1984、1996年。
175. 中国人民政治协商会议山东省邹县委员会编:《邹县文史资料》,第二、四、八辑,内部发行,1984、1986、1990年。
176. 山东省诸城县委员会文史资料研究委员会编:《诸城文史资料》,第十辑,内部发行,1988年。
177. 中国人民政治协商会议山东省诸城市委员会文史资料委员会编:《诸城文史资料》,第十三、十四辑,内部发行,1993、1996年。

二、著作

1. 孙希旦撰,沈啸寰、王星贤点校:《礼记集解》,北京:中华书局,1989年。
2. 杨天宇撰:《礼记译注》,上海:上海古籍出版社,2004年。

3. 管仲撰,黎祥凤校注:《管子校注》,北京:中华书局,2004年。
4. 左丘明撰,杜预集解:《左传》(《春秋经传集解》),上海:上海古籍出版社,1997年。
5. 司马迁:《史记》,北京:中华书局,1982年。
6. 班固:《汉书》,北京:中华书局,1962年。
7. 柯劭忞等撰:《新元史》,北京:中国书店,1988年。
8. 赵尔巽撰:《清史稿》,北京:中华书局,1976年。
9. 安作璋总主编:《山东通史》(近代卷),北京:人民出版社,2009年。
10. 曹鹄雏编:《短期小学行政概要》,南京:正中书局,1936年。
11. 曹立前:《晚清山东新式学堂》,济南:山东文艺出版社,2004年。
12. 曹锦清:《如何研究中国》,上海:上海人民出版社,2010年。
13. 崔玉婷:《近代中国乡村教育的不同路向:邹平教育模式与延安教育模式比较研究》,北京:教育科学出版社,2011年。
14. 陈启天:《近代中国教育史》,台北:台湾中华书局,1979年。
15. 陈翊林:《最近三十年中国教育史》,上海:太平洋书店,1930年。
16. 从翰香主编:《近代冀鲁豫乡村》,北京:中国社会科学出版社,1995年。
17. 杜成宪,邓明言:《教育史学》,北京:人民教育出版社,2005年。
18. 费孝通:《江村经济》,上海:上海人民出版社,2006年。
19. 顾长声:《传教士与近代中国》,上海:上海人民出版社,1981年。
20. 郭秉文:《中国教育制度沿革史》,福州:福建教育出版社,2007年。
21. 郭汾阳:《女界旧踪》,南昌:江西教育出版社,2000年。
22. 郝锦花:《新旧学制更易与乡村社会变迁》,北京:人民出版社,2009年。
23. 何兹全编:《一位诚实爱国的山东学者》,北京:北京出版社,1996年。
24. 黄清源,姜林祥:《武训评传》,济南:山东大学出版社,1991年。
25. 黄松:《齐鲁文化》,沈阳:辽宁教育出版社,1991年。
26. 黄书光主编:《中国社会教化的传统与变迁》,济南:山东教育出版社,2005年。
27. 黄书光主编:《文化差异与价值整合:百年中国基础教育改革进程中的思想激荡》,北京:教育科学出版社,2011年。
28. 蒋纯焦:《一个阶层的消失——晚清以降塾师研究》,上海:上海世纪出版集团,2007年。
29. 江铭主编:《中国教育督导史》,北京:人民教育出版社,2003年。
30. 姜义华等编:《港台及海外学者论中国文化》(上册),上海:上海人民出版社,1988年。
31. 金耀基:《从传统到现代》,北京:中国人民大学出版社,1999年。
32. 李迪:《中国数学书大系》,北京:北京师范大学出版社,2000年。
33. 李关勇:《文人·官员·社会变革——晚清北方文官的个案研究》,济南:山东大学出版社,2019年。
34. 李华兴等编:《民国教育史》,上海:上海教育出版社,1997年。
35. [美]李怀印著,岁有生、王士皓译:《华北村治:晚清和民国时期的国家与乡村》,北京:中华书局,2008年。

36. 李素梅:《中国乡土教材的百年嬗变及其文化功能考察》,北京:民族出版社,2010年。
37. 李涛:《浙江近代乡村教育史》,杭州:杭州出版社,2009年。
38. 李伟:《山东书院史话》,济南:山东文艺出版社,2004年。
39. 李正华:《乡村集市与近代社会——20世纪前半期华北乡村集市研究》,北京:当代中国出版社,1998年。
40. 梁漱溟:《乡村建设理论》,邹平:山东邹平乡村书店,1937年。
41. 廖泰初:《动变中的中国农村教育——山东省汶上县教育研究》,北京:燕京大学社会学系,1936年铅印本。
42. 刘晓东:《明代的塾师与基层社会》,北京:商务印书馆,2010年。
43. 刘克辉:《南京国民政府时期乡村教育问题研究(1927—1937)》,合肥:安徽人民出版社,2013年。
44. 吕伟俊主编:《民国山东史》,济南:山东人民出版社,1995年。
45. 吕伟俊等著:《山东区域现代化研究1840—1949》,济南:齐鲁书社,2002年。
46. 罗苏文:《女性近代中国社会》,上海:上海人民出版社,1996年。
47. 林语堂:《吾国吴民》,北京:宝文堂书店,1988年。
48. 马亮宽:《何思源·宦海沉浮一书生》,天津:天津人民出版社,1996年。
49. 马敏:《官商之间:社会剧变中的近代绅商》,武汉:华中师范大学出版社,2003年。
50. 马戎,龙山主编:《中国农村教育发展的区域差异:24县调查》,福州:福建教育出版社,1999年。
51. 马若孟著,史建云译:《中国农民经济——河北和山东的农民发展,1890—1949》,南京:江苏人民出版社,1999年。
52. 马勇:《梁漱溟教育思想研究》,沈阳:辽宁教育出版社,1994年。
53. 苗春德:《中国近代乡村教育史》,北京:人民教育出版社,2004年。
54. 潘乃谷,潘乃和编:《潘光旦教育文存》,北京:人民教育出版社,2002年。
55. 乔志强主编:《华北农村社会变迁》,北京:人民出版社,1998年。
56. 瞿同祖著,范忠信、晏峰译:《清代地方政府》,北京:法律出版社,2003年。
57. 山东省政协文史资料委员会,邹平县政协文史资料委员会编:《梁漱溟与山东乡村建设》,济南:山东人民出版社,1991年。
58. 史静寰:《狄考文与司徒雷登——西方新教传教士在华教育活动研究》,珠海:珠海出版社,1999年。
59. 舒新城:《我和教育——三十五年来的教育生活史》,北京:中华书局,1945年。
60. 舒新城:《收回教育权运动》,北京:中华书局,1927年。
61. 商丽浩:《政府与社会——近代公共教育经费配置研究》,石家庄:河北教育出版社,2002年。
62. 孙立平:《现代化与社会转型》,北京:北京大学出版社,2005年。
63. 孙培青:《中国教育史》,上海:华东师范大学出版社,2000年。
64. 孙祚民主编:《山东通史》,济南:山东人民出版社,1992年。

65. 邰爽秋等编:《乡村教育之理论与实际》,上海:教育编译馆,1935 年。
66. 陶飞亚,刘天路:《基督教会与近代山东社会》,济南:山东大学出版社,1995 年。
67. 陶钝:《一个知识分子的自述》,济南:山东人民出版社,1998 年。
68. 田正平主编:《中国教育史研究·近代分卷》,上海:华东师范大学出版社,2009 年。
69. 田正平,肖朗主编:《世纪之理想——中国近代义务教育研究》,杭州:浙江教育出版社,2000 年。
70. 田正平,陈胜:《中国教育早期现代化问题研究——以清末民初乡村教育冲突为中心的考察》,杭州:浙江教育出版社,2009 年。
71. 王沪宁:《当代中国村落家族文化——对中国社会现代化的一项探索》,上海:上海人民出版社,1991 年。
72. 王铭铭:《社会人类学与中国研究》,北京:三联书店,1997 年。
73. 王先明:《近代绅士——一个封建阶层的历史命运》,天津:天津人民出版社,1997 年。
74. 王先明:《近代新学——中国传统学术文化的嬗变与重构》,北京:商务印书馆,2000 年。
75. 王先明:《中国近代社会文化史论》,北京:人民出版社,2000 年。
76. 王先明主编:《乡村社会文化与权力结构的变迁》,北京:人民出版社,2002 年。
77. 王兆祥:《华北教育的近代化进程》,天津:天津社会科学院出版社,2008 年。
78. 王林主编:《山东近代灾荒史》,济南:齐鲁书社,2004 年。
79. 魏本权:《青岛模式与邹平模式:民国山东乡村建设模式的比较研究》,济南:山东人民出版社,2013 年。
80. 吴晗,费孝通等著:《皇权与绅权》,天津:天津人民出版社,1988 年版。
81. 吴宣德:《中国区域教育发展概论》,武汉:湖北教育出版社,2003 年。
82. 萧克木编:《邹平的村学乡学》,邹平:邹平乡村书店,1936 年。
83. 行龙主编:《区域社会史比较研究》,北京:社会科学文献出版社,2006 年。
84. 徐勇:《非均衡的中国政治:城市与乡村比较》,北京:中国广播电视出版社,1992 年。
85. 许檀:《明清时期山东商品经济的发展》,北京:中国社会科学出版社,1998 年。
86. 薛人仰编著:《中国教育行政制度史略》,台北:中华书局,1983 年。
87. 杨懋春:《近代中国农村社会之演变》,台北:巨流图书公司,1984 年。
88. 杨懋春著,张雄、沈炜、秦美珠译:《一个中国村庄:山东台头》,南京:江苏人民出版社,2001 年。
89. 杨晓军:《区域视野中的乡村、学校与社会——清末民初东北乡村教育研究(1905—1931)》,北京:光明日报出版社,2011 年。
90. 苑书义,任恒俊,董丛林:《艰难的转轨历程——近代华北经济与社会发展研究》,北京:人民出版社,1997 年。
91. 赵传集主编:《山东自然灾害防御》,青岛:青岛出版社,1992 年。
92. 赵世瑜主编:《小历史与大历史:区域社会史的理念、方法与实践》,北京:三联书店,2006 年。
93. 张沪编:《张宗麟乡村教育论集》,长沙:湖南教育出版社,1987 年。

94. 章开沅,余子侠主编:《余家菊与近代中国》,武汉:华中师范大学出版社,2007年。
95. 章开沅主编:《比较中的审视——中国早期现代化研究》,杭州:浙江人民出版社,1993年。
96. 章元善等编:《乡村建设实验》(第1、2、3集),上海:中华书局,1935年。
97. 张立志:《山东文化史研究》甲编,济南:齐鲁大学国学研究所,1940年。
98. 张鸣:《乡土心路八十年》,北京:三联书店,1997年。
99. 张佩国:《地权分配·农家经济·村落社区:1900—1945年的山东农村》,济南:齐鲁书社,2000年。
100. 张书丰著,赵承福主编:《山东教育通史》(近现代卷),济南:山东人民出版社,2001年。
101. 张学强:《乡村变迁与农民记忆——山东老区莒南县土地改革研究》,北京:社会科学文献出版社,2006年。
102. 张玉法:《中国现代化的区域研究——山东省(1860—1916)》,台北:中研院近代史研究所,1982年。
103. 张仲礼:《中国绅士——关于其在19世纪中国社会中作用的研究》,上海:上海社会科学院出版社,2002年。
104. 郑大华:《民国乡村建设运动》,北京:社会科学文献出版社,2000年。
105. 中国社会科学院世界宗教研究所编译:《中华归主》,北京:中国社会科学出版社,1985年。
106. 周荣德:《中国社会的阶层与流动》,上海:学林出版社,2000年。
107. 周晓红:《传统与变迁——江浙农民的社会心理及其近代以来的嬗变》,北京:三联书店,1998年。
108. 朱汉国:《梁漱溟乡村建设研究》,太原:山西教育出版社,1996年。
109. 朱其华:《中国农村经济的透视》,上海:中国研究书店,1936年。
110. 朱浒:《地方性流动及其超越——晚清义赈与近代中国的新陈代谢》,北京:中国人民大学出版社,2006年。
111. 朱亚非:《明清山东仕宦家族与家族文化》,济南:山东人民出版社,2009年。
112. 朱玉湘:《中国近代农民问题与农村社会》,济南:山东大学出版社,1997年。
113. 左松涛:《近代中国的私塾与学堂之争》,北京:三联书店,2017年。
114. 庄俞等编:《最近三十五年之中国教育》,上海:商务印书馆,1931年。
115. [美]艾恺著,郑大华等译:《最后一个儒家:梁漱溟与现代中国的困境》,长沙:湖南人民出版社,1988年。
116. [丹麦]曹诗弟著,倪安儒译:《文化县——从山东邹平的乡村学校看二十世纪的中国》,济南:山东大学出版社,2005年。
117. [美]丹尼尔·W.费舍著,关志远等译:《狄考文传——一位在山东生活了四十五年的传教士》,桂林:广西师范大学出版社,2009年。
118. [美]费正清,刘广京编,中国社会科学院历史研究所编译室译:《剑桥中国晚清史(1800—1911)》(上卷),北京:中国社会科学出版社,1985年。

119. [美]郭查理著,陶飞亚、鲁娜译:《齐鲁大学》,珠海:珠海出版社,1999年。
120. [美]黄宗智:《华北的小农经济与社会变迁》,北京:中华书局,2009年。
121. [美]黄宗智主编:《中国乡村研究》(第五辑),福州:福建教育出版社,2007年。
122. [美]吉伯特·罗兹曼主编,国家社会科学基金"比较现代化"课题组译:《中国的现代化》,上海:上海人民出版社,1989年。
123. [美]倪维斯著,崔丽芳译:《中国和中国人》,北京:中华书局,2011年。
124. [美]施坚雅主编:《中华帝国晚期的城市》,北京:中华书局,2000年。
125. [美]王国斌著,李伯重、连玲玲译:《转变的中国——历史变迁与欧洲经验的局限》,南京:江苏人民出版社,2008年。
126. [美]周锡瑞著,张俊义、王栋译:《义和团运动的起源》,南京:江苏人民出版社,1994年。
127. 法思远:《山东》,上海广学会,1912年。
128. 中国基督教教育调查团:《Christian Education in China》,北美外国传教会,1922年。
129. Borthwick, Sally. 1983. Education and Social Change in China: The Beginnings of the Modern Era. Stanford, Calif. : Hoover Institution Press.
130. Buck, David D. 1974. Educational Modernization in Tsinan, 1899—1937. In The Chinese City between Two Worlds, ed. Mark Elvin and G. William Skinner, 171-212. Stanford, Calif. : Stanford University Press.
131. M. Bastid, Educational Reform in Early Twentieth-Century China, Center for Chinese Studies the University of Michigan , 1988.
132. Paul J. Bailey. Reform the People: Changing Attitudes Towards Popular Education in Early Twentieth-Century China, Edinburgh University Press, 1990.
133. Robert Coventry Forsyth, Shantung: the sacred province of China in some of its aspects, Christian Literature Society, 1912.
134. VanderVen Elizabeth Ruth. Educational Reform and Village Society in Early Twentieth-Century Northeast China, Haicheng County, 1905—1931. Ph. D. Dissertation, University of California(2003).

三、论文

1. 安作璋,王克奇:《黄河文化与中华文明》,《文史哲》,1992年第4期。
2. 曹金祥:《何思源的农村教育思想与实践》,《华中农业大学学报》(社会科学版),2008年第5期。
3. 陈建明:《基督教信仰与乡村教育理念的融合——〈田家半月报〉评析》,《世界宗教研究》,2008年第4期。
4. 陈庆璠:《近代新学制与城乡分离的加剧——20世纪前期教育现代化进程中的乡村问题》,《福建论坛》(人文社会科学版),2005年第8期。
5. 陈胜:《清末新政时期的乡村教育诉讼》,《江南大学学报》(人文社会科学版),2007年第3期。

6. 陈胜,田正平:《横看成岭侧成峰:乡村士人心中的清末教育变革图景——以〈退想斋日记〉和〈朱峙三日记〉为中心的考察》,《教育学报》,2011年第2期。

7. 陈为忠:《近代山东经济格局变迁研究——以港口与腹地互动为视角》,《中国历史地理论丛》,2005年第3期。

8. 陈阳凤:《论"废科兴学"以后私塾存在的原因》,《湖北大学学报》(哲学社会科学版),1986年第6期。

9. 程功群,王倩:《民国时期山东的乡村师范教育活动研究(1930—1937)》,《聊城大学学报》(社会科学版),2019年第3期。

10. 程利,徐晓霞:《清末山东私塾述论》,《商丘师范学院学报》,2008年第11期。

11. 程良宏等:《以中华文化认同教育推进乡村建设》,《湖南师范大学教育科学学报》,2020年第2期。

12. 程美宝:《由爱乡而爱国:清末广东乡土教材的国家话语》,《历史研究》,2003年第4期。

13. 丛小平:《社区学校与基层社会组织的重建——二三十年代的乡村教育运动与乡村师范》,二十一世纪,网络版,http://www.cuhk.edu.hk/ics/21c/。

14. 储诚炜:《近代中国现代化和民主化视野中的农民教育——基于乡村建设运动思想和毛泽东农民教育思想的比较分析》,《理论与改革》,2009年第4期。

15. 戴鞍钢:《近代中国乡村教育的困境》,《绍兴文理学院学报》,2013年第3期。

16. 傅葆琛:《我国乡村小学课程的几个缺点》,《教育杂志》,1931年第2期。

17. [美]樊德雯著,熊春文译:《乡村—政府之间的合作——现代公立学堂及其经费来源(奉天省海城县:1905—1931)》,[美]黄宗智:《中国乡村研究(第四辑)》,北京:社会科学文献出版社,2004年。

18. 葛新斌:《农村教育:现代化弃儿及其前景》,《教育理论与实践》,2003年第12期。

19. 关晓红:《科举停废与近代乡村士子——以刘大鹏、朱峙三日记为视角的比较考察》,《历史研究》,2005年第5期。

20. 郭松义:《中国社会史研究五十年》,《中国史研究》,1999年第4期。

21. 郝锦花:《近代"新学"教育与乡村社会现代化的启动》,《天津社会科学》,2002年第3期。

22. 郝锦花,王先明:《清末民初乡村精英离乡的"新学"教育原因》,《文史哲》,2002年第5期。

23. 郝锦花:《近代"新学"教育与乡村现代化的顿挫》,《河北学刊》,2003年第2期。

24. 郝锦花,王先明:《论20世纪初叶中国乡间私塾的文化地位》,《浙江大学学报》(人文社会科学版),2005年第1期。

25. 郝锦花:《20世纪二三十年代乡村塾师的收入》,《福建论坛》(人文社会科学版),2005年第8期。

26. 郝锦花,王先明:《从新学教育看近代乡村文化的衰落》,《社会科学战线》,2006年第2期。

27. 郝锦花,李伟中:《清末民初地方社会控制中的权力较量——以对乡村教育阵地的争夺为中心的探讨》,《山西大学学报》(哲学社会科学版),2007年第2期。

28. 郝锦花,田正平:《民国时期乡村小学教员收入状况考察——中国教育早期现代化问题研究之一》,《教育与经济》,2007 年第 2 期。
29. 郝锦花:《抗战前乡村教育的若干特点》,《教育评论》,2008 年第 5 期。
30. 郝锦花:《教育督导与近代乡村教育——以山西为例》,《教育评论》,2009 年第 4 期。
31. 郝锦花:《清末民初乡村民众视野中的新式学校》,《福建论坛》(人文社会科学版),2010 年第 3 期。
32. 郝锦花:《20 世纪前期基层新学教育面临的一个困境——以山西省为中心的探讨》,《社会科学战线》,2010 年第 4 期。
33. 侯明喜,曾崇碧:《试论民初乡村小学教师的社会地位——以 20 世纪 30 年代四川为例》,《四川师范大学学报》(社会科学版),2007 年第 4 期。
34. 贾学政:《近代私塾教育与宗族社会》,《理论与实践》,2005 年第 3 期。
35. 贾国静:《私塾与学堂:清末民初教育的二元结构》,《四川师范大学学报》(社会科学版),2002 年第 1 期。
36. 郎友兴:《从南浔的变化看近代教育在江南市镇的发展》,《史学月刊》,2003 年第 6 期。
37. 冷长燕、王伦信:《论私塾在中国近代社会的命运》,《沈阳师范大学学报》(社会科学版),2007 年第 6 期。
38. 李庆华:《济南市祝甸乡民国时期私塾改良刍议》,《济南大学学报》(社会科学版),2008 年第 4 期。
39. 李小敏:《村落知识资源与文化权力空间》,载丁刚主编:《中国教育:研究与评论》第 5 辑,北京:教育科学出版社,2003 年。
40. 李世愉:《废科举对乡村教育落后的影响》,《探索与争鸣》,2008 年第 3 期。
41. 李自典:《20 世纪 30 年代的乡村教育运动:国家、社会团体与民众的互动研究》,《社会科学辑刊》,2007 年第 2 期。
42. 林济:《国民政府时期的两湖新族学与乡村宗族》,《近代史研究》,2004 年第 2 期。
43. 刘崇民:《民国时期乡村基层教育督导实际困难考察》,《江南大学学报》(人文社会科学版),2007 年第 6 期。
44. 刘慧宇:《民国时期福建乡村的华侨中小学校》,《华侨华人历史研究》,2006 年第 4 期。
45. 刘军:《论近代以来的县级教育行政——以湖北为例》,《理论月刊》,2009 年第 10 期。
46. 刘正伟:《近代山西村政建设和义务教育的崛起》,《教育理论与实践》,2003 年第 3 期。
47. 刘尧:《近代中国的四大教育实验对我们的启示》,《上海教育科研》,1992 年第 3 期。
48. 娄立志,张济洲:《乡村教师疏远乡村的历史社会学解释》,《当代教育科学》,2009 年第 21 期。
49. 罗小琼:《晚清士绅推动下的兴学热潮》,《教育史研究》,1994 年第 3 期。
50. 罗志田:《科举制废除在乡村中的社会后果》,《中国社会科学》,2006 年第 1 期。
51. 缪序宾:《乡村小学之缺点及其病原之补救法》,《中华教育界》,1924 年第 4 期。
52. 明庆华:《近代中国乡村教育的发展与启示》,《湖北大学学报》(哲学社会科学版),2006 年第 4 期。
53. 牛文琴:《乡村新学教育的兴起与发展——以清末民初的山西乡村社会为范围》,《晋阳学刊》,2004 年第 1 期。
54. 渠桂萍,王先明:《乡村民众视野中的私塾与学堂——20 世纪前期乡村教育现代化的历史阙失》,《华中师范大学学报》(人文社会科学版),2008 年第 3 期。
55. 曲铁华,袁媛:《近代中国乡村教育实验特点探析》,《教育科学》,2007 年第 6 期。
56. 曲铁华,袁媛:《论近代中国乡村教育实验的现代价值》,《教育理论与实践》,2008 年第 5 期。
57. 曲铁华,袁媛:《近代中国乡村教育实验理论标本价值探析》,《教育科学》,2010 年 6 期。
58. 曲铁华:《民国时期乡村教育的基本特征论析》,《四川师范大学学报》(社会科学版),2019 年第 3 期。
59. 任吉东:《楔入与磨合:新式学堂与乡村治理——以近代直隶省获鹿县为例》,《中国农史》,2008 年第 1 期。
60. 桑兵:《文化分层与西学东渐的开端进程——以新式教育为中心》,《中山大学学报》,1991 年第 1 期。
61. 邵勇:《清末庙产兴学运动与毁学民变》,《青海社会科学》,2006 年第 3 期。
62. 沈放:《近代市镇研究的回顾与评估》,《近代史研究》,2008 年第 2 期。
63. 沈洁:《废科举后清末乡村学务中的权势转移》,《史学月刊》,2004 年第 9 期。
64. 史建云:《近代华北平原自耕农初探》,《中国经济史研究》,1994 年第 1 期。
65. 孙运梅:《从抗战前山东的"视察报告"看督学的作用》,《当代教育科学》,2009 年第 23 期。
66. 田正平:《清末毁学风潮与乡村教育早期现代化的受挫》,《教育研究》,2007 年第 5 期。
67. 田正平,陈胜:《教育负担与清末乡村教育冲突》,《浙江大学学报》(人文社会科学版),2008 年第 3 期。
68. 田正平,陈胜:《清末及民国时期乡村教育的困境及其调适》,《华中师范大学学报》(人文社会科学版),2008 年第 5 期。
69. 田正平,叶哲铭:《微观视野下的中国近代乡村教育——相关人类学著作的若干启发》,《湖南师范大学教育科学学报》,2008 年第 6 期。
70. 王均林:《近代乡村文化的衰落》,《学术月刊》,1995 年第 10 期。
71. 王铭铭:《教育空间的现代化与民间观念——闽台三村初等教育的历史轨迹》,《社会学研究》,1999 年第 6 期。
72. 王先明,尤永斌:《略论晚清乡村社会教化体系的历史变迁》,《史学月刊》,1999 年第 3 期。
73. 王先明:《中国近代乡村史研究及展望》,《近代史研究》,2002 年第 2 期。
74. 王先明,李丽峰:《近代新学教育与乡村社会流动》,《福建论坛》(人文社会科学版),2005 年第 8 期。
75. 王雪:《袭古与创新:梁漱溟基于传统的乡村建设实践评析》,《天津大学学报》(社会科学版),2020 年第 4 期。
76. 魏志春:《农村教育难以承受的社会发展之重》,载丁钢主编:《中国教育:研究与评论》第 5

辑,北京:教育科学出版社,2003年。

77. 吴彦芳:《近代学制转变与传统文化生态环境的失衡》,《西北民族大学学报》,2007年第4期。

78. 吴彦芳:《清末民初乡民抵制新学原因初探》,《西北民族大学学报》(哲学社会科学版),2008年第1期。

79. 吴彦芳:《近代新式学堂教育与农村问题》,《西北民族大学学报》(哲学社会科学版),2010年第3期。

80. 吴彦芳,徐静:《近代乡村新学教育发展缓慢的政府原因》,《宁夏大学学报》(人文社科版),2013年第2期。

81. 熊吕茂:《近十年来梁漱溟研究综述》,《湖南师范大学社会科学学报》,1997年第5期。

82. 熊月之:《中国传统城市特质的变易与延续》,《学术月刊》,2009年第10期。

83. 晏婷婷:《清末新政期间毁学风潮探析》,《求索》,2006年第7期。

84. 杨齐福:《晚清新政时期乡民毁学述论》,《福建论坛》(人文社会科学版),2002年第5期。

85. 杨齐福:《科举制度废除后私塾与塾师命运散论》,《徐州师范大学学报》(哲学社会科学版),2008年第4期。

86. 杨效春:《从乡村教育的观点看山东乡村建设研究院》,《中华教育界》,第20卷5期。

87. 杨效春:《普及农村教育的困难和我们的作法》,《教育杂志》,1937年第1期。

88. 殷文:《三十年代苏南农村私塾教育盛行之动因》,《盐城师范学院学报》(人文社会科学版),2002年第4期。

89. 袁轶峰:《清末新政背景下的毁学事件与乡村社会——以宣统元年宜春县为例》,《江西师范大学学报》(哲学社会科学版),2009年第3期。

90. 袁滢滢:《从"历史中的教育"到"教育中的历史"——近代乡村教育史研究的新动向》,《聊城大学学报》,2019年第2期。

91. 袁滢滢:《教育视野下的乡村社会:以山东乡村小学的创办为中心(1928—1937)》,《聊城大学学报》(社会科学版),2014年第2期。

92. 袁滢滢:《由"国治"到"乡治"的桥梁——20世纪二三十年代山东的乡村师范学校》,《史学月刊》,2015年第10期。

93. 张彬,李更生:《中国农村教育改革的先声:对20世纪20年代至30年代乡村教育运动的再认识》,《浙江大学学报》(人文社会科学版),2002年第9期。

94. 张济洲:《乡村教师的文化冲突与乡村教育改革》,《河北师范大学学报》(教育科学版),2008年第9期。

95. 张鸣:《教育改革视野下的乡村世界——由"新政"谈起》,《浙江社会科学》,2003年第2期。

96. 张佩国:《近代山东村落社区结构的整合与分化》,《史学月刊》,2000年第1期。

97. 张瑞泉:《略论清代的乡村教化》,《史学集刊》,1994年第4期。

98. 张相文:《齐鲁旅行记》,《东方杂志》,1910年第2、3期。

99. 张书丰:《山东教会学校教育九十年》,《华东师范大学学报》(教科版),2000年第4期。

100. 张熙惟:《宋元山东市镇经济初探》,《山东大学学报》(哲社版),1998年第1期。
101. 张霞英,车丽娜:《民国时期乡村教师的社会角色研究》,《当代教育科学》,2016年第11期。
102. 张小坡,张爱萍:《承继与过渡:清末徽州族学转型探析》,《合肥学院学报》(社会科学版),2010年第1期。
103. 赵全军:《清末民国时期中国农村义务教育供给责任机制研究》,《云南社会科学》,2007年第3期。
104. 赵新平:《民初崞县的乡村教育》,《社会科学战线》,2006年第5期。
105. 郑起东:《近代华北乡村教育的变迁》,《中国农史》,2003年第1期。
106. 周谷平,陶炳增:《20世纪初乡村教育思想形成的历史回顾与思考》,《河北师范大学学报》(教育科学版),2004年第5期。
107. 周锡瑞:《华北城市的近代化——对近年来国外研究的思考》,载《城市史研究》第21辑,天津:天津社会科学院出版社,2002年。
108. 周志毅:《传统、理想与现实的变奏——20世纪20、30年代中国农村教育的变迁》,《杭州师范学院学报》,1999年第2期。
109. 朱汉国,王印焕:《20世纪20—30年代华北农村教育滞后问题及其对社会的影响》,载张国刚主编:《中国社会历史评论》(第2卷),天津:天津古籍出版社,2000年。
110. 左松涛:《晚清民国私塾与塾师的"权势"问题研究》,《中山大学学报》(社会科学版),2006年第2期。
111. 慈玲玲:《民国时期乡村基础教育政策研究》,东北师范大学博士学位论文,2016年。
112. 樊涛:《民国时期农村学校教育制度变迁研究》,东北师范大学博士学位论文,2014年。
113. 高盼望:《民国时期乡村教师的生活研究》,山东师范大学博士学位论文,2015年。
114. 杨娟:《苏南乡村教育研究(1905—1937)》,华东师范大学教育学系博士论文,2009年。
115. 张建军:《寻路乡土:梁漱溟、晏阳初乡村建设理论与实践比较研究》,浙江大学博士学位论文,2019年。
116. 常钊:《20世纪二三十年代山西乡村教育的发展研究》,福建师范大学硕士学位论文,2005年。
117. 丁留宝:《乡村教师:乡村革命的播火者——以安徽农村党组织建设为例(1923—1931)》,上海师范大学硕士学位论文,2007年。
118. 贾国静:《清末民初私塾改良述论》,四川大学硕士学位论文,2002年。
119. 牛和清:《民国时期山东乡村建设研究(1931—1937)》,山东师范大学硕士学位论文,2011年。
120. 涂三:《民国时期乡村学校与乡土社会变迁》,湖北师范大学硕士学位论文,2016年。
121. 王翠红:《近代山东私塾改良研究》,山东师范大学硕士学位论文,2007年。
122. 王海燕:《清末江浙地区乡民毁学现象研究》,华东师范大学历史系硕士论文,2004年。
123. 徐彬:《民国时期乡村教师角色研究——文化身份的考量》,西南大学硕士学位论文,2017年。
124. 张鹏:《山东省立民众教育馆研究(1929—1937)》,山东师范大学硕士学位论文,2008年。
125. 张晓芳:《山东国民政府文化政策研究(1928—1937)》,山东师范大学硕士学位论文,2007年。

四、工具书

1. 金恩辉,胡述兆主编:《中国地方志总目提要》,台北:汉美图书有限公司,1996年。
2. 雷嘉正主编:《东阿县方志辑要》,聊城:山东省聊城地区新闻出版局,1997年。
3. 秦其明主编:《中国新编地方志总目提要》(1),北京:方志出版社,2006年。
4. 山东省地方史志办公室编:《山东新编地方志目录》,济南:山东省地图出版社,2002年。
5. 王绍曾主编:《山东文献书目》,济南:齐鲁书社,1993年。
6. 赵炳武,李西宁主编:《山东省图书馆馆藏缩微文献目录》,北京:中国文联出版社,2005年。
7. 赵炳武主编:《山东省地方志联合目录》,济南:山东省图书馆,2005年。
8. 中国科学院北京天文台主编:《中国地方志联合目录》,北京:中华书局,1985年。

后　记

　　本书是在我的博士论文基础上修改而成。出于对乡村教育的浓厚研究兴趣以及对近代教育转型问题的关注,我选择了近代乡村教育作为学位论文的研究主题。经过与导师的多次商讨,最终选择了以区域的视角来对这一问题进行研究,希望能够从地方层面谈谈近代乡村教育转型的实然状况。虽然苦苦奋战,倾尽全力写作,但由于知识和学力所限,书中还有诸多不足,有待提升和完善,敬请专家学者和广大读者批评指正。

　　书稿能够完成并修改出版,与师友的指导和帮助是分不开的。首先感谢导师黄书光教授,承蒙导师黄书光先生不弃,2009年,我有幸到美丽的华东师大读书。先生渊博的学识、严谨的学风与宽厚的性格深深感染了我。正是在先生的信任与鼓励下,我在自己的学术道路上不断成长。本书从选题、写作、修改到定稿的整个过程,都渗透着先生的心血。先生的恩情,学生将永生难忘!

　　在华东师范大学教育学系学习的三年,我得到了丁钢教授、杜成宪教授、王保星教授、叶澜教授、李政涛教授等先生的授业解惑,先生们开阔的学术视野和深邃的洞察力让学生终身受益。教育史学界前辈田正平教授、肖朗教授、金林祥教授、王伦信教授、金忠明教授、余子侠教授、曲铁华教授,您们在开题报告、论文评阅、论文答辩等环节有所赐教,使我受益匪浅,在此深表感谢!感谢山东师范大学的张书丰教授为本论文写作提供的前期指导;感谢华东师范大学图书馆的郭劲赤副研究馆员为本选题的文献检索工作提供的帮助;亦感谢娄岙菲师姐、袁媛师姐、张济洲师兄、杨娟师姐为本书提出的诸多建议。

　　感谢南通大学教育科学学院陈炜院长、沈永江教授对本书出版的关心与支持。感谢王珏教授、邓小泉教授、朱水萍教授在我的学术成长之路上的鼓励与指导。感恩工作单位的领导与同事们给予我的所有帮助。

　　丰富的史料是本文能够顺利完成的基础,感谢山东省图书馆的王慧、李关勇、王彤等诸位老师在查阅资料上提供的重要帮助。同样感谢山东省方志馆、山东师范大学图书馆、山东省教育史志办公室、山东省档案馆等单位的老师们提供的热情服务。

感谢"联校教育社科医学研究论文奖计划"给予本研究的经费资助,感谢南通大学人文社科处为本书提供学术著作出版基金资助!感谢南京大学出版社的老师为本书的出版所付出的辛勤努力!

学术研究离不开家人的倾力支持,感谢公公婆婆近些年一直帮我们照顾年幼的孩子,使我能够安心地投入工作。感谢父母和爱人给予我的爱与支持!

许庆如

2020 年 8 月